Schriftenreihe Familie und Recht   Band 11

D1664291

Kindeswohl im gerichtlichen Verfahren

Priv.-Doz. Dr. med. Roland Koechel

Luchterhand

Die Deutsche Bibliothek - CIP Einheitsaufnahme

Kindeswohl im gerichtlichen Verfahren
Hrsg.: Roland Koechel.
- Neuwied ; Kriftel ; Berlin : Luchterhand 1995
(Schriftenreihe Familie und Recht ; Bd. 11)
ISBN 3-472-02255-8
NE: Koechel, Roland [Hrsg.]; GT

Dg 1959/13a

Kammergericht
Zug.-Verz. Nr.: 960061
Standort: Zi.: Handbibl.
Bücherverz. Nr. Elßholzstr.

Alle Rechte vorbehalten.
© 1995 by Hermann Luchterhand Verlag GmbH, Neuwied, Kriftel, Berlin.
Das Werk einschließlich aller seiner Teile ist urheberrechtlich geschützt.
Jede Verwertung außerhalb der engen Grenzen des Urheberrechtsgesetzes ist ohne
Zustimmung des Verlages unzulässig und strafbar. Das gilt insbesondere für Ver-
vielfältigungen, Übersetzungen, Mikroverfilmungen und die Einspeicherung und
Verarbeitung in elektronischen Systemen.
Satz: Luft, Desktop Publishing
Gesamtherstellung: Offsetdrukkerij Kanters B.V., Alblasserdam
Printed in The Netherlands, November 1995

Ausgeschieden
Bibl. KG

Inhaltsübersicht

1. Kapitel

Beiträge der Humanwissenschaften zum »Kindeswohl«-Konzept

A. Einleitung

Das »Kindeswohl« ist keine feste Kategorie. Aussagen zum »Kindeswohl« gehören in den Bereich verschiedener wissenschaftlicher Disziplinen. Wegen der Fülle des Materials ist es weder beabsichtigt, noch wäre es auch nur annähernd möglich, in diesem Zusammenhang einen einigermaßen vollständigen Überblick über die zahlreichen Beiträge der einschlägigen wissenschaftlichen Disziplinen zum normalen Verlauf der physischen und psychischen Entwicklung des Kindes zu geben. Unberücksichtigt bleiben auch die neueren Befunde der Säuglings- und Kleinkindforschung.[1] Als der Gesetzgeber aktiv wurde, lagen diese Untersuchungsergebnisse noch nicht vor. Daraus abgeleitete Konzepte wurden von der gerichtlichen Sorgerechtspraxis bisher nicht rezipiert. Statt dessen wird näher auf die Konzepte eingegangen, die sich mit dem Bindungsverhalten des Kindes befassen, und zum anderen auf Studien, die die Konsequenzen der Ehescheidung für Eltern und Kinder untersuchen und deren Bedeutung für die Gestaltung des Rechts und die Rechtssprechung dargestellt. Diese Vorgehensweise ist gerechtfertigt:

1. weil das Kriterium der Bindungen des Kindes aus der Vielzahl der möglichen Kriterien, die zur Bestimmung des »Kindeswohls« angeführt werden können, herausgehoben worden ist und

---

1   Einen Überblick über die Beiträge zur analytischen Entwicklungspsychologie gibt *Ohlmeier.* S. dazu *Ohlmeier, D. (Hg):* Psychoanalytische Entwicklungspsychologie. Freiburg 1973. Desweiteren: Die Psychologie des 20. Jahrhunderts. Bd. XI und XII. Zürich 1977. Die neueren Befunde der Säuglings- und Kleinkindforschung hat *Bohleber* zusammengestellt. *Bohleber, W.:* Psychoanalyse und Säuglingsforschung. Psyche 9, 1991, S. 741-743.

2. weil die Untersuchung der Prozesse, die nach einer Trennung und Scheidung der Eltern ablaufen, für die gerichtliche Sorgerechtspraxis die wichtigsten Ergebnisse gebracht hat.

B. Der psychoanalytische Ansatz

I. Vorbemerkung

Die psychoanalytische Lehre versucht das Funktionieren der Persönlichkeit sowohl in ihren gesunden als auch in ihren pathologischen Anteilen in einem ontogenetischen Sinne zu erklären. Bei der Entwicklung dieser Lehre bediente sich Sigmund *Freud* der Methode der Rekonstruktion. D.h. aus dem Studium der Daten, die er in der analytischen Behandlungssituation mehr oder weniger gut funktionierender Persönlichkeiten gewann, versuchte *Freud* Phasen der Persönlichkeitsentwicklung zu rekonstruieren. Ausgehend vom klinischen Symptom stellte er Hypothesen über Ereignisse und Prozesse auf, die er für deren Entwicklung verantwortlich machen zu können glaubte.

Bezüglich der Ätiologie psychischer Störungen spielt der Begriff des Traumas eine zentrale Rolle. In Übereinstimmung mit anderen psychologischen Schulen hat *Freud* festgestellt, daß dabei zwei wesentliche Faktoren entscheidend sind: das (traumatische) Ereignis und die Konstitution des erlebenden Individuums. Das Trauma ist die Funktion einer Wechselwirkung. Eine Erfahrung ruft dann eine pathologische Reaktion hervor, wenn die Persönlichkeit dadurch überbeansprucht wird. Dies sei dann der Fall, wenn die Persönlichkeit einer größeren Erregung ausgesetzt wird, als sie zu verarbeiten imstande ist. Was die konstitutionellen Faktoren betrifft, so nahm *Freud* an, daß beim einzelnen die Fähigkeit, Anforderungen dieser Art zu verarbeiten, stark variiert, so daß »bei der einen Konstitution etwas als Trauma wirkt, was bei einer anderen keine solche Wirkung hätte«.[2] Außerdem nahm er an, daß jedes menschliche Wesen während der ersten Lebensjahre besonders zu einer Gefährdung neige, weil »das Ich ... schwach, unfertig und widerstandsunfähig ist«. Es gelinge dem Ich nicht, »mit Aufgaben fertig zu werden, die es späterhin spielend erledigen könnte«, sondern es flüchte sich statt dessen in Verdrängung und Aufspaltung. Eben dies sei der Grund dafür, warum »Neurosen in der ersten Kindheit erworben werden«.[3] Daraus ergibt sich bezogen auf die Scheidungsproblematik zunächst einmal, daß dieser Prozeß im Sinne der von *Freud*

---

2 *Freud, S.*: Der Mann Moses und die monotheistische Religion. G.W., Bd. XVI, S. 101-246/178.

3 *Freud, S.*: Abriß der Psychoanalyse. G.W., Bd. XVII, S. 63-138/111.

gegebenen Definition traumatisch sein kann, insbesondere dann, wenn das Kind noch klein ist. *Freud* definiert den Traumabegriff in Kausalzusammenhängen und psychischen Folgen. Beide Gesichtspunkte treffen zu: Die Trennung der Eltern erzeugt einen intensiven Kummer, der sich über einen längeren Zeitraum erstreckt, d.h. der psychische Apparat des Kindes wird einer übermäßigen Erregung ausgesetzt. Die psychologischen Prozesse, die gewöhnlich darauf folgen, sind nichts anderes als Äußerungen von Verdrängung, Gespaltensein und Verleugnung, also genau dieselben Abwehrprozesse, die *Freud* als Resultat eines Traumas postuliert. Allerdings sind Trennungs- und Verlusterfahrungen von *Freud* nur selten als Ursachen eines Traumas dargestellt worden.

Freuds Triebtheorien standen im Mittelpunkt der psychoanalytischen Metapsychologie. Im Zuge der Weiterentwicklung der Psychoanalyse gab es verschiedene Versuche, das von *Freud* entwickelte Modell zu erweitern. Ausgehend von direkten Beobachtungen an Säuglingen und Kindern im Gefolge von René *Spitz*, Anna *Freud*, John *Bowlby* und anderen, von Direktbeobachtungen familialer Interaktionen sowie durch Erfahrungen in der psychoanalytischen Behandlung bei sogenannten strukturell Ich-Gestörten (Borderline-Persönlichkeiten) ist die Entwicklung von Objektbeziehungen in den Vordergrund der Theoriebildung gerückt. Sie gingen von der Tendenz des Individuums aus, Beziehungen zu anderen Personen oder zu Teilen von Personen auszubilden und halten diese Tendenz für ein primäres Prinzip, das im psychischen Erleben entweder von gleichgeordneter Bedeutung ist wie z.B. das Lustprinzip oder gar eine Alternative zu diesem darstellt. Aus dieser Perspektive liegen schweren psychischen Störungen »letztlich von außen kommende pathogene Faktoren zugrunde und keinesfalls nur pathogen verarbeitete Phantasien«.[4]

Namhafte Analytiker, die Beiträge zur Objekttheorie geliefert haben, sind vor allem Melanie *Klein*, René *Spitz*, Michael *Balint*, Donald W. *Winnicott*, Margaret S. *Mahler* und Edith *Jacobson*. Obwohl ihre verschiedenen Ansätze viele Gemeinsamkeiten aufweisen, können sie danach unterschieden werden, ob sie reine Objektbeziehungstheorien (*Mahler*) oder Mischtheorien (*Klein*) vertreten. Die Arbeiten *Bowlbys* stehen diesen Theorien nahe, unterscheiden sich andererseits aber auch wieder von ihnen und weichen in einem Punkt sogar völlig von ihnen ab, indem er ein »Modell des Instinktverhaltens« einführt.

---

4   S. dazu *Kutter, P.*: Psychoanalytische Aspekte psychiatrischer Krankheitsbilder. In: Die Krankheitslehre der Psychoanalyse. Stuttgart 1977, S. 173-260/178.

II. Die Arbeiten von Anna *Freud*, Dorothy *Burlingham* und Mitarbeitern

1. Einführung

Anna *Freud*, die jüngste Tochter Sigmund *Freuds*, übte seit den 30er Jahren einen großen Einfluß auf die Entwicklung der Psychoanalyse in Theorie und Praxis aus. Von Beruf ursprünglich Lehrerin, trat sie 1926 mit dem Buch »Einführung in die Technik der Kinderanalyse«[5] hervor und begründete damit den Zweig der analytischen Kinderpsychotherapie, der inzwischen weltweit Bedeutung erlangt hat. Neben der Kinderanalyse galt ihr Interesse hauptsächlich der analytischen Ich-Psychologie. Sie war eine der ersten unter den Psychoanalytikern, die die Auffassung vertraten, die Psychoanalyse habe durch die Entdeckung des Unbewußten die Rolle des Ich zugunsten der Es-Aktivitäten vernachlässigt: »Jeder Aufstieg des Interesses von den tieferen zu den oberflächlicheren seelischen Schichten, also jede Wendung der Forschung vom Es zum Ich wurde als Beginn der Abkehr von der Psychoanalyse überhaupt gewertet. Der Name Psychoanalyse sollte für die Neuentdeckungen reserviert bleiben, die sich mit dem unbewußten Seelenleben beschäftigen, also für die Erkenntnisse über die verdrängten Triebregungen, Affekte und Phantasien.«[6]

Anna *Freud* versuchte diese Lücke zu schließen, indem sie auf die Ich-Vorgänge intensiver einging, die sich in der Abwehr von libidinösen und aggressiven Triebregungen ausdrücken. Mit ihrem Buch »Das Ich und die Abwehrmechanismen«[7] gab sie 1936 eine klassische Zusammenfassung der psychoanalytischen Theorie aus dieser Perspektive und bereitete den Weg für die Arbeiten der genetischen und der strukturalistischen Schule.[8]

Sie entwickelte u.a. ein Konzept der Entwicklungslinien des Kindes[9], mit dem sie versuchte, »konkrete an der Wirklichkeit orientierte Bilder von der Entwicklung des Kindes und seiner Leistungsfähigkeit zu geben, damit Entwicklungs- und Erziehungsfragen bezüglich der Gesamtleistung des seelischen Apparates leichter beantwortet werden können«.[10] Mit ihrem Modell ist es besser möglich zu

---

5   *Freud, A.*: Einführung in die Technik der Kinderanalyse. Wien, Leipzig 1927.
6   *Freud, A.*: Das Ich und die Abwehrmechanismen. Wien 1936. 8. Aufl. München 1973, S. VII.
7   *Freud, A.* 1973, a.a.O. (Fn. 6).
8   Im Überblick dazu: »Die Psychologie des 20. Jahrhunderts«. Bd. II und III. Zürich 1976.
9   *Freud, A.*: Wege und Irrwege der Kinderentwicklung. Bern, Stuttgart 1968.
10 *Stork, J.*: Die seelische Entwicklung des Kleinkindes aus psychoanalytischer Sicht. In: Die Psychologie des 20. Jahrhunderts. Bd. II. Zürich 1976, S. 868-932/895.

verstehen, wie Ich und Es zu einer gemeinsamen Wirkung zusammentreffen, wie die Beherrschung der Innenwelt und die Anpassung an die Außenwelt stufenweise fortschreiten und wie Trieb- und Phantasiefreiheit langsam an Kraft verlieren und zugunsten von Triebbeherrschung und Rationalität in den Hintergrund treten.[11]

Sie versucht, dieses Problem mit dem synoptischen Konzept der Entwicklungslinien anzugehen, und beschreibt für eine zunehmende Anzahl von Gebieten Entwicklungslinien (für das Gebiet der Nahrungsaufnahme, für die Reinlichkeit und Entleerungsfunktionen, für den Weg vom Egoismus zur Freundschaft und Teilnahme an der menschlichen Gesellschaft, für den Weg von der Autoerotik zum Spielzeug und vom Spiel zur Arbeit, für die Entwicklung von der infantilen Abhängigkeit zum erwachsenen Liebesleben usw.).

Anna *Freud* orientierte sich an den Stadien der Libidoentwicklung, wie sie von ihrem Vater beschrieben wurden, ohne sie allerdings so scharf voneinander abzugrenzen. In ihrem Konzept unterscheidet Anna *Freud* für die Entwicklung von der infantilen Abhängigkeit zum erwachsenen Liebesleben folgende Stadien: 1. die biologische Einheit zwischen Mutter und Kind, 2. die Liebe nach dem Anlehnungsbedürfnis, 3. die Stufe der Objektbeziehung, 4. die Stufe der ambivalenten Beziehung, 5. die ödipale Phase, 6. die Latenzperiode, 7. die Vorpubertät und 8. die Pubertätsphase. Am Zustandekommen dieser Entwicklungsprozesse sind Kräfte des Ich und Es gleichermaßen beteiligt. Die Entwicklung vom unreifen Zustand des Kleinkindes zum Aufbau einer reifen Persönlichkeit ist das Ergebnis einer Wechselbeziehung von Reifung, Anpassung und Strukturierung.

Entgegen der Erwartung, daß die einzelnen Stufen der verschiedenen Entwicklungslinien im Normalfall parallel zueinander durchlaufen werden, lehrt die Erfahrung, daß die meisten Kinder in ihrer Entwicklung von dieser Norm abweichen. Entscheidenden Einfluß auf das Voraneilen oder das Zurückbleiben auf den einzelnen Entwicklungslinien üben einerseits die Reifungsbereitschaft des Kindes und andererseits die Faktoren der Außenwelt aus. Die sich ergebenden Disharmonien interpretiert Anna *Freud* als Variationen des Normalen zwischen den verschiedenen Entwicklungslinien. Sie betrachtet sie nur dann als pathologische Phänomene, wenn die Unterschiede im Entwicklungstempo übermäßig groß sind.

Als eine der wenigen unter den Psychoanalytikern wandte sich Anna *Freud* aber auch allgemeineren Fragen der pädagogischen, medizinischen und fürsorgerischen Arbeit mit Kindern zu. Wie differenziert und ertragreich die interdisziplinäre

---

11 *Freud, A.* 1968, a.a.O. (Fn. 9), S. 67.

Zusammenarbeit von Psychoanalytikern und Juristen sein kann, wenn es um die Bearbeitung eines gemeinsamen Problems geht, zeigen die gemeinsam herausgegebenen Arbeiten der Analytiker Anna *Freud* und Albert J. *Solnit* sowie des Juristen Joseph *Goldstein*.[12] Zu einem großen Teil brachten sie dabei Erkenntnisse ein, die sich auf Direktbeobachtungen von Kindern in Trennungs- bzw. Verlustsituationen beziehen.

2. Heimatlose Kinder

In den Jahren zwischen 1940 und 1945 beobachteten Anna *Freud*, Dorothy *Burlingham* und Mitarbeiter[13] gesunde Säuglinge und Kleinkinder in den aus mehreren Heimen bestehenden Hampstead Nurseries, in denen Londoner Kinder vor den Bombenangriffen Schutz fanden. Es handelt sich bei diesen Studien um klassische Arbeiten der psychoanalytischen Kinderpsychologie. Weiter berichteten sie von Erfahrungen mit von Geburt an verwaisten Kindern, die nach ihrer Befreiung aus dem Konzentrationslager Theresienstadt ein Jahr in England von Schwestern der Hampstead Nurseries gepflegt wurden.

Anna *Freud* und ihre Mitarbeiter haben in diesen durch politische Veränderungen hervorgerufenen Extremsituationen nicht nur versucht, den Gefahren, die der seelischen Entwicklung der ihnen anvertrauten Kinder durch die Trennung von den Eltern drohten, entgegenzuarbeiten, sondern auch eine Chance für die kinderpsychologische Forschung erkannt und wahrgenommen, indem sie ihre Beobachtungen sorgfältig ausgewertet haben. Im Mittelpunkt ihrer Studien stand die Frage, was geschieht, wenn der Familienverband zerbricht und die Eltern aus dem Gesichtskreis des Kindes früh und plötzlich verschwinden?

Gegenstand der Untersuchungen waren die vorsprachlichen oder sprachlichen Mitteilungen der Kinder, ihre Affekt- und Stimmungsäußerungen, die Erscheinungsformen ihrer libidinösen und aggressiven Triebregungen und Phantasien in Benehmen und Spiel, ihre progressiven oder regressiven Entwicklungsschritte und schließlich die ganze Breite der psychischen Manifestationen, eingeschlossen die Störungen der Gesundheit.

---

12 *Goldstein, J., Freud, A., Solnit, A.J.*: Jenseits des Kindeswohls. Frankfurt/M. 1974; dieselben: Diesseits des Kindeswohls. Frankfurt/M. 1978. *Goldstein, J., Freud, A., Solnit, A.J., Goldstein, S.*: Das Wohl des Kindes: Grenzen professionellen Handelns. Frankfurt/M. 1988.

13 *Freud, A., Burlingham, D.*: Heimatlose Kinder: Zur Anwendung psychoanalytischen Wissens auf die Kindererziehung. Frankfurt/M. 1971.

Sie fanden eine Aufeinanderfolge kindlichen Verhaltens als Reaktion und zugleich Versuch der Bewältigung der traumatischen Situation: 1. zuerst lauten Protest 2. schmerzliche Sehnsucht und Hoffnung 3. zunehmend Ärger und Verzweiflung und schließlich 4. die sogenannte Phase der Abwendung, gekennzeichnet durch schwere Regressionen, d.h. den Verlust oder die Störung von physischen und/oder psychischen Funktionen.

Aufgrund ihrer klinischen Erfahrungen waren die Untersucher darauf vorbereitet, daß Kleinkinder insbesondere auf die Trennung von der Mutter heftig reagieren. Dennoch waren sie darüber überrascht, mit welcher Regelmäßigkeit und Schwere diese Reaktionen auftraten. Anna *Freud* und Mitarbeiter interpretieren diese Äußerungsformen des Trennungsschmerzes aus der Libidotheorie, d.h. als Resultat einer Unterbrechung der ersten kindlichen Erfahrung mit Objektliebe. Mit anderen Worten: das Kleinkind, das ein erstes Objekt gefunden und libidinös besetzt hat, erlebt sein Verschwinden als äußerst schmerzlich. Die Besetzung wird daraufhin noch stärker. Dies erzeugt unerträgliche Sehnsucht. Bei längerer Abwesenheit des befriedigenden Objekts (in der Regel die Mutter) nimmt ihr positives inneres Bild immer mehr negative Züge an. Das wiederum hat zur Folge, daß die aggressive Seite der an sich normalen Ambivalenz übermächtig wird. Der nächste Schritt besteht nun darin, daß die Objektbesetzung zurückgezogen wird. Das Kleinkind wendet sich von der Umwelt ab und wird unzugänglich. Kehrt die Mutter zurück oder tritt eine Ersatzperson an ihre Stelle, muß erneut eine Anstrengung unternommen werden, um die Objektwelt zu besetzen. Dies geschieht jetzt in Form einer Regression, d.h. in Reaktion auf mütterliche Pflege.

Dieses Schema stimmt in seinen wesentlichen Bezügen für das Kleinkind im Alter von einem halben bis zu eineinhalb Jahren. Je komplexer die Objektbeziehungen mit zunehmendem Alter des Kindes durch Faktoren wie Todeswünsche, Schuldgefühle, ödipale Probleme und dergleichen werden, umso mehr weichen die Verhaltensweisen der Trennungsverarbeitung von diesem Schema ab. Solange der psychische Apparat unreif ist und auf Seiten der Libido die Stufe der Objektkonstanz noch nicht erreicht ist, so lange unterliegen die Reaktionen des Kindes auf Verlust dem direkteren Diktat des primitiven Lust-Unlust-Prinzips. Je älter ein Kind wird, umso länger dauern Trennungsreaktionen. Anna *Freud* und Mitarbeiter stellten fest, daß die Dauer des kindlichen Trennungsschmerzes »von einigen Stunden bis zu mehreren Wochen oder sogar Monaten« schwanken kann.[14] Andere Untersucher (z.B. *Bowlby*) fanden nur die längeren Zeitspannen bestätigt. Insgesamt

---

14 *Freud, A.* und *Burlingham, D.* 1971, a.a.O. (Fn. 13), S. 46ff.

gesehen, stimmen die Forscher jedoch darin überein, daß die kindlichen Trennungsreaktionen normalerweise rascher vorübergehen als die der Erwachsenen.

Die Frage, wie lange ein Kind brauche, um sich an ein Ersatzobjekt zu gewöhnen, wurde von Anna *Freud* und Mitarbeitern dahingehend beantwortet, daß dies keine Frage des chronologischen Alters des Kindes sei, »sondern vor allem des vor der Trennung erreichten Niveaus von Objektbeziehung und Ichreife«.[15] Anders ausgedrückt: Je weiter ein Kind auf dem Weg zur Objektkonstanz fortgeschritten ist, desto länger hält sein Trennungsschmerz an und desto ähnlicher werden seine Reaktionen denen der Erwachsenen. Unbeantwortet blieb dagegen eine andere wichtige Frage: Wie lange brauchen Kinder, um ihre Bindung auf ein neues Objekt zu übertragen? Ihre Untersuchungen bezogen sich ebenso wie Arbeiten anderer Forscher auf Situationen, in denen das Kind neben dem Verlust der Mutter auch noch den Wechsel von der Familie zur neuen Gruppe bewältigen mußte, was jedem (Klein-)Kind zusätzlich schwer fällt.

Anna *Freud* und Mitarbeiter haben nicht versucht, einen ätiologischen Zusammenhang zwischen früher Trennung und späteren Zuständen von Depression oder Melancholie herzustellen. Bei den Kindern, die infolge ihrer Internierung in einem Konzentrationslager wiederholt Trennungstraumata erlitten hatten, stellten sie fest, daß sie es in der Latenzzeit zwar zu verhältnismäßig stabilen Objektbeziehungen brachten, daß sie aber von der Vorpubertät an fast ausnahmslos Stimmungsschwankungen in Form von Depressionen, Zurückgezogenheit, Selbstanklagen oder Feindseligkeit hatten. Sie unterschieden zwischen unmittelbaren und nachträglichen, vorübergehenden und permanenten Folgen der Trennungstraumata:

Die unmittelbaren pathologischen Auswirkungen der Trennung waren - vor allem bei kleinsten Kindern - psychosomatische Reaktionen in Form von Schlafstörungen, Eßschwierigkeiten, Verdauungsstörungen und erhöhte Anfälligkeit für Infekte insbesondere der oberen Luftwege.

Auf Seiten der Libido führte regressives Verhalten zur Wiederbelebung primitiver Verhaltensweisen früherer Entwicklungsstufen, die den neuen Objekten entgegengebracht wurden, wie Abhängigkeit, tyrannisches Benehmen, Nörgeln, orale Gier, Unersättlichkeit etc. und autoerotische Betätigung (Lutschen, Schaukeln, Onanieren).

---

15   *Freud, A.*: Diskussion von *John Bowlbys* Arbeit über Trennung und Trauer (1958, 1960). In: Die Schriften der *Anna Freud*. Bd. VI, München 1980, S. 1771-1788/1783.

Auf Seiten der Aggression äußerte sich die Regression als Rückkehr zu undifferenzierteren Formen aggressiven Verhaltens wie Spucken, Beißen, Schlagen oder, noch schlimmer, als ungebundene Destruktivität (Zerstörungswut infolge von Entmischung der libidinösen und aggressiven Anteile).

Zu den eindrucksvollsten Folgeerscheinungen der Trennung gehörte der Verlust von Ichfunktionen wie Sprache, Blasen- und Darmbeherrschung sowie der Abbruch sozialer Anpassung. Es zeigte sich, daß gerade die zuletzt erworbenen Fähigkeiten am frühesten zusammenbrechen.

Aufgrund ihrer Beobachtungen kam Anna *Freud* zu dem Schluß, »daß die Zeitspanne zwischen der inneren »Abwendung« von der Mutter und der Neubindung an eine Ersatzmutter die pathologisch folgenreichste Phase ist«. Dies gelte umso mehr, »wenn sie sich aufgrund äußerer (Fehlen einer geeigneten Ersatzmutter) oder innerer Faktoren (Unfähigkeit zur Libidoübertragung) übermäßig in die Länge zieht. Je nachdem, welche Verwendung die von der Mutter abgezogene Libido in dieser Zwischenzeit findet, wird die Form der Pathologie eine andere sein: Wo sie zur Besetzung (oder Wiederbesetzung) des eigenen Körpers verwendet wird, entstehen Störungen psychosomatischer oder hypochondrischer Natur; wo sie der Besetzung des Selbstbildes zugeführt wird, treten narzißtische Störungen auf, wie z.B. erhöhte Selbstliebe, Allmachtsvorstellungen, Größenwahn; wo sie zur Überbesetzung einer primitiven inneren Phantasiewelt benutzt wird, wird das Kind mehr oder weniger autistisch, zieht sich von der Umwelt zurück und beschäftigt sich nur noch mit sich selbst. Je länger diese Zwischenzeit dauert, desto schwerer sind die pathologischen Entwicklungen rückgängig zu machen.«[16]

Diese Ergebnisse stützen sich auf Behandlungen bzw. auf Direktbeobachtungen von Kindern in Extremsituationen. Die Untersucher hoben diese Besonderheit immer wieder hervor und warnten vor einer voreiligen Übertragung auf andere Trennungsereignisse und deren Folgen für die weitere Entwicklung. Indem jedoch Anna *Freud* versuchte, von den empirisch erhobenen Befunden auf die inneren (seelischen) Prozesse der kindlichen Trauerarbeit im analytischen Sinne zu schließen, schuf sie zugleich ein Modell für ein tiefergehendes Verständnis all der kindlichen Reaktions- und Verhaltensmuster, die Forscher nach ihr bei spezifischen Untersuchungen über die Folgen der Trennung und Scheidung der Eltern für Kinder beobachteten.

---

16 *Freud, A.*, a.a.O. (Fn. 15), S. 1786f.

III. Die Arbeiten von René *Spitz*

1. Einführung

Bedeutende Verdienste um die analytische Entwicklungspsychologie erwarb René *Spitz*, der seit 1935 versucht hatte, aus den Psychoanalysen von Erwachsenen und von Kindern Rückschlüsse über die früheste psychische Entwicklung des Menschen zu ziehen. Durch die Direktbeobachtungen an Neugeborenen und Kleinkindern überprüfte er die Entwicklung der Objektbeziehungen und stellte sie in den Rahmen einer zusammenhängenden Entwicklungsgeschichte. Sein besonderes Augenmerk galt dabei der Dyade Mutter-Kind. *Spitz* knüpfte an die metapsychologische Betrachtungsweise von Heinz *Hartmann* an.[17] Von der engeren Auffassung des Ich als der Stätte von Angst, Konflikt und Abwehr drang *Hartmann* zu der konfliktfreien Sphäre des Ich vor, d.h. er dehnte die Grenzen dessen, was als legitimer Bereich analytischer Untersuchungen galt, auf ein Gebiet aus, das bis dahin der akademischen Psychologie vorbehalten geblieben war. Er ergänzte die intersystemische Erforschung der pathogenen Disharmonien zwischen Es, Ich und Über-Ich und die globaleren Vorstellungen über vorauseilende oder zurückgebliebene Ich-Entwicklung durch die gewissenhafte intrasystemische Erforschung des Ich und versuchte im einzelnen zu klären, wann und wo dessen Funktionen sich im Verhältnis zu den Trieben und zueinander beschleunigt oder verlangsamt ausbilden und wo Ichfunktionen der einen durch Ichfunktionen der anderen Art beeinträchtigt werden. Sowohl die theoretische als auch die klinische Psychoanalyse wurden durch seine Unterscheidung zwischen einer primären und einer sekundären Ichautonomie bereichert. Eine Unterscheidung, die für die Resistenz der Ichfunktionen gegenüber Regression von großer Bedeutung ist.

Ohne die Arbeiten von *Spitz*, seine Methode, seine Ergebnisse sowie ihre Deutungsversuche sind die Formulierungen der genetischen Schule in der Psychoanalyse um *Hartmann, Kris* und *Löwenstein*[18] nicht denkbar. Die Untersuchungen und Überlegungen *Spitz'* werden als die Grundlage der Theorie dieser Schule über die frühe Entwicklung des Kindes angesehen.

In der vorsprachlichen Phase des Kindes ist die klinische Methode der analytischen Untersuchung nicht anwendbar. *Spitz* entwickelte deswegen ein seinem Forschungsziel angemessenes Verfahren. Es baute auf die direkte Beobachtung und

---

17   *Hartmann, H.*: Ich-Psychologie und Anpassungsproblem. Stuttgart 1960. Vgl. aber auch schon: *H.Hartmann*: Die Grundlagen der Psychoanalyse. Leipzig 1927.

18   *Hartmann, H., Kris, E., Löwenstein, R.M.*: Comments on the formation of psychic structure. Psychoanal Study Child 2, 1946, S. 11-38.

Methoden der Experimentalpsychologie auf (Standardisierung der Tests und Be-
obachtungsmethoden, Repräsentativität etc.). Bei den Untersuchungen wurde
jedes Kind z.b. wöchentlich vier Stunden lang beobachtet. Es wurden Babytests
angewandt, die nach Kriterien geordnet waren, welche eine monatliche quantita-
tive Bewertung der Entwicklung, der Kontrolle der Sinneswahrnehmung, der
zwischenmenschlichen Beziehung, des Gedächtnisses, der Nachahmung, des
Handhabens von Gegenständen und der intellektuellen Entwicklung gestatteten
und welche es möglich machten, zu bestimmten Zeitpunkten Entwicklungsprofile
herzustellen. *Spitz* verwendete außer den Tests als Mittel zur objektiven Beurteilung kindlichen Verhaltens die »Filmanalyse«. Tests und Filmanalyse wurden
ergänzt durch die klinische Fallgeschichte und die Berichte über die Gespräche mit
den Eltern des Kindes und dem Pflegepersonal. Die Zahl der so beobachteten
Kinder ging in die hunderte. Die Beobachtungen wurden in der Familie, in
Entbindungsabteilungen, Säuglingsheimen, Findelhäusern, Indianerdörfern usw.
vorgenommen. Sie haben zu einigen grundlegenden Ergebnissen hinsichtlich der
Entwicklung des Kindes in den ersten eineinhalb Lebensjahren geführt, die im
folgenden kurz zusammengefaßt werden.

2.   Der Entwicklungsverlauf während des ersten Lebensjahres

Spitz betrachtete die kindliche Entwicklung mit ihren somatischen und psychischen, reifungs- und erfahrungsmäßigen Aspekten unter dem zentralen Gesichtspunkt der altersspezifischen Aufgabe des Erwerbs der Fähigkeit zur
Objektbeziehung im psychoanalytischen, von *Freud* definierten Sinn, d.h. der
Ausrichtung der aggressiven und libidinösen Triebe auf ein gemeinsames Objekt.

Spitz konnte nachweisen, daß alle frühkindlichen Entwicklungsvorgänge sowohl
in ihrem Ablauf als auch hinsichtlich des Erfolges im wesentlichen von der Art der
affektiven Beziehung zwischen Mutter und Kind abhängen. Er sprach vom
»affektiven Klima in der Mutter-Kind-Dyade«.[19] Während der Schwangerschaft
wird der Fötus von der Mutter als Teil ihres eigenen Körpers erlebt und als solcher
(narzißtisch) besetzt. D.h. die Mutter (Subjekt) betrachtet das Kind (Objekt) als
einen Teil von sich. Erst nach der Geburt findet ein allmählicher Ablösungs- und
Objektivierungsprozeß statt. Die verbleibende »narzißtische« Besetzung des Kindes
bildet dann von seiten der Mutter die Grundlage für die äußerst sensiblen und
damit zugleich störanfälligen Identifikations- und affektiven Austauschvorgänge,
die für das »affektive Klima« konstitutiv sind.

---

19 *Spitz, R.*: Grief, a Peril in Infancy (Film). New York University Film Library 1947.

Während der ersten zwei, drei Lebensmonate ist das Kind wegen seiner sensorischen, kognitiven und psychischen Unreife nicht in der Lage, zwischen der eigenen und der mütterlichen Person zu unterscheiden. *Freud* sprach von der »Phase des primären Narzißmus«[20], *Ferenczi* von der »Phase der kindlichen Allmacht«.[21] Mit anderen Worten: Das Kind bezieht im Erleben die Mutter in sein psychisches Universum mit ein. Erst später, im Zuge der weiteren Entwicklung, wird diese ursprüngliche Form des affektiven Kontaktes allmählich durch die Objektbeziehung ersetzt, bei der der Partner als selbständiges Individuum anerkannt wird.

Innerhalb des Wechselspiels von Aktionen in der Mutter-Kind-Dyade üben nicht die bewußten Handlungen der Mutter den größten Einfluß auf das Verhalten des Kindes aus, sondern die unbewußten. *Spitz* vertritt die Auffassung, daß der Säugling die ständig von der Mutter ausgehenden, ihr selbst unbewußten affektiven Signale, mittels seines koenästhetischen Wahrnehmungssystems (s.u.) aufnimmt. Diese vom Kind wahrgenommenen Signale üben einen ständigen Druck auf die während des ersten Lebensjahres durch äußerste Plastizität gekennzeichnete Psyche des Kindes aus, die dadurch geformt wird. Die unbewußte Haltung der Mutter wird - so *Spitz* - aus zwei Quellen gespeist:

a) einem »Steuerungsbereich«, der eine enge Beziehung zum Über-Ich der Mutter hat

und

b) einem Bereich, der weitgehend die Bestrebungen des Ich-Ideals der Mutter ausdrückt.

Der zuletzt genannte Bereich wurde von *Spitz* als ein Bereich der »Erleichterungen« bezeichnet, den die Mutter den Aktivitäten des Kindes und seiner Entwicklung verschafft. Erst durch das Wechselspiel beider Bereiche wird dem Kind der Aufbau eigener Steuerungsmechanismen möglich, die im weiteren Verlauf dann in die Abwehrmechanismen münden. Darauf aufbauend betonte *Spitz*, daß im »Normalfall« die Rolle traumatischer Ereignisse für die Entwicklung der Persönlichkeit des Kindes gering sei. Er wies jedoch ausdrücklich darauf hin, daß nicht nur die Mutter im Kind Reaktionen weckt, sondern umgekehrt auch das Kind in der Mutter. Hat die Mutter die frühere Erfahrung, selbst bemuttert worden zu

---

20   *Freud, S.*: Vorlesungen zur Einführung in die Psychoanalyse. G.W. Bd. XI, S. 331-350.
21   *Ferenczi, S.*: Entwicklungsstufen des Wirklichkeitssinnes. Intern. Zschr. f. Psychoanalyse 3, 1913, S. 123-138.

sein, nicht erlebt, dann besteht die Gefahr, daß sich die Mutter-Kind-Beziehung nicht optimal entfaltet, der »Dialog« entgleist und beide Beteiligten sich in einer »gegenseitigen Ambivalenz« verhaken oder verstricken.

3. Entwicklungsstufen

Spitz unterscheidet im ersten Lebensjahr drei Entwicklungsstufen:

a) die objektlose Stufe;
b) die Stufe des Objektvorläufers;
c) die Stufe des libidinösen Objektes.

Die »objektlose Stufe« ist mit der von *Freud* so genannten Phase des »primären Narzißmus« identisch und umfaßt die ersten zwei bis drei Lebensmonate. Für *Spitz* ist diese Entwicklungsphase durch die extrem hohe Reizschwelle des Neugeborenen gekennzeichnet, die ihn so gut wie völlig von der Erfahrung der Umwelt abschneidet. So nimmt der Säugling das äußere Zeichen für Nahrung nur im Hungerzustand wahr, nicht aber, wenn er gesättigt ist. *Spitz* postulierte die Unmöglichkeit einer psychischen Erfahrung beim Neugeborenen. Er fand in den ersten beiden Lebensmonaten keine Verhaltensweisen, die psychologisch interpretiert werden können. Der höchst unzulängliche kognitiv-sensorisch-neurologische Reifungs- und Entwicklungsstand sowie die Tatsache, daß die Äußerungen des Neugeborenen rein physiologischer Natur sind, haben *Spitz* zu der Annahme geführt, daß das Verhalten des Säuglings ausschließlich den Schemata des bedingten Reflexes unterliegt. Deswegen hat er für diese Entwicklungsphase den Begriff der objektlosen Stufe gewählt.

Mit dieser Betrachtungsweise unterscheidet *Spitz* sich z.B. von Melanie *Klein*, die dem Neugeborenem und sogar schon dem Fötus die Fähigkeit zu rudimentären Objektbeziehungen zuschreibt. Aufgrund seiner Beobachtungen kam er zu der Auffassung, daß das Neugeborene lediglich über Wahrnehmungen von inneren Vorgängen und eigenen Empfindungen verfügt. Das Wahrnehmungssystem bezeichnete er als koenästhetische Organisation. Die Empfindungen seien äußerst intensiv und fast ausschließlich mit dem Ernährungstrakt und dem Kreislauf verbunden. Das Zentrum sei im autonomen Nervensystem und manifestiert sich in Form von Affekten.

Im Gegensatz dazu sieht *Spitz* die »diakritische Organisation« der späteren Entwicklung. Die diakritische Organisation manifestiert sich in kognitiven Prozessen, zu denen auch die bewußten Denkprozesse gehören. In ihr hat die Wahrnehmung mittels peripherer Sinnesorgane ausschlaggebende Bedeutung. Diese Art der Wahrnehmung entwickelt sich erst im Verlauf der affektiven Wechselbeziehungen während der Bildung von Objektbeziehungen und ist an eine fortgeschrittene biologische Reifung des Sensoriums und der kognitiven Funktionen gebunden. Die koenästhetische Organisation geht dagegen mit Wahrnehmungen auf der Stufe der Tiefensensibilität, der viszeralen, vegetativen Empfindungen und Reaktionen vor sich. Ihr Vorherrschen kennzeichnet die objektlose Stufe, die erst Ende des zweiten Lebensmonats durchbrochen wird. Zu diesem Zeitpunkt nimmt der Säugling - allerdings nur, wenn er Hunger hat - das menschliche Gesicht zum ersten Mal wahr. Einige Wochen danach löst sich dieser Vorgang des Erkennens von dem Antrieb der Nahrungssuche ab. D.h. der Säugling folgt nun dem menschlichen Gesicht bei allen seinen Bewegungen mit den Augen. Diese Entwicklung erreicht mit dem Auftreten der Reaktion des Lächelns am Ende des dritten Lebensmonats ihren Höhepunkt. Der Säugling lächelt, wenn sich das menschliche Gesicht vor ihm bewegt. Damit gehen spezifischere Formen der Äußerung von Unlust einher. Wendet sich das Gesicht ab oder entfernt es sich, so wird das Kind entweder weinen oder andere Zeichen der Unlust zeigen. Aufgrund experimenteller Untersuchungen (Atrappenversuche) lehnte *Spitz* es allerdings ab, darin ein Anzeichen einer Form von Objektbeziehung zu sehen. Das Auftreten des »Dreimonatslächelns« zeige jedoch den Erwerb des »ersten Organisators« der Psyche an. *Spitz* übernahm diesen Begriff aus der Embryologie. Dort werden unter Organisatoren diejenigen Zellstrukturen verstanden, die innerhalb der Entwicklung Steuerungsfunktionen wahrnehmen. Indem *Spitz* diesen Begriff vom Somatischen auf das Psychische übertrug, unterstrich er zugleich die Bedeutung der biologischen Reifungsprozesse. Die Organisatoren der Psyche regeln den Phasenverlauf und -wechsel im Hinblick auf eine höhere Integration in den ersten eineinhalb Lebensjahren. Das Ergebnis dieser Integration ist eine Differenzierung des psychischen Systems auf eine Ebene höherer Komplexität. Dieser Prozeß wiederum ist ausgesprochen komplex und störanfällig. Verläuft er ungestört, dann entsteht jeweils ein neuer Organisator der Psyche, und die Entwicklung des Kindes kann normal weiterlaufen. Mißlingt der Entwicklungsschritt, so bleibt das Kind auf der weniger differenzierten Entwicklungsstufe stehen, die der Bildung des jeweiligen Organisators vorangeht.

Spitz zeigte eine Reihe von Entwicklungsschritten auf, die durch das Auftreten des Dreimonatslächelns vorausgesetzt werden und deren wechselseitige Integration den ersten Organisator bildet.[22] Das Dreimonatslächeln markiert den Übergang von der objektlosen Stufe zur Stufe des Objekt-Vorläufers. Das Kind reagiert mit

---

22   *Spitz, R.*: Vom Säugling zum Kleinkind. Stuttgart 1967.

seinem Lächeln noch nicht auf das Erkennen des menschlichen Objekts als solches, sondern es isoliert aus einer Reizflut lediglich ein einziges Formelement, das aufgrund der mit ihm in Verbindung gebrachten Lusterfahrungen einen besonderen Wert erhalten hat.

Die Stufe des Vorläufers des Objekts ist durch die fortschreitende neurologische Reifung gekennzeichnet. Damit verbunden ist die Reifung und Entwicklung der kognitiven und sensorischen Funktionen. Sie versetzen das Kind in die Lage, das primäre Objekt (die Mutter) auch bei Verlust des taktilen Kontaktes wahrzunehmen. D.h. auch wenn sie nicht vom Kind gespürt wird, so bleibt sie doch über die Wahrnehmung erhalten. Für *Spitz* stellte dies den Keim der erfahrungsmäßigen Objektkonstanz und damit der Objektbeziehung dar.

Das Kind entwickelt fortschreitend die Fähigkeit, die es erreichenden Sinnesreize in immer umfassendere und der Realität angemessenere Gestaltzusammenhänge einzuordnen. Es lernt die Figur vom Grund zu unterscheiden und erwirbt die Fähigkeit, die Wahrnehmungssignale, die von einer sich bewegenden Gestalt ausgehen, zu kompensieren. Dies wiederum setzt den Erwerb der Tiefensensibilität voraus. Endpunkt dieser Entwicklungslinie ist die Erkenntnis der räumlichen Identität eines Gegenstandes. Im kognitiven Bereich wird durch die rasche Entwicklung des Sensoriums die Differenzierung der Gedächtnisfunktion und ihre Integration durch die Denkprozesse gefördert. Von herausragender Bedeutung ist hier die Erkenntnis der zeitlichen Identität eines verschwindenden und wiederkehrenden Gegenstandes. *Spitz* bezeichnete diese Entwicklungsprozesse als einen fortschreitenden Übergang von der koenästhetischen zur diakritischen Wahrnehmung. Sie entfalten sich in der Interaktion mit dem menschlichen Objekt, das seit dem Dreimonatslächeln Lustcharakter hat und kulminieren in der Erkenntnis der räumlichen und zeitlichen Identität der Person der Mutter als der hauptsächlichsten Lustquelle.

Diese Erkenntnis wird durch Auftreten der sog. Achtmonatsangst symptomatisch angezeigt. Das Kind reagiert bei gleichzeitiger Abwesenheit der Mutter auf fremde Personen mit Angst. Dies wiederum setzt die Fähigkeit voraus, daß das Kind die Mutter als ganze Person wahrnehmen und von anderen Personen unterscheiden kann. *Spitz* sah im Auftreten der Achtmonatsangst den Indikator für den Erwerb des zweiten Organisators der Psyche und damit den Übertritt in die Stufe des libidinösen Objekts. Er sah enge Zusammenhänge und eine Rückkopplung zwischen den frühen Triebschicksalen und den Wechselfällen der Objektbeziehung, die zur Konstituierung des libidinösen Objekts und zur Differenzierung und Integration des Ichs führen.

Unter dynamischen Gesichtspunkten stellte *Spitz* zunächst fest, daß sowohl die libidinösen als auch die aggressiven Triebe gleichermaßen an der Bildung von Objektbeziehungen beteiligt sind. Bei der Geburt und während der narzißtischen Phase haben sich die Triebe noch nicht differenziert. Erst im Zuge der zwischen Mutter und Kind stattfindenden Lust oder Unlust erregenden Wechselwirkungen kommt es allmählich zu einer Unterscheidung. Diese Wechselwirkungen haben zunächst den Charakter voneinander getrennter, isolierter Einzelerlebnisse im spezifischen Bereich beider Triebe. Die Triebe verschmelzen nicht, noch verbinden sie sich. Dies gilt zumindest für die Dauer des narzißtischen Stadiums bis zum Ende des dritten Lebensmonats, in dem sich der Objektvorläufer bildet. Bis zum Stadium der echten Objektbeziehungen entfalten sich die Triebe in »anaklitischer Anlehnung«[23] an die oralen Bedürfnisse des Säuglings. In der Regel ist es die Mutter, die die oralen Bedürfnisse des Säuglings befriedigt. Sie wird zum Ziel seiner libidinösen und aggressiven Triebimpulse. Zu diesem Zeitpunkt wird sie jedoch noch nicht als eine vollständige, feste, unveränderliche Person, als Gestalt, vom Kind wahrgenommen, sondern aufgrund ihrer wahrnehmungsmäßigen Eingebundenheit in die jeweilige Gesamtsituation, in der sie auftritt, als »getrennte Sinneseindrücke.«[24] Diese Sinneseindrücke verbinden sich für das Kind mit begleitenden Empfindungen der Lust bzw. der Unlust. In Übereinstimmung mit anderen Autoren - Melanie *Klein* z.B. spricht vom »guten« und »bösen« Objekt - vertrat *Spitz* die Auffassung, daß der Säugling in diesem Stadium zwei Objekte hat: das böse, gegen das sich seine Aggression richtet und das gute, das libidinös besetzt wird.

Zwischen dem sechsten und achten Lebensmonat findet eine Synthese statt. Unterstützt durch die fortschreitende Reifung und Entwicklung des Sensoriums wächst der Einfluß des Ichs. Erinnerungsspuren und unzählige Beziehungserlebnisse, die das Kind mit seiner Mutter hat, werden integriert. Die beiden Objektvorläufer, das »gute« und das »böse« Objekt, werden im Liebesobjekt, der »ganzen« Mutter vereinigt. Das Verschmelzen der beiden Triebe und das Verschmelzen des guten und bösen Objekts in ein einziges, nämlich in das Objekt der Libido, sind als zwei Ausdrucksformen ein und desselben Vorgangs zu verstehen. *Spitz* ist grundsätzlich der Meinung, daß die guten Aspekte der Mutter stärker seien als die bösen. Dementsprechend überwiegt der libidinöse Trieb den aggressiven, insofern als der libidinöse Trieb des Kindes zu seinen Bedürfnissen in direktem Verhältnis steht.

---

23 *Freud, S.*: Über Triebumsetzungen, insbesondere der Analerotik. G.W. Bd. X, S. 402-410.

24 *Stork* 1976, a.a.O. (Fn. 10), S. 902.

Aus seinen Beobachtungen schloß *Spitz*, daß nach vollzogener Objektfindung und damit einhergehend der Vermischung aggressiver und libidinöser Triebe einige der Abwehrmechanismen die Funktionen übernehmen, die sie auch beim Erwachsenen behalten. So beginnt die Nachahmung als Indiz für den psychischen Prozeß der Identifizierung erst zwischen dem achten und zehnten Lebensmonat. Die Beherrschung der Nachahmung und die Funktion der Identifizierung erlauben es dem Kind, eine immer größere Unabhängigkeit von der Mutter zu erreichen. Von entscheidender Bedeutung für den Erwerb dieser Funktionen ist das affektive Klima, das dem Kind die Identifizierung überhaupt erst möglich macht.

Zwischen Mutter und Kind hat sich zu diesem Zeitpunkt eine wechselseitige, gerichtete, aktive und intentionale Kommunikation entwickelt. In der Folgezeit werden diese Kommunikationen zu semantischen Gesten geordnet, die sich am Ende des ersten Lebensjahres in verbale Gesten verwandeln.

Mit dem zweiten Organisator hat sich das Kind auch die Fähigkeit zur Fortbewegung erworben. D.h. es kann sich dem Zugriff der Mutter und ihrem Gesichtsfeld entziehen. In dcm Maße, in dem diese Entwicklung fortschreitet, wird das Wort anstelle der direkten Handlung immer mehr zum Träger der Kommunikation. Die Mutter gerät in die Situation, die Aktivitäten des Kindes begrenzen - und möglichen Schaden verhindern zu müssen. Einen Hauptteil des Austauschs zwischen Mutter und Kind macht die kindliche Aktivität einerseits und die mütterlichen Gebote und Verbote andererseits aus. *Spitz* spricht in diesem Zusammenhang von der Mutter als »Außenwelt-Ich« des Kindes.[25] Verbote der Mutter wecken im Kind intensive aggressive Reaktionen. Diese aggressiven Regungen geraten mit den libidinösen auf die Mutter gerichteten Strebungen in Konflikt. Ein Versuch, diesen Konflikt zu lösen, stellt der gerade in diesem Stadium gebildete Abwehrmechanismus der Identifizierung mit dem Aggressor dar. Die Aggression der Mutter drückt sich in der Geste »Nein« aus. Im Zuge der Identifizierung mit dem Angreifer versucht das Kind seinen eigenen Aggressionen gegenüber der Umwelt Ausdruck zu geben. *Spitz* sah im Erwerb des ersten abstrakten Begriffes, der ersten semantischen Geste, das verneinende Kopfschütteln, den dritten Organisator. Mit etwa fünfzehn Monaten ist diese Stufe erreicht. Damit beginnt die erste Trotzphase.

In diesem Alter ist das Kind noch unfähig, die rationalen Gründe der Mutter für die Verneinung zu verstehen. Auch ihre Affekte werden dem Kind nur in sehr verallgemeinernder Weise im Sinne eines Affekts »für« bzw. »gegen« verständlich.

---

25 *Spitz, R.*: The Psychogenic Diseases in Infancy: An Attempt at their Etiologic Classification. Psychoanal. Study of the Child 6, 1951, S. 255-278.

Indem mit der Übernahme des »Nein« in Wort und Geste das direkte Handeln aber erstmals durch ein Wort ersetzt wird, die Kommunikation auf Distanz möglich macht, sieht *Spitz* darin »den vielleicht wichtigsten Wendepunkt in der Entwicklung des Individuums und der Art«.[26]

Spitz erforschte die Psychopathologie des Kleinkindalters sehr intensiv. So stellte er u.a. fest, daß

1. Störungen der mütterlichen Persönlichkeit sich in den Störungen des Kindes widerspiegeln;
2. schädliche psychische Einflüsse im Kleinkindalter die Folgen unbefriedigender Beziehungen (sowohl unter quantitativen als auch qualitativen Gesichtspunkten) zwischen Mutter und Kind sind;
3. Kinder, die nach dem Zeitpunkt der Konstituierung des libidinösen Objekts von ihrer Mutter über einen längeren Zeitraum getrennt wurden, ein typisches Syndrom, gekennzeichnet durch Weinerlichkeit, Anklammerung, Schreien, Gewichtsverlust, Retardierung und Rückzug entwickelten. Dauert die Trennung drei bis fünf Monate, werden alle Symptome ausgeprägter und verfestigen sich. *Spitz* spricht von »anaklitischer Depression«.[27] Kehrt die Mutter spätestens fünf Monate nach Beginn der Trennung zurück, so erholt sich das Kind wieder. Dauert die Trennung jedoch länger, so verändert sich das Bild hin zu einem Zustand, der von *Spitz* als »Hospitalismus« bezeichnet wurde.[28]

Bezeichnenderweise gelang es bei den von ihm untersuchten Kindern nur in jenen Fällen ein Ersatzobjekt »unterzuschieben«, in denen vor der Trennung schon gute Mutter-Kind-Beziehungen bestanden hatten.

IV. Die Arbeiten von John *Bowlby*

1. »Maternal deprivation«

John *Bowlby* bemühte sich insbesondere um die Beschreibung von sog. Deprivationssyndromen. Im Jahre 1950 wurde er von der Welt-Gesundheits-Organisation (WHO) als Berater für die psychischen Belange obdachloser Kinder hinzugezogen. Im Vorwort zu dem daraus resultierenden Bericht legte er dar, daß ihm bei Begegnungen mit führenden Persönlichkeiten aus dem Bereich der Kinderfürsorge

---

26 *Spitz* 1967, a.a.O. (Fn. 22), S. 104.
27 *Spitz, R.*: Anaclitic Depression. Psychoanal. Study of the Child 2, 1946, S. 313-342.
28 *Spitz, R.*: Hospitalism. Psychoanal. Study of the Child 1, 1945, S. 53-74.

und der Kinderpsychiatrie besonders »der hohe Übereinstimmungsgrad sowohl in den grundsätzlichen Kriterien, die der psychischen Gesundheit von Kindern zugrunde liegen sollten, als auch in den Maßnahmen, die ihre Erhaltung gewährleisten würden«[29], aufgefallen war.

Im ersten Teil dieses Berichts stellte *Bowlby* überzeugende Untersuchungsergebnisse vor und formulierte eine zentrale These: »Als wesentliche Voraussetzung für die psychische Gesundheit muß die Bedingung gelten, daß das Kleinkind eine warme, innige und dauerhafte Beziehung zu seiner Mutter (oder zu einer ständigen Ersatz-Mutterfigur) besitzt, in der beide Erfüllung und Freude finden.«

Im zweiten Teil dieses Berichts skizzierte er Maßnahmen, die diesem Prinzip gemäß notwendig sind, soll die seelische Gesundheit von Kindern, die von ihren Familien getrennt leben, gewährleistet werden. Der Bericht weckte ein öffentliches Problembewußtsein, gab zahlreiche Anstöße für Verbesserungen der Pflege von Säuglingen und Kleinkindern, wies aber zugleich erhebliche Schwächen auf. Obwohl über die negativen Konsequenzen, die sich aus der Trennung von der Mutter ergeben, und auch über die praktischen Maßnahmen, die diese verhüten oder mildern können viel ausgesagt wurde, konnte nur wenig oder nichts über die psychischen Vorgänge gesagt werden, die dabei ins Spiel kommen.

Aufgrund dessen begann *Bowlby* in den 50er Jahren mit einer systematischen Untersuchung über die Problematik der Folgen einer frühkindlichen Mutterentbehrung auf die spätere Persönlichkeitsentwicklung. Der Forschergruppe um *Bowlby* gehörten u.a. James *Robertson*, Christoph *Heinicke* und Ilse *Westheimer* an. Sie fanden, daß der Verlust der Mutterfigur die wesentlichste Variable ist, wenn Kleinkinder Protest, Verzweiflung und Rückzugsverhalten zeigen. Aus empirischen Beobachtungen zogen sie die Schlußfolgerung, daß das »Bedürfnis des Kleinkindes nach der Liebe und Gegenwart seiner Mutter ebenso groß ist wie sein Nahrungsbedürfnis« und dementsprechend ihre Abwesenheit »zu starkem Verlust und Zornempfindungen« führt. Sie beschäftigten sich insbesondere mit den auffallenden Veränderungen in der kindlichen Beziehung zur Mutter, die sich häufig dann zeigen, wenn das Kind infolge einer Operation der Mutter oder anderer familiärer Komplikationen zeitweise fremduntergebracht war und dann nach Hause zurückkehrte. Einmal ein »intensives Sich-Anklammern an die Mutter«, das Wochen, Monate und Jahre anhalten kann, zum anderen »ein Ablehnen der Mutter als Liebesobjekt, das zeitweilig oder dauernd sein kann«. Für das letztere Verhalten fanden sie später die Bezeichnung »detachment« (Ablösung, Entfrem-

---

29 *Bowlby, J.*: Attachment and Loss. Vol. I. London 1969.

dung). Sie verstanden es als Resultat einer Verdrängung der Gefühle für die Mutter.

Das Entbehrenmüssen der Mutterfigur entweder für sich allein oder in Verbindung mit anderen Faktoren kann demnach zur Erzeugung von Reaktionen und Vorgängen führen, die »für die Psychopathologie von allergrößtem Interesse sind«.

Sowohl die Tendenz, sich an jemand anzuklammern und übermäßige Geborgenheits- und Liebesforderungen zu stellen, als auch jene Blockierung der emotionalen Fähigkeit, mit anderen Menschen tiefere Bindungen einzugehen, lassen sich auch in der Psychopathologie Erwachsener feststellen. Bowlby und Mitarbeiter vertreten die Auffassung, daß es sich bei den kindlichen Reaktionen auf Trennungen von der Mutterfigur um dieselben handelt, die bei Erwachsenen festzustellen sind, die noch immer an Störungen aufgrund frühkindlicher Trennungen leiden.

2.   Die Bindungstheorie von *Bowlby*

Ausgehend von einem psychoanalytischen, ethologischen und evolutionstheoretischen Ansatz, der annimmt, daß »Verhaltensprogramme selbst und die Signale, die deren Ausführung steuern, sowohl aus erlernten als auch aus nichterlernten Komponenten bestehen«[30], postulierte *Bowlby,* daß Kleinkinder, ähnlich wie andere nichthumane Primaten, biologisch für die Suche nach Nähe der Erwachsenen prädisponiert seien, weil sie Schutz gegen Gefahren bieten können. Er wendete sich gegen die Theorie vom Sekundärtrieb, wonach sich eine »Beziehung zu anderen Artgenossen als Resultat des Gefüttert- und Ernährtwerdens durch dieselben entwickelt«.[31]

Vertreter der Bindungstheorie behaupten, daß das nähefördernde Verhalten des Kleinkindes in den ersten Monaten noch ungerichtet sei[32], weil man erst dann von Bindungsverhalten sprechen könne, »wenn das Kind nicht nur die Mutter erkennt, sondern sich auch so verhält, daß die Nähe zu ihr aufrechterhalten bleibt«.[33] Nähe zu einer unterscheidbaren (Mutter-)Figur durch Fortbewegung und Signale könne das Kind gewöhnlich erst zwischen dem sechsten und siebten Lebensmonat aufrechterhalten. Erst in dieser Entwicklungsphase sei das Kind »eindeutig gebunden«. D.h., daß sich das anfangs primitive Verhaltenssystem allmählich in den ersten Lebensmonaten verfeinert und durch kompliziertere, zielgerichtete Systeme ersetzt wird, die das Verhalten schrittweise auf diejenigen Personen einschränken, die sich

30   *Bowlby, J.*: Bindung. Eine Analyse der Mutter-Kind-Beziehung. München 1975, S. 32.
31   *Bowlby* 1975, a.a.O. (Fn. 30), S. 200ff.
32   S. dazu *Ainsworth, M.D.*: Attachment and Dependency: A Comparison. In: Attachment and Dependency . Washington, D.C. 1972, S. 97-137.
33   *Bowlby* 1975, a.a.O. (Fn. 30), S. 275ff.

dem Kind am häufigsten und konsistent zuwenden. An diese Personen entstehe
eine Bindung.

Bowlby unterscheidet zwischen »Haupt- und Nebenbindungsfiguren«. Mit zwölf
Monaten existiere für das Kind eine Vielzahl von Bindungsfiguren, ohne daß diese
als Äquivalent betrachten werden könnten: »Es leuchtet ein, daß die Hauptbindungsfigur und die Zahl der anderen Figuren, an die es sich bindet, zum großen
Teil davon abhängt, wer für es sorgt und wie der Haushalt, in dem es lebt,
zusammengesetzt ist. Es ist ohne Zweifel eine empirische Tatsache, daß in fast jeder
Kultur die betreffenden Personen meist seine natürliche Mutter und sein Vater,
seine älteren Geschwister und vielleicht auch die Großeltern sind und daß sich das
Kind aus diesen Figuren wahrscheinlich seine Hauptbindungsfigur und Nebenfiguren wählt.«[34]

Hauptbindungsfigur sei zwar gewöhnlich die natürliche Mutter, diese Rolle könne
jedoch auch gut von anderen übernommen werden. Er meinte, daß »... ein Kind,
zu dem sich ein Mutterersatz in einer mütterlichen Art verhält, diesen so behandelt
wie andere Kinder ihre natürliche Mutter. Obwohl eine Ersatzmutter einem Kind
zweifellos in einer ganz und gar mütterlichen Verhaltensweise begegnen kann und
viele dies auch tun, ist dies doch vielleicht für die Ersatzmutter nicht so einfach
wie für die natürliche Mutter. Einerseits kann die Ersatzmutter nicht unter dem
Einfluß desselben Hormonspiegels stehen wie die natürliche Mutter, andererseits
kann es vorkommen, daß die Ersatzfigur wenig oder nichts mit dem Baby zu tun
hat, bevor es Wochen oder Monate alt ist. Infolge dieser beiden Beschränkungen
mögen die Reaktionen einer Ersatzmutter durchaus weniger stark und regelmäßig
ausgelöst werden als die einer natürlichen Mutter.«[35]

Unter einer »mütterlichen Art«, ein Kind zu behandeln, verstand *Bowlby* die
Bereitschaft und Fähigkeit, sich in »lebendige soziale Interaktion mit dem Kind zu
begeben und prompt auf seine Signale und Annäherungsversuche zu reagieren«.[36]
Was die Mutter zur Situation beiträgt, in der Bindungsverhalten entsteht und sich
entwickelt, ist sehr komplex: Dabei spielen nicht nur ihre natürlichen Anlagen eine
Rolle, sondern auch ihre Geschichte zwischenmenschlicher Beziehungen mit ihrer
Herkunftsfamilie und ihrer eigenen. Hinzu kommen Wertvorstellungen und

---

34 *Bowlby* 1975, a.a.O. (Fn. 30), S. 280f.
35 *Bowlby* 1975, a.a.O. (Fn. 30), S. 281.
36 *Bowlby* 1975, a.a.O. (Fn. 30), S. 281.

Gebräuche ihrer Kultur. Es überrascht nicht zu hören, daß sich schon vor der Geburt eines Babys vorhersagen läßt, wie eine Mutter dies behandeln wird.[37]

Ainsworth und *Bell* stellten eine Reihe von Kriterien auf, von denen sie annehmen, daß sie zur Entwicklung einer sicheren Bindung führen. Sie nennen u.a.:

a) häufiger und langanhaltender physischer Kontakt zwischen Kind und Mutter, vor allem in den ersten sechs Monaten und die Fähigkeit der Mutter, ihr bekümmertes Baby durch die Art, wie sie es hält, zu beschwichtigen;
b) die Empfänglichkeit einer Mutter für die Signale ihres Babys und ihre Fähigkeit vor allem, ihr Eingreifen auf den Rhythmus des Babys einzustimmen;
c) eine Umgebung, die so reguliert ist, daß das Baby ein Gespür von den Konsequenzen seiner eigenen Handlungen empfängt;
d) das gegenseitige Vergnügen, das Mutter und Kind aneinander finden.[38]

Es besteht kein Zweifel daran, daß die Eigenschaften eines Babys die Pflegehaltung beeinflussen. Eine Reihe von Untersuchern stimmt aufgrund von Direktbeobachtungen jedoch darin überein, daß das Verhalten der Mutter eine größere Rolle spiele als das des Babys, wenn es darum gehe, wieviel Interaktion, die Bindungsverhalten konstituiert, stattfindet.[39]

Hauptbindungsfigur und Nebenfiguren sind in ihrer Bedeutung für das Kind unterschiedlich, können aber je nach dessen Bedürfnislage auch von ein und derselben Person (z.B. der Mutter) repräsentiert werden. Jede der zusätzlich neben der Mutterfigur favorisierte Figur könne klar gegen die nicht favorisierte abgehoben werden. Bei jedem Kind wechsele sowohl die Zahl als auch die Identität dieser zusätzlichen Personen im Laufe der Zeit. Man dürfe jedoch nicht annehmen, daß das Kind, wenn es mehr als eine Bindungsfigur besitzt, deswegen eine schwache Bindung an seine Hauptperson habe. »Es ist falsch, anzunehmen, ein kleines Kind verteile seine Bindungsfähigkeit auf viele Personen dergestalt, daß es mit keiner allzu starken Bindung an irgendeine von ihnen auskommt und folglich auch keine spezifische Person vermißt, wenn sie gerade abwesend ist. Im Gegenteil, die bisherigen Ergebnisse stützen alle die Hypothese, ... daß beim Bindungsverhalten

37 S. dazu *Gaertner, A., Kothe-Gaertner, B.*: Pilotstudie: Zur Psychodynamik der Mutter-Kind-Interaktion während der Schwangerschaft und bis zum Ende der symbiotischen Phase. Kassel, Bielefeld 1986.
38 *Ainsworth, M.D., Bell, S.M.*: Some Contemporary Patterns of Mother-Infant Interaction in the Feeding Situation. In: Stimulation in Early Infancy. New York 1969, S. 133-170.
39 Im Überblick *Yarrow, M.R., Campbell, J.B., Burton, R.V.*: Child Rearing. San Franzisco 1968.

eine starke Neigung besteht, sich hauptsächlich auf eine spezifische Person zu richten und, bei Kindern, sehr possessiv auf diese Person zu reagieren.«[40] Mit anderen Worten: Entwickelt ein kleines Kind eine intensive Bindung an eine Hauptfigur, dann wird es mit hoher Wahrscheinlichkeit sein soziales Verhalten auch auf andere unterschiedliche Personen richten, während ein Kind, das nur schwach an seine Hauptbindungsfigur gebunden ist, sein soziales Verhalten auf eine Person ausrichten wird.

Es wird angenommen, daß Kinder bis zum Alter von sechs bis acht Monaten überhaupt keine Bindung entwickeln.[41] Es besteht weiterhin Übereinstimmung darüber, daß Kinder Bindungsverhalten erst dann zeigen, wenn sie die Stufe in ihrer kognitiven Entwicklung erreicht haben, die mit »Objektpermanenz« beschrieben wird. Die Wahrnehmungsfähigkeiten des Kleinkindes sind bei Geburt noch nicht voll ausgebildet. Die Wahrnehmungsschärfe verbessert sich jedoch im Laufe der nächsten Jahre. Untersuchungen zeigen, daß es bei Babies bereits mit vier bis sechs Wochen zu einer gewissen Ausbildung von Wahrnehmungskonstanten kommt wie z.b. der Größenkonstanz, der Tiefenwahrnehmung und der Gestaltkonstanz. In rudimentärer Form soll die Objektpermanenz und Objektidentität schon mit drei bis vier Monaten vorhanden und bis zum Alter von zwei Jahren voll ausgebildet sein. Dann verfügt das Kind über eine zwar einfache, aber adäquate Vorstellung von einer von ihm unabhängig und permanent existierenden anderen Person.[42] Mit gewissen Schwankungen wird diese Entwicklungsstufe in den Zeitraum zwischen dem sechsten und achten Lebensmonat lokalisiert. Von diesem Alter an protestiert das Kind, wenn es von der Mutter verlassen wird.

Während die Wachstumsperiode des Bindungsverhaltens im ersten Lebensjahr verhältnismäßig gut dokumentiert ist, liegt über dem weiteren Entwicklungsverlauf weniger vollständiges Material vor. Folgt man Bowlby[43], dann ist das Bindungsverhalten im Laufe des zweiten Lebensjahres und während großer Teile des dritten Lebensjahres konsistent mit dem am Ende des ersten Lebensjahres. Die meisten Kinder seien nach ihrem dritten Geburtstag zunehmend besser fähig »sich in einer fremden Umgebung mit untergeordneten Bindungsfiguren sicher zu fühlen, etwa mit einer Verwandten oder einer Lehrerin«[44], vorausgesetzt, sie ist dem Kind gut

40 Bowlby 1975, a.a.O. (Fn. 30), S. 283.
41 Ainsworth, M.D.: Object Relations, Dependency and Attachment: A Theorical Review of the Infant-Mother Relationship. Child Development 40, 1969, S. 969–1025.
42 Vgl. dazu Piaget, J.: The Construction of Reality in the Child. New York 1937; Bell, S.M.: The Development of the Concept of the Object as Related to Infant-Mother Attachment. Child.Development 41, 1970, S. 291–311; Spitz 1967, a.a.O. (Fn. 22).
43 Bowlby 1975, a.a.O. (Fn. 30), S. 194f.
44 Bowlby 1975, a.a.O. (Fn. 30), S. 195.

bekannt (»vorzugsweise solche, die das Kind in Gesellschaft seiner Mutter kennengelernt hat«) und es weiß, wo seine Mutter sich gerade aufhält, um mit ihr Kontakt aufnehmen zu können.

Murphy [45] untersuchte die Entwicklung von Bindungsverhalten bei Kindern im Alter von zweieinhalb bis fünf Jahren aus amerikanischen Mittelschichtsfamilien. Während nahezu alle vier- und fünfjährigen Kinder das Angebot eines Fremden, ohne Begleitung der Mutter zu einer Spielstunde in einer Klinik zu folgen, akzeptierten, waren nur wenige der zwei und drei Jahre alten Kinder dazu bereit. Die meisten jüngeren Kinder bestanden nicht nur darauf, in Begleitung ihrer Mutter zu gehen, sondern versicherten sich auch während der ersten Sitzung des physischen Kontakts mit ihr. Zu ähnlichen Ergebnissen kamen auch *Newson* und *Newson* [46] anhand einer Untersuchung über das Vorkommen und die Häufigkeit von Bindungsverhalten in einer Gruppe von 700 vierjährigen Kindern aus den englischen Midlands.

Bowlby stellte dazu fest, daß die meisten Kinder nach dem dritten Geburtstag weniger intensiv und häufig Bindungsverhalten aufweisen, dennoch bleibe dies weiterhin ein Hauptaspekt ihres Verhaltens: »Und obwohl das Bindungsverhalten dann nachläßt, so zeigt sich doch die ganzen ersten Schuljahre hindurch eine Verhaltensweise, die sich von der bei den vierjährigen Kindern beobachteten nicht wesentlich unterscheidet. Beim Spazierengehen werden Kinder von fünf, sechs oder sogar mehreren Jahren bisweilen gerne vom begleitenden Elternteil an der Hand geführt oder fassen auch selbst danach und ärgern sich, wenn sie ihnen verweigert wird. Wenn sie mit anderen Kindern spielen und ihnen irgend etwas zustößt, kehren sie sofort zum Elternteil oder dessen Ersatzfigur zurück. Wenn sie sich mehr als nur ein bißchen fürchten, suchen sie sofortigen Kontakt. Somit bleibt also während der Latenzzeit des gewöhnlichen Kindes das Bindungsverhalten ein vorherrschender Aspekt seines Lebens.«[47]

Erst mit dem Beginn der Adoleszenz schwäche sich die kindliche Bindung an die Eltern ab. Von diesem Zeitpunkt an können andere Erwachsene für das Kind eine ebenso wichtige oder wichtigere Rolle als die Eltern spielen. Da gleichzeitig die sexuelle Anziehung Gleichaltriger zunehmend an Bedeutung gewinnt, nehmen die ohnehin beträchtlichen individuellen Unterschiede im Bindungsverhalten noch zu. Im Spektrum der Möglichkeiten stehen an einem Ende Jugendliche, die

45 Murphy, L.B.: The Widing World of Childhood. New York 1962.
46 *Newson, J., Newson, E.*: Four Years Old in an Urban Community. London 1968.
47 *Bowlby* 1975, a.a.O. (Fn. 30), S. 196.

sich von ihren Eltern lösen und am anderen die, die intensiv an sie gebunden bleiben, unfähig oder unwillig, ihr Bindungsverhalten auf andere zu richten. Zwischen diesen beiden Extremen befindet sich die Gruppe jener Jugendlichen mit einer weiterhin starken Bindung an die Eltern, für die Beziehungen zu anderen Jugendlichen jedoch gleichzeitig sehr wichtig sind.

Während der Jugend und des Erwachsenenalters richtet sich ein Teil des Bindungsverhaltens an Personen oder Institutionen außerhalb der Familie. Die Schule oder die Universität, eine Arbeitsgruppe, die Firma, eine religiöse Gruppierung oder eine Partei können für viele Menschen zu einer Bindungs-»Figur« werden. Für *Bowlby* handelt es sich um eine direkte Fortsetzung des kindlichen Bindungsverhaltens ins Erwachsenenleben hinein. »Bei plötzlicher Gefahr oder in Unglücksfällen sucht der Mensch fast immer die Nähe einer bekannten Person, zu der er Zutrauen hat. Unter diesen Umständen wird Bindungsverhalten für natürlich gehalten. Es ist daher äußerst irreführend, alle Äußerungen von Bindungsverhalten im Erwachsenenalter als »regressiv« zu apostrophieren ... Wenn man Bindungsverhalten bei einem Erwachsenen als regressiv bezeichnet, vergißt man die lebenswichtige Rolle, die dasselbe von der Wiege bis zum Grabe im Menschenleben spielt.«[48] Im Alter, wenn es nicht mehr möglich ist, Bindungsverhalten auf eine ältere oder die eigene Generation zu richten, kann es sich statt dessen Mitgliedern einer jüngeren Generation zuwenden, oder Ideen und Vorstellungen zur Verfügung stehen.

V. Kritischer Vergleich der Arbeiten von *Bowlby*, Anna *Freud* und *Spitz*

Bowlbys Arbeiten stehen in einem psychoanalytischen Bezugsrahmen. Objektbeziehungen, Trennungsangst, Trauerarbeit, Abwehrmechanismen, Trauma und sensible Perioden in der frühkindlichen Entwicklung sind Begriffe, die von den anderen Verhaltenswissenschaften bis vor kurzem kaum beachtet wurden bzw. weiterhin ignoriert werden. So gesehen steht *Bowlby* in der analytischen Tradition. Indem er seinen Untersuchungen Primärdaten über das Verhalten ganz junger Kinder in umschriebenen Situationen zugrunde legt und von dort nach vorne extrapoliert, unterscheidet er sich jedoch von der »klassischen« psychoanalytischen Forschung, die aus den in der analytischen Behandlungssituation erwachsener Patienten gewonnene Daten für eine Rekonstruktion der frühkindlichen Entwicklung nutzte.

---

48 *Bowlby* 1975, a.a.O. (Fn. 30), S. 197.

Der Perspektivenwechsel ist offensichtlich. Im Gegensatz zu anderen, die ebenfalls sehr frühere Strukturen der Persönlichkeit untersuchten, wählte *Bowlby* den Weg der Verhaltensbeobachtung. Die methodische Komplementärorientierung bleibt nicht ohne Folgen für die Theoriebildung. Verhaltensbeobachtung bringt von selbst die Beziehung zur Verhaltensforschung, der Ethologie, mit sich. *Bowlbys* Verhaltensbegriff ist aber nicht der der behavioristischen Lerntheorie.[49]

Im Gegenteil: Er setzte sich damit kritisch auseinander. Sowohl die Psychoanalyse als auch die sozialen Lerntheorien bedienen sich der Theorie vom Sekundärtrieb. Sie basieren auf der Annahme, daß der Säugling nur darum nach der Wahrnehmung seiner Mutter verlangt,»weil er bereits aus Erfahrung weiß, daß sie alle seine Bedürfnisse ohne Verzug befriedigt«.[50] In Termini der Triebreduktionstheorie: die Mutter nehme über die Assoziation mit der Triebreduktion beim Gefüttertwerden und zusätzlicher Fürsorge die positive Qualität eines »generalisierten sekundären Verstärkers« an, wodurch das Kind eine besonders intensive Beziehung zu ihr aufbaue.[51] *Bowlby* vertritt die Auffassung, daß die Theorie der Sekundärtriebe, die das Sozialverhalten auf die physiologischen »Primärtriebe« (Hunger, Durst, Sexualität, Schmerzvermeidung) über die Vermittlung von Lernprozessen aufsetzt, zwar das Gebot der theoretischen Sparsamkeit erfülle, aber alles andere als einfach und elegant sei.[52]

Er räumte den Triebbegriff fort, auch den psychoanalytischen, weil er ihm in bezug auf mögliche Verhaltensmuster viel zu undifferenziert und von der modernen biologischen Wissenschaft überholt war. Im Ergebnis der ethologischen Beobachtung ist theoretisch die Rede von »Verhaltenssystemen«, die je nach hormonalem Zustand des Organismus, Umweltsituation und Entwicklungsstand aus wechselnden und wechselnd organisierten Verhaltenselementen zusammengesetzt sind. *Bowlby* sieht hier eine Entsprechung in *Freuds* Begriff der Partialtriebe. Attachment behavior ist ein solches Verhaltenssystem. Er erweitert den traditionellen Zielbegriff (des Behaviorismus und Pragmatismus) im Sinne der kybernetischen Theorie: alles Verhalten des Kindes (unbewußt und später auch bewußt) ziele mit wechselnden Verhaltensweisen darauf ab, in Kontakt mit der Mutter zu bleiben. Ein Ziel des Verhaltens ist nicht nur ein (zu konsumierendes) Objekt, sondern auch die Aufrechterhaltung eines bestimmten räumlichen Verhältnisses, und nicht nur ein

---

49 Im Überblick *Amsel, A., Rashotte, M.E.*: Entwicklungsrichtungen der S-R-Lerntheorien in Amerika. In: Psychologie des 20. Jahrhunderts. Bd. IV, Zürich 1977, S. 83–160.
50 *Freud, S.*: Hemmung, Symptom und Angst. GW. Bd. XIV, S. 111–205/168.
51 *Fthenakis, W.E., Niesel, R., Kunze, H.-R.*: Ehescheidung: Konsequenzen für Eltern und Kinder. München, Wien, Baltimore 1982, S. 10.
52 *Bowlby* 1975, a.a.O. (Fn. 30), S. 200ff.

zeitlich begrenztes Ereignis (wie das Stillen von Hunger und Durst bzw. die Befriedigung sexueller Triebwünsche), sondern auch die abschlußlose Aufrechterhaltung eines Zustandes über die Zeit hin wie beim »... attachment behavior«. Ein Steuerungsziel des Verhaltens entspricht dabei bereits den höheren Leistungen des Organismus: der Organisation des Verhaltens gemäß einem Plan, zu dessen Durchführung die Verwertung des feedback, der Rückmeldung des Verhaltensfortschritts im Vergleich zum Steuerungsziel, gehört. Die niedrigste Stufe (allerdings schon jenseits des Reflexes) ist diejenige des starren Verhaltensmusters (fixed action pattern), eine Zwischenstufe ist jene der kausalen Hierarchie von Verhaltenskomponenten, wobei die causa etwa ein bestimmter Hormonzustand ist. *Bowlby* beschrieb dezidiert, wie das auf die Mutter bezogene Bindungsverhalten des Kindes sich von starren Verhaltensmustern (wie beim Schreien des Neugeborenen) bis hin zu elaborierten »Plänen« im fortgeschrittenen Alter entwickelt, wenn ein Kind in der Auffassung seiner sozialen Umwelt soweit gekommen ist, daß es erkannt hat, daß seine Mutter selbst an »Plänen« orientiert ist, die es zu beeinflussen gilt, wenn man auf ihr Verhalten Einfluß nehmen will. Dementsprechend sind Information und Organisation die übergreifenden Begriffe, die *Bowlby* an die Stelle des energetischen (und ökonomischen) Triebbegriffs setzt.

Mit dem Begriff des Triebes lehnte er den des Instinkts ab, nicht aber den des »instinktiven Verhaltens«. Er trat der Annahme der unbegrenzten Plastizität der Verhaltenstendenzen entgegen und ebenso, damit korrespondierend, derjenigen der unbegrenzten Variationsmöglichkeit der Umwelt, wenn die Gattung überleben soll. Einzelne Organismen können zwar auch außerhalb der Gattungsregel stehende Verhaltensformen ausbilden und dabei individuell lebensfähig sein (sich ernähren, sich verteidigen usw.), scheiden dabei jedoch zugleich aus dem genetischen Zusammenhang der Spezies (bei der Fortpflanzung) aus. *Bowlby* erklärte das empirische Auftreten pathoformer Systeme gerade des Sexual- und Sozialverhaltens damit, daß sie nicht - wie bei Störungen des Ernährungsverhaltens - gleich zum individuellen Tod führen. Nichtsdestoweniger komme den sozialen Verhaltenssystemen eine notwendige Funktion zu, die zumindest von einer hinreichenden Anzahl unter den Angehörigen einer Gattung verwirklicht werden müsse. *Bowlbys* Betrachtungsweise ist also die biologisch-ethologische, wonach der Sinn individuellen Verhaltens nicht beim individuellen Organismus, sondern beim Überlebenszusammenhang einer Spezies (bzw. einer Population) liegt.

Bowlby belegte erstaunliche gesetzmäßige Gleichförmigkeiten im Verhalten von (subhumanen) Primaten- und Menschenkindern. Der Sinn dieses Verhaltens ist nach *Bowlby*, den Nachwuchs (und damit das Fortbestehen der Gattung) gegen Raubtiere zu schützen. Sicher, der moderne Mensch sucht nicht mehr den Schutz vor den Raubtieren - mag der »Leopard« auch einer der gefährlichsten Feinde des Primaten sein - aber immer noch, ob groß oder klein, sucht er bei Gefahr den Schutz des Nächsten. Daß die phylogenetische Herkunft solcher instinktiver Verhaltensformen (die sich beim Kind noch unmittelbar zeigen und später in hochelaborierte Verhaltenspläne integriert werden und sich damit in ihnen verbergen) nicht individuell erlebt wird oder wenigstens dem gesunden Menschenverstand bekannt ist, ist ein Aspekt des Unbewußten. Auch das Angstverhalten des Kindes hat solche instinktiven Wurzeln: Dunkelheit, Fremdheit, schnelle Annäherung eines Objekts u.ä. sind Signale durchschnittlich erhöhten Risikos, die durch die genetische Information vermittelt sind und nicht erst gelernt zu werden brauchen. Zwar hat der Mensch sich eine zivilisatorische Umwelt geschaffen, in der solche Angstreaktionen unvernünftig, ja neurotisch erscheinen (*Freud* nahm bekanntlich aufgrund der Beobachtungen kindlicher Ängste an, daß jedes Kind eine neurotische Entwicklungsphase durchmache), phylogenetisch betrachtet sind sie eine im Genom tradierte Vernunft der unzivilisierten Natur, die ihre psychopathologische Verwertung nicht ausschließt.

Bowlbys theoretische Neuerungen und/oder Ergänzungen bestehen also im wesentlichen darin, daß er das Sozialverhalten (die Objektbeziehungen) wie auch das Angstverhalten phylogenetisch angelegt sieht und die Theorie der Sekundärtriebe ablehnt, wie sie sowohl von der behavioristischen Lerntheorie als auch von der Psychoanalyse vertreten wird.

Dies brachte *Bowlby* aus verständlichen Gründen vor allem von seiten der Psychoanalytiker viel Kritik ein. U.a. sprach sich Anna *Freud* vehement dagegen aus, die Mutterbindung des Kleinkindes auf einen angeborenen Instinkt zurückzuführen.[53] Nicht die Triebtätigkeit als solche sei von Interesse, sondern deren psychische Repräsentanzen. Psychisch repräsentiert werden die Auswirkungen der mütterlichen Pflegehandlungen auf das Seelenleben des Kindes, d.h. auf Lust-Unlust-Erlebnisse, die mit primären Triebreaktionen verbunden sind. Sie wirft *Bowlby* vor, daß er sich zu sehr mit den Geschehnissen in der Außenwelt beschäftige und darüber die (intra-) psychischen Folgen mit ihrem Niederschlag im kindlichen Seelenleben vernachlässige. Untersuchungen der Mutter-Kind-Beziehung und das Verhalten des Kindes, das aus einer vorzeitigen Unterbrechung dieser Beziehung resultiere, könne ihrer Meinung nach den Trennungsschmerz des Kindes nur auf der Grundlage der Libidotheorie ausreichend erklären. Die Äußerungsformen des kindlichen Trennungsschmerzes sind dann als Resultat der ersten kindlichen Erfahrung mit Objektliebe zu verstehen. Das Kleinkind erlebt das Verschwinden

---

53 *Freud, A.,* a.a.O. (Fn. 15).

des ersten libidinös besetzten Objekts unlustvoll. Die Besetzung wird daraufhin verstärkt und erzeugt unerträgliche Sehnsucht. Ist die befriedigende Mutter längere Zeit abwesend, dann nimmt ihr zunächst positives inneres Bild immer mehr negative Züge an und die aggressive Seite der an sich normalen Ambivalenz wird übermächtig. In einem nächsten Schritt wird die Objektbesetzung zurückgezogen.

Tatsächlich erklärt *Bowlbys* Instinkttheorie nur unzureichend, warum die »primären Instinktreaktionen« auf Trennung in den ersten Lebensmonaten relativ schwach ausgebildet sind. Demgegenüber trägt die von Anna *Freud* und *Spitz* vertretene Auffassung dem besser Rechnung. Die Objektbesetzung der Mutter muß nämlich erst relativ stabil und von elementarer Bedürfnisbefriedigung einigermaßen unabhängig geworden sein, bevor sich überhaupt Trennungsschmerz in voller Stärke entwickeln kann. Auf früheren Entwicklungsstufen reagiert das Kind auf die Trennung von der Mutter dementsprechend kaum mit Affekten, sondern mit Störungen von Körperfunktionen (Schlaf-, Eß- und Verdauungsstörungen).

Sucht man bei aller Gegensätzlichkeit das Gemeinsame in den Untersuchungen der genannten Autoren, dann findet man es zum einen in der Übereinstimmung der beschriebenen klinischen Bilder und zum anderen in der Auffassung von einer biologisch angelegten Bindung und darin angelegter Verhaltensweisen. Anders formuliert: mütterliche Pflege aktiviert demnach eine angeborene Bereitschaft, eine lustspendende Person libidinös zu besetzen. Von allen Untersuchern werden die kindlichen Trennungsreaktionen in voneinander unterscheidbare Phasen eingeteilt. *Bowlby* spricht von Protest, Leiden und Verleugnung. Unterschiede in der Deutung beziehen sich vor allem auf die zuletzt genannte Phase. Im Gegensatz zu *Bowlby*, der den Abwehraspekt hervorhebt (Verleugnung einer schmerzlichen Realität bzw. des Affekts), betonen sowohl Anna *Freud* als auch *Spitz* den libidinösen Aspekt, d.h. den Abzug der Besetzung und sprechen daher von der Phase der »Abwendung« bzw. »anaklitischer Depression«.

Bowlby sah die Trauerreaktionen des kleinen Kindes als identisch mit denen der Erwachsenen. Anna *Freud* und *Spitz* zeigten bezüglich der zugrundeliegenden psychischen Prozesse dagegen Unterschiede auf. Trauerarbeit im analytischen Sinn meine den Versuch, eine äußere Tatsache, den Verlust des besetzten Objekts zu akzeptieren. Damit gehen entsprechende innere psychische Veränderungen einher: der Abzug der Libido vom besetzten Objekt und die Identifizierung mit ihm. Es leuchtet ein, daß das zunächst einmal bestimmte Fähigkeiten des psychischen Apparates (Realitätsprüfung, Anerkennung der Realität, partielle Triebkontrolle durch das Ich usw.) voraussetzt. Zumindest das kleine Kind verfügt noch nicht über diese Fähigkeiten. Aus diesem Grund hat Anna *Freud* es vermieden, bei

Trennungsreaktionen kleiner Kinder von Trauer zu sprechen. Diese eben beschriebenen Zusammenhänge erklären auch, warum kindliche Trennungsreaktionen »normalerweise schneller« vorübergehen als die Erwachsener. Gilt es danach
zu fragen, wie lange ein Kind braucht, um sich an ein Ersatzobjekt zu gewöhnen,
so sehen Anna *Freud* und *Spitz* das entscheidende Kriterium zur Beantwortung
dieser Frage vor allem in dem vor der Trennung erreichten Niveau der Objektbeziehung und der Ichreife.

Bowlby und *Spitz* stellten ätiologische Zusammenhänge zwischen früher Trennung
und späteren psychopathologisch relevanten Zuständen wie z.b. Depression her.
Anna *Freud* vermied dies. Sie betonte den Umstand, daß die untersuchten Kinder
häufig nicht nur die Mutter, sondern die gesamte Familiengruppe verloren hatten
bzw. mehr als einmal die Mutter wechseln mußten. Mit Blick auf die Kinder aus
Scheidungsfamilien wirft das eine Reihe von Fragen auf, auf die noch näher
einzugehen sein wird. Zunächst soll nur soviel zusammenfassend festgehalten
werden: Die Trennung von der Mutter, die beeinträchtigte Mutter-Kind-Bindung
und -Beziehung, die auch ganz allgemein einen anderen wichtigen Betreuer (Vater)
betreffen kann, der Verzicht oder die Übergewährung von oralen oder Abhängig-
keitsbedürfnissen und damit verbunden die Verhinderung der Loslösung und
Individuation des Kindes gegen Ende dieses Entwicklungsstadiums sind äußerst
wichtig. Neben Unterbrechung, Abweichung oder Stagnation der psychosexuel-
len/ psychosozialen Entwicklung des Kindes können negative Langzeitwirkungen
im Bereich der Psychopathologie mit dem Verlust der Fähigkeit, Objekte zu
besetzen, einer Abwendung von der Umwelt oder flüchtigen bzw. oberflächlichen
Beziehungen vorausgesagt werden.

VI. Kritik an der Bindungstheorie aus
wissenschaftlicher Sicht

Theoretisch wurde das Bindungskonzept und seine Relevanz vor allem von
Psychologen, die sich auf systemtheoretische Denkansätze und Ergebnisse empirischer Sozialforschung stützen, in Zweifel gezogen.[54] Die Kritik richtet sich nicht
gegen die Bindungen des Kindes an seine Eltern und Geschwister im allgemeinen,
die in unserem Kulturkreis familiäre Beziehungen und kindliche Entwicklung
bilden, sondern gegen den wissenschaftlichen Stellenwert des Bindungsbegriffs und

---

54 *Fthenakis, W.E.*: Kindeswohl - gesetzlicher Anspruch und Wirklichkeit. In: Brühler
Schriften zum Familienrecht. Bd. 3. Bielefeld 1984, S. 33-66; *Jopt, U.-J.*: Nacheheliche
Elternschaft und Kindeswohl - Plädoyer für das gemeinsame Sorgerecht als anzustre-
benden Regelfall. FamRZ 9, 1987, S. 875-885.

seine Implikationen für die Sorgerechtspraxis. Im einzelnen geht es um folgende Kritikpunkte:

1. Der Verlust eines Elternteils durch Tod oder auch Scheidung dürfe nicht mit den Auswirkungen der Erfahrungen von Heimkindern gleichgesetzt werden.
2. Verhaltensweisen, die als Ausdruck von Bindung i.S. *Bowlbys* angesehen werden, kämen auch in anderem Kontext vor. Viele Verhaltensmöglichkeiten, die mit zunehmendem Alter gegeben sind, um Bindung auszudrücken, könnten nicht als Bindungsverhalten angesehen werden.
3. *Bowlbys* Arbeiten deklarierten die Suche des Kindes nach räumlicher Nähe als eine evolutionstheoretisch wie bindungstheoretisch relevante Verhaltensweise. Diese Beziehung werde als monotrope, d.h. einseitige, bloß auf die Mutter gerichtete Weise beschrieben.
4. Die Auffassung, Bindung sei einem Persönlichkeitsmerkmal vergleichbar, ließe sich mit entwicklungspsychologisch relevanten Konzepten wie Wachstum, Differenzierung und Akkomodation nicht integrieren.
5. Verhaltensmerkmale, die als Ausdruck von Bindung beschrieben wurden, hätten nur geringe Kontextkonstanz und Stabilität über die Zeit.
6. *Bowlbys* Modell definiere Distanz zwischen Kind und Erwachsenen als tatsächliche räumliche Entfernung des Kindes vom Erwachsenen und übersehe die komplexen Aspekte des aktiven kindlichen Interesses an seiner Umwelt.
7. Das eindirektionale Modell *Bowlbys* müsse in ein zweidirektionales Modell vom Bindungs-Explorations-Gleichgewicht umformuliert werden. In diesem Modell sei eine Hauptfunktion von Bindung, dem Kind die Entdeckung von Neuem durch Exkursionen in seine Umgebung zu ermöglichen. Die Änderung des Verhaltens von Exploration in Suche nach Nähe werde als Reaktion auf verschiedene mögliche Ereignisse beschrieben.

Es ist nicht zu erkennen, daß mit dieser Kritik die Tragfähigkeit des Bindungsbegriffs für die gerichtliche Sorgerechtspraxis grundsätzlich in Frage gestellt wird. Verfolgt man den Verlauf der theoretischen Auseinandersetzungen, kommt man nicht umhin festzustellen, daß die wissenschaftliche Diskussion Gefahr läuft, sich in abstrakten Reflexionen zu verlieren. Die gelebten Erfahrungen, Grundlagen jeder Verhaltenswissenschaft, geraten immer mehr aus dem Blickfeld.

Bei näherer Betrachtung sieht man, daß sich die Kritik auch weit weniger gegen die Tragfähigkeit des Bindungsbegriffs in der gerichtlichen Sorgerechtspraxis richtet, als vielmehr gegen Aspekte seiner Anwendung:

1. Die Stärke einer Kind-Erwachsenen-Bindung könne nicht »gemessen« werden
   und
2. die Wahrnehmung von Bindung sei kulturellen Wertvorstellungen unterworfen.

Da niemand behauptet hat, Bindung objektiv messen zu können, könnte man
geneigt sein, die Kritik zu ignorieren. Sie verdient jedoch aus anderen Gründen
Beachtung: Es wird nämlich nicht nur die Frage aufgeworfen, welchen Bezugsrahmen die humanwissenschaftlichen Erkenntnisse zur Verfügung stellen, um das
»Kindeswohl« betreffende Fragen so zu behandeln, daß der Richter sie sich
aneignen und in der Praxis auch umsetzen kann, sondern auch diejenige, was davon
jeweils wie zum Tragen kommt.

Eine grundsätzliche Schwierigkeit besteht darin, daß sich die psychologische
Forschung erst relativ spät sorgerechtsrelevanter Fragestellungen angenommen hat
(s. dazu den nächsten Abschnitt in diesem Kapitel). Ein weiteres Problem resultiert
aus den Unterschieden des gemeinsamen Erkenntnisinteresses. Ausgehend vom
Einzelfall, bemüht sich die psychologische Forschung zumeist, Aussagen zu machen, die auf eine möglichst allgemeine Population zutreffen, dergestalt, daß
bestimmte Entwicklungsalternativen im Rahmen definierter Wahrscheinlichkeits-
bereiche unter bestimmten Bedingungen eher eintreten als andere. Der Richter
hingegen muß zwangsläufig Normen auf die Komplexität des Einzelfalls anwen-
den. Die Aussagen psychologischer Forschung verlieren für ihn an Wert, wenn er
mit dem Anspruch auf größtmögliche Sicherheit fallorientierte, prognostisch valide
Aussagen sucht. Psychologische Forschungsergebnisse besitzen für den Einzelfall
vorrangig heuristischen Wert, den es an den besonderen Gegebenheiten zu
verifizieren gilt. Jeder Versuch, psychologische Erkenntnisse durch Verallgemeinerung zur normativen Größe machen zu wollen, muß angesichts der Viel-
schichtigkeit der Probleme im konkreten Einzelfall mit dem subjektiven
»Kindeswohl«-Anspruch in Konflikt geraten. Es besteht kein Zweifel darüber, daß
es hier, insbesondere in den Anfängen der Familiengerichtsbarkeit, manches
Mißverständnis gegeben hat, z.B. derart, daß kleine Kinder grundsätzlich der
Mutter zugesprochen wurden.

Ein weiterer Grund für die Beachtlichkeit der Kritik am Bindungsbegriff verbindet
sich mit der Frage nach der Funktion dieser Kritik. Man verlangt vom Gesetzgeber
die Streichung des Bindungskriteriums und von den Richtern die häufigere
Anerkennung eines gemeinsamen elterlichen Sorgerechts. Gegen diese Position
wird aus psychotherapeutischer Erfahrung immer wieder auf die verheerenden
Folgen hingewiesen, die sich für das Kind ergeben, wenn es einer permanenten

Konfliktspannung zwischen den Eltern ausgesetzt bleibt. Letztlich betrifft die Kontroverse ja nur jene Fälle, in denen die gemeinsame Sorge bzw. die Besuche des nichtsorgeberechtigten Elternteils gerichtlich festgelegt werden sollen, die im einverständlichen Zusammenwirken der Eltern allein nicht ausreichend gesichert erscheinen. Mit dem Versuch, möglichst viel von den kindlichen Beziehungen zu seinen beiden Elternteilen erhalten zu wollen, wird unterschätzt, welche Bedeutung die Beziehung der Eltern untereinander für die Beziehung zu ihnen hat. Diese therapeutisch fundierte Sicht wird in der bundesrepublikanischen Diskussion ausschließlich von psychodynamisch orientierten Kinderpsychiatern und von Psychoanalytikern vorgetragen, die sich regelmäßig dem Vorwurf ausgesetzt sehen, sie verallgemeinerten Erfahrungen aus der Arbeit mit schwer gestörten Kindern und ihren Familien. Durchaus zu Unrecht, denn die Erfahrungen gehen meist infolge einer umfangreichen familiengerichtlichen Gutachterpraxis weit darüber hinaus.

C. Literatur über Scheidungskinder

I. Einleitung

Forscher verschiedener Richtungen haben die Bedeutung der frühesten postnatalen Entwicklung und insbesondere der ersten sozialen Beziehungen des Kindes übereinstimmend betont. Von denen in der Diskussion um die frühe Mutter-Kind-Beziehung vor allem hervorgetretenen vier wissenschaftlichen Richtungen: Theorie des sozialen Lernen, kognitive Theorien, ethologische Theorien, psychoanalytische Theorien wurden der ethologische und der psychoanalytische Ansatz näher vorgestellt. Sämtliche Forschungsrichtungen beleuchteten wichtige Aspekte der frühen Mutter-Kind-Beziehung. Inzwischen wurde eine Reihe von Erkenntnissen über die wesentlichen Komponenten mütterlichen Verhaltens, das für die psychische Entwicklung des Menschen entscheidend sein kann, zusammengetragen.

Seit den Arbeiten von Anna *Freud* und vor allem *Spitz*, die in der Folge von anderen bestätigt wurden, hat das Thema der Unvollständigkeit von Familien oder der Personenverluste Forscher nicht mehr losgelassen. Dennoch herrscht ein auffallender Mangel an Literatur hinsichtlich der Auswirkungen elterlicher Trennung und Scheidung für die Kinder. Die bereits vorliegenden Untersuchungsergebnisse zeigen, daß sich das, was zunächst als einfacher Zusammenhang zwischen unmittelbar schädigenden Familienstrukturen und Entwicklung der Persönlichkeit erschien, weitaus komplizierter ist und in komplexeren Zusammenhängen gesehen und verstanden werden muß.

Gegner psychoanalytischer Konzepte haben daraus vorschnell den Schluß gezogen, der Unvollständigkeit von Familien oder frühkindlicher Familien- und Beziehungsstrukturen generell jede weitere Bedeutung für die Entwicklung des Kindes absprechen zu können. Anstatt zu verallgemeinern und in unzulässiger Weise zu vereinfachen, ist es sicherlich richtiger, in jedem einzelnen Fall zu fragen, was der Verlust einer Person für ein Kind und dessen weitere Entwicklung bedeuten kann. Dabei spielen die näheren Umstände des Verlustes ebenso eine Rolle, wie die Art des Verlustes und die Qualität der Beziehung.

Das Konzept des »Personenverlustes« bzw. der Unvollständigkeit von Familienstrukturen ist ein Sammelbegriff für eine ganze Reihe in ihrer Auswirkung auf die kindliche Entwicklung völlig unterschiedliche Umweltbedingungen. Hierunter fallen qualitativ so unterschiedliche Gegebenheiten wie

a) vorübergehende oder dauernde Trennungen des Kindes von den Eltern, (worum es sich in der Hauptsache bei den von Anna *Freud* und *Spitz* untersuchten Kindern handelte);
b) vorübergehende oder dauernde Abwesenheit eines Elternteils (Trennung und Scheidung der Eltern);
c) Fehlen eines Elternteiles von Anfang an (unvollständige Familien);
d) Fehlen oder Verlust beider Elternteile (Heimkinder).

Der Unterschied zwischen Trennung und Abwesenheit besteht darin, daß das Kind bei der Trennung die Familie verläßt, während es bei der Abwesenheit in der Restfamilie bleibt. Ein weiterer Gliederungsgesichtspunkt betrifft die Dauer der Trennung. Man kann dauernde, vorübergehende oder partielle Verluste unterscheiden. *Toman*[55] versteht unter partiellen Verlusten den Verlust bestimmter Anteile einer Person. So kann z.B. der Vater den Kindern ausgiebig zum Spiel zur Verfügung gestanden haben, im selben zeitlichen Umfang weiterhin zu Hause sein, aber aufgrund eigener ungelöster Probleme plötzlich keine Lust mehr zum Spielen verspüren. Von der psychologischen Qualität eines Verlustes her kann man Trennungen von den Eltern, Abwesenheit eines Elternteils, Fehlen beider Bezugspersonen von Anfang an und die Ehescheidung differenzieren. Eine solch formale Einteilung wird den Auswirkungen auf das Kind aber kaum gerecht.

---

55 *Toman, W.*: Familienkonstellationen. München 1965.

Swartzberg, Shmukler und *Chalmers*[56] haben Scheidungskinder untersucht. Die Ergebnisse zeigen, daß Schüler aus unglücklichen vollständigen Elternhäusern ein schlechteres Selbstbewußtsein und infolge ihrer ambivalenten Haltung problematischere Einstellungen haben als solche aus glücklichen oder aus geschiedenen Familien. Demnach haben jahrelang andauernde Spannungen und Streitigkeiten zwischen den Eltern einen ungünstigeren Effekt für die Kinder als eine vollzogene Scheidung. Das deutet daraufhin, daß das eigentliche Problem der Scheidungskinder mehr im Miterleben der Auseinandersetzungen der Eltern und des Scheiterns deren Beziehung liegt als in der Tatsache der Scheidung als solcher. Es ist einerseits zwar verständlich, die Scheidung unter rein formalen Aspekten zu betrachten und von daher psychologische Auswirkungen von Personenverlusten zu erfassen, andererseits aber zugleich problematisch. Ein Faktum, das bei solch vereinfachender Sichtweise regelmäßig unberücksichtigt bleibt, ist nämlich die dem Verlust vorausgegangene Art der Beziehung sowie die individuell verschiedenen Möglichkeiten der Kompensation durch Ersatzobjekte. So hat der Tod des Vaters im Krieg oder durch einen Unfall eine andere Bedeutung als der Personenverlust im Falle der Scheidung. Es ist nun einmal ein Unterschied, ob das Foto des gefallenen Mannes von der Kriegerwitwe ordensgeschmückt und lorbeerumkränzt im Wohnzimmer aufgehängt wird, oder ob ein 14-jähriger Junge, der von uns im Rahmen einer Längsschnittstudie über Geschiedene und deren Kinder interviewt wurde, in einem unbeobachteten Augenblick plötzlich den Teppich in seinem Zimmer beiseite schiebt und Fußbodenbretter anhebt, um dem Interviewer das Foto seines Vaters heimlich zu zeigen, den er seit mehreren Jahren nicht mehr gesehen hatte.[57] Im einen Fall hatte der inzwischen erwachsene Sohn keine erlebte Erinnerung an den leiblichen Vater und statt dessen einen Großvater als Vater erlebt, während im anderen die Beziehung zum Vater die beste gewesen war, für die es keinen Ersatz gab.

Hinzu kommen Veränderungen im gesellschaftlichen Umfeld: Führten Krankenhausaufenthalte früher recht einheitlich zu katastrophalen Folgen für das Kind, weil in Unkenntnis psychologischer Gesetzmäßigkeiten der Kontakt zwischen dem Kind und den Eltern weitestgehend unterbrochen wurde, so daß die vor allem von *Spitz* untersuchten Folgen der Trennung für das Kind auftraten, sind Krankenhausaufenthalte heute durch die verbesserte Situation im Krankenhaus (»rooming-in«,

---

56 *Swartzberg, L., Shmukler, D., Chalmers, B.*: Emotional adjustment and selfconcept of children from divorced and nondivorced unhappy homes. J. Soc. Psychol. 2, 1975, S. 305-312.

57 *Koechel, R., Heider, C.*: Erste Ergebnisse einer Längsschnittstudie über die Situation Geschiedener und von der Scheidung ihrer Eltern betroffener Kinder. Fragmente 22, 1986, S. 7-28/25.

Vermeidung der Mutter-Kind-Trennung, Besuchszeitenregelung usw.) weit weniger belastend als früher. Die These vom Personenverlust und seiner Auswirkungen auf das Kind muß in diesem Zusammenhang neu diskutiert werden. Ähnliches gilt auch für bestimmte Formen der Unvollständigkeit von Familien und deren Auswirkungen auf die Kinder. Bezogen auf die Ehescheidung kann man feststellen, daß die psychologische Relevanz der vom Verlust betroffenen Personen zu einem großen Teil aus der gesellschaftlichen Diskriminierung resultiert.

In den nun folgenden Abschnitten wird versucht, einen Überblick über die vorliegenden Untersuchungen über die Auswirkungen der Ehescheidung auf die dadurch betroffenen Personen - insbesondere die Kinder - zu geben. Diese Literaturübersicht strukturiert sich thematisch nach drei Schwerpunkten:

1. Untersuchungen, die sich mit der kognitiven und emotionalen Verarbeitung der Ehescheidung durch die an ihr beteiligten Personen - Eltern und Kinder - befassen, um einen Eindruck von den Folgen und Auswirkungen der Scheidung zu bekommen;
2. Entwicklungspsychologische Untersuchungen, die die Mutter-Kind, bzw. Vater-Kind Interaktion erfassen, und zum Verständnis der Bedeutung der Ehescheidung für die Kinder beitragen;
3. Konsequenzen für die Gestaltung des Rechts und dessen Handhabung bei der Konkretisierung des »Kindeswohls«.

II. Untersuchungen über die Auswirkung der Ehescheidung auf Kinder

Die Kinder- und Jugendpsychiatrie war lange Zeit mit dem Problem der Kinder und Jugendlichen im Zusammenhang mit der Ehescheidung erst dann befaßt, wenn die Familie insuffizient geworden war und beim Kind selbst auffällige Verhaltensweisen offenbar wurden. Vor diesem Hintergrund stellt das 1948 von *Haffter* veröffentlichte Buch über »Kinder aus geschiedenen Ehen« zumindest für den deutschsprachigen Raum eine Pionierarbeit dar.[58] Anhand katamnestischer Untersuchungen zeigte er, wie Scheidungskinder das Erlebnis der Trennung ihrer Eltern verarbeitet haben. Neben psychologischen Konsequenzen werden Zusammenhänge aufgezeigt, die sich aus bestimmten familiären Konstellationen und Entwicklungsprozessen ergeben.

---

58 *Haffter, C.*: Kinder aus geschiedenen Ehen. Bern 1948.

Haffter wählte aus der Baseler Sozialstatistik 100 Familien aus. Die einzelnen Scheidungsdaten lagen zwischen 1920 und 1944 (statistisch gleich verteilt). An die Kinder dieser 100 Familien erging eine Einladung zu einem Gespräch. Erst zu Beginn des Gesprächs wurden die Betroffenen über den Anlaß und Grund der Einladung informiert. 210 Kinder aus den 100 geschiedenen Ehen (103 männlich, 107 weiblich, im Alter zwischen 5 und 55 Jahren) wurden in die Untersuchung einbezogen. Die Psychodiagnostik umfaßte die Erhebung der Anamnese, die Exploration mit den Erziehungsberechtigten, Geschwistern, Stief- oder Pflegeeltern und Lehrern, Informationen der Vormundschaftsbehörde und die Einsichtnahme in Akten des Bürgerlichen Waisenhauses, anderer Heime sowie der Jugendanwaltschaft. Ein Manko seiner Untersuchung hob *Haffter* selbst hervor: »So wertvoll es zur Ergänzung des Bildes gewesen wäre, auch die geschiedenen Eltern systematisch in die Untersuchung einzubeziehen, wir mußten darauf von Anfang an verzichten, da sich nur ein relativ kleiner Prozentsatz von ihnen bereit gefunden hätte.«[59]

Der empirische Teil der Arbeit beginnt mit einer Übersicht über die biographisch relevanten statistischen Daten (Jahr der Eheschließung, Anzahl der Kinder, Alter der Kinder zur Zeit der Trennung, Gründe der Ehescheidung, Wiederheirat u.a.m.). *Haffter* kam zunächst zu der Schlußfolgerung, daß die »Zwangsehen« (Ehen die geschlossen wurden, weil die Geburt eines Kindes bevorstand; eig. Anm.) in zwei bis dreimal so hohem Prozentsatz zur Scheidung kamen wie die übrigen fruchtbaren Ehen.[60]

Zur Beschreibung der Persönlichkeiten der Eltern benutzte er psychopathologische Kategorien. Er kam zu dem Befund, daß hinter »dem unbestimmten Scheidungsgrund der Zerrüttung (sich) weit mehr schwerwiegende Störungsursachen verbergen, als man gemeinhin annimmt«. In dem von ihm untersuchten Material waren z.B. »in 48 der 62 Zerrüttungsfälle entweder einer oder beide Ehegatten abnorm, d.h. entweder geisteskrank, schwachsinnig, psychopathisch, neurotisch, trunksüchtig oder kriminell«.[61] Für einen hohen Prozentsatz dieser zerrütteten Ehen stellte der Autor fest, daß von Anbeginn der Ehe der richtige Zusammenhalt der Familie fehlte und daß die Kinder aufgrund materieller Notsituationen u.a. gar nicht bei ihren Eltern leben konnten.

---

59 *Haffter* 1948, a.a.O. (Fn. 58), S. 13.
60 *Haffter* 1948, a.a.O. (Fn. 58), S. 17.
61 *Haffter* 1948, a.a.O. (Fn. 58), S. 20.

Bei insgesamt 84 Kindern wurden schon vor der Scheidung der Eltern psychische Störungen festgestellt. Bei 39 Kindern, die schon während der ersten beiden Lebensjahre von ihren Eltern wegen »festgestellter Erziehungsunfähigkeit« getrennt - und Pflegeeltern übergeben wurden, waren keine psychischen Schädigungen feststellbar.

Nach *Haffter* reagieren Kinder im Vorschulalter auf die Trennung ihrer Eltern mit Schüchternheit, Ängstlichkeit, Aggressivität, abnormen Trotzreaktionen, Schlafstörungen, Einnässen, Einkoten, Ernährungsschwierigkeiten, Stottern, Verwahrlosung u.s.w. *Haffter* vertrat die Auffassung, daß Schulkinder besonders stark unter dem Erlebnis der Ehekonflikte leiden, da das »Spielkind ... eben in vielen Fällen noch relativ unbefangen zwischen entzweiten Eltern drinstehen (kann), ohne die Uneinigkeit zu realisieren und ohne Stellung zu nehmen«.[62] Abgesehen von allgemeinen Entwicklungsregressionen zeigte sich die psychische Belastung dieser Kinder auch in Symptomen wie »Schulversagen, Lügen, Stehlen, Abhauen, frühzeitiger sexueller Betätigung« u.a. Konfrontiert mit einem aktuellen Ehekonflikt verharrten diese Kinder »in künstlicher Unbewußtheit«.

Bei Jugendlichen stellte *Haffter* als Konsequenz der gestörten Familienverhältnisse Pubertätsregressionen und Trotzreaktionen, abnorme Charakterentwicklungen, Delinquenz, Alkoholismus (bei Jungen) und sexuelle Frühbindungen oder sexuelle Verwahrlosung (besonders bei Mädchen) fest.[63] Häufig traten Schwierigkeiten bei der Berufswahl und bei der Anpassung an die Arbeitssituation auf.

Besonders gravierende Störungen zeigten Kinder aus Ehen, in denen ein Ehepartner oder beide als psychotisch diagnostiziert wurden: »Wir resümieren, daß in allen vier Fällen der Einfluß eines chronisch psychotischen Elternteils sich ausgesprochen ungünstig auf die Kinder auswirkte. Von den drei anderen Fällen chronischer Psychosen ... läßt sich mit Sicherheit sagen, daß das Zusammenleben mit dem kranken Elternteil die Kinder schwer geschädigt hätte.«[64]

Die Trennung der Ehegatten wurde in vielen Fällen (bei 89 Kindern schon vor der eigentlichen Ehescheidung) richterlich angeordnet (Schweizerisches Recht). *Haffter* sah in diesem Verfahren den Vorzug, daß die Auswirkungen des Elternstreits auf das Kind gemildert wurden, bemängelte jedoch, daß die mit der Trennungsverfügung verbundene Zuweisung des Kindes an einen Ehepartner durch das

---

62   *Haffter* 1948, a.a.O. (Fn. 58), S. 31.
63   *Haffter* 1948, a.a.O. (Fn. 58), S. 34.
64   *Haffter* 1948, a.a.O. (Fn. 58), S. 42.

Scheidungsurteil wieder aufgehoben werden konnte. Anhand einer Analyse der Statistik über die Zuteilung von Scheidungskindern kam *Haffter* zu dem Schluß, daß eine Zuteilung der Kinder an die Mutter das Regelverfahren bedeutet. Als typisch für das Verhalten der Kinder in der Scheidungssituation sah es der Autor an, daß sie »die Ereignisse der Scheidung in mehr passiver Haltung miterleben, ihnen wie einem unvermeidlichen Faktum gegenüberstehen, an dem nichts zu ändern ist, wenigstens nicht für ihre kindlichen Kräfte«.[65] Die Kinder ergriffen jedoch meist für einen Elternteil Partei, das zwiespältige Dazwischenstehen war eher die große Ausnahme.

Haffter befaßte sich mit der Bedeutung des nichtsorgeberechtigten Vaters für die psychische Entwicklung des Kindes. Er nannte drei Einflußfaktoren:

1. das Fehlen des Vaters als Erzieher;
2. der tatsächliche Einfluß des abwesenden Vaters;
3. die aktuell-psychologische Bedeutung des Vaters.

Söhne vermißten ihre Väter vor allem in den ersten Schuljahren bis zur Pubertät. »Wenn es sich trifft, daß der Knabe in diesen Jahren nur unter Frauen aufwächst, so nimmt er entweder ein mädchenhaftes Wesen an, beteiligt sich an Mädchenspielen der Schwestern, oder er wird zum eigenbrödlerischen Bücherwurm oder Einzelbastler.«[66] Die Söhne vermißten den Vater auch beim Übergang ins Berufsleben, weil ihnen die positive Identifikationsmöglichkeit und die damit verbundene Stärkung des Selbstwertes fehlte: »Daß das Kind mit der Mutter den Alltag teilen muß, mit dem Vater die Freizeit genießen darf, wird immer wieder als denkbar ungünstig betont. Es ist letzten Endes der Ausdruck dafür, daß die Beziehung zum abwesenden Vater aufgehört hat, eine wirkliche Lebensgemeinschaft zu sein.«[67]

Auch unter Berücksichtigung der dargestellten Problematik der Trennung vom Vater zeigte die Entwicklung der Kinder, daß die Zuteilung des Sorgerechts an die Mutter in der Regel die bessere Lösung war. Die Kinder mußten allerdings häufig die Erfahrung materiellen Mangels, sozialer Diskriminierung und der Schwierigkeit, eine Berufsausbildung zu finanzieren, zusätzlich verarbeiten.

---

65 *Haffter* 1948, a.a.O. (Fn. 58), S. 47.
66 *Haffter* 1948, a.a.O. (Fn. 58), S. 72.
67 *Haffter* 1948, a.a.O. (Fn. 58), S. 76.

Nach *Haffter* stellte die Zuteilung der Kinder an den Vater in den meisten Fällen eher eine Verlegenheitslösung dar. Er wies in diesem Zusammenhang darauf hin, daß jede Veränderung der Lebensverhältnisse des Vaters, insbesondere eine Wiederheirat eine Untersuchung der Vormundschaftsbehörde im Hinblick auf Konsequenzen für das Kind nach sich ziehen sollte. Auch bei der Wahrnehmung des Umgangsrechts zeigte sich die unterschiedliche Qualität der Mutter-Kind bzw. Vater-Kind-Beziehung: »Bei der Ausübung des Besuchsrechts zeigte sich ein wesentlicher Unterschied insofern, als die Beziehungen zur abwesenden Mutter regelmäßiger aufrechterhalten blieben, als die zum Vater. Der Kontakt mit der Mutter wirkte sich auch häufiger günstig aus als der mit dem Vater.«[68]

Daraus folgerte *Haffter*, daß das Besuchsrecht der Mutter für die Kinder wertvoller sei und stärker zu schützen sei als das des Vaters. Das Besuchsrecht des Vaters könne sich nur dann günstig auf die psychische Entwicklung des Kindes auswirken, wenn die Auseinandersetzungen zwischen den geschiedenen Eltern beendet seien. *Haffter* hob hervor, daß die Besuchsregelung ausschließlich am Wohl des Kindes orientiert werden müsse: »Das Wohl des Kindes erfordert ... klare Situationen, die nur durch einseitige Entscheidungen geschaffen werden können. Man muß von Eltern, die eine Ehe nicht weiterführen können, das Opfer verlangen, zu derjenigen Lösung Hand zu bieten, die objektiv für die Kinder am zuträglichsten ist.«[69]

Zur Vermeidung schädlicher Auswirkungen der Ehescheidung auf die Kinder schlug *Haffter* vor, daß Ehen, die a priori eine ungünstige Prognose haben, verhindert werden sollten und daß die Kompetenzen im Hinblick auf das Scheidungsrecht zwischen Zivilgericht und Vormundschaftsbehörde besser verteilt werden sollten. In diesem Zusammenhang wies *Haffter* auf die Praxis in Schweden hin, wo die Vormundschaftbehörde der alleinerziehenden Mutter den Unterhalt vorstreckt, sofern der geschiedene Ehemann nicht rechtzeitig zahlt.

Im deutschsprachigen Raum vergingen ca. 15 Jahre bis das Thema erneut von Kinder- und Jugendpsychiatern aufgegriffen wurde. *Lempp* hat sich in zahlreichen Abhandlungen mit den psychischen Belastungen, denen Kinder aus Scheidungsfamilien ausgesetzt sind und sich daraus ergebenden Konsequenzen für die vormundschafts-, bzw. familiengerichtliche Sorgerechtspraxis befaßt.[70] *Lempp* postulierte, daß sich die vormundschaftsgerichtliche Praxis in der Regel allein nach

---

68 *Haffter* 1948, a.a.O. (Fn. 58), S. 164.
69 *Haffter* 1948, a.a.O. (Fn. 58), S. 165.
70 *Lempp*, R.: Das Wohl des Kindes in §§ 1666 und 1671 BGB. NJW 37, 1963, S. 1659-1662; ders.: Noch einmal: Kindeswohl und Kindeswille. NJW 10, 1964, S. 440-441; ders.: Die Ehescheidung und das Kind. München 1976.

denjenigen Lebensbedingungen, die das physische Wohl des Kindes garantiere, richtete. Seines Erachtens umfaßt das Wohl des Kindes mehr als dessen körperliche Entwicklung und Bedürfnisbefriedigung. *Lempp* versuchte daher, einige Bedingungen für das psychische Wohlergehen des Kindes herauszuarbeiten. Anhand seines umfangreichen Untersuchungsmaterials belegte er eindeutig, daß Kinderneurosen in vielen Fällen auf emotionalen Defiziterfahrungen beruhen: »In der jugendpsychiatrischen Klinik und Praxis kann man bei neurotischen Kindern immer wieder die Erfahrung machen, daß sie gerade in ihren ersten Lebenserfahrungen auf das Erlebnis eines bedingungslosen Angenommenseins durch die Mutter verzichten mußten.«[71] Gerade die Kinder aus geschiedenen, bzw. zerbrechenden Ehen erleben häufig, daß ihnen von ihren primären Bezugspersonen - meist der Mutter - nicht bedingungslose Zuwendung geschenkt werden kann: »Sei es, daß die bereits unglücklich verheiratete Mutter die völlige Geborgenheit nicht gewähren kann oder das Kind als vom enttäuschenden Ehemann stammend innerlich abgelehnt wird, sei es, daß die Annahme des Kindes an eine bewußte oder unbewußte Bedingung geknüpft ist, etwa die gefährdete Ehe zu kitten oder Ersatz für die nicht ausfüllende Ehe zu bieten.«[72] Gegenüber der dominierenden Bedeutung der Mutter in den ersten Lebensjahren verstärke sich der Einfluß des Vaters auf die Persönlichkeitsentwicklung des Kindes erst im (Vor-) Schulalter. Als Identifikationsobjekt werde der Vater aber von den Kindern meist »durch die Mutter (gesehen), das heißt, es erlebt den Vater nur in seinem Verhalten als Elternteil im Zusammenleben mit der Mutter, weshalb gerade in geschiedenen oder sich auflösenden Ehen das Bild des Vaters leicht gestört sein kann«.[73] Die Bedeutung einer für das Kind nicht vorhersehbaren Ehescheidung - also in den Fällen, in denen das Getrenntleben der Eltern nicht schon lange vor der Scheidung bestand - stufte *Lempp* je nach dem Entwicklungsalter des Kindes unterschiedlich ein:

Beim Kleinkind seien die unmittelbaren Auswirkungen der Ehescheidung nicht so gravierend, da der Vater als Erziehungsperson und Liebesobjekt meist noch keine dominierende Rolle spiele. In der Regel wurde das Sorgerecht der Mutter zugesprochen. Zu diesem Fall ergaben sich mittelbar über die veränderte Beziehungsstruktur in der »Restfamilie« häufig Schwierigkeiten. Die Mutter war u.U. durch die Scheidung enttäuscht, fühlte sich verlassen und tendierte zur Resignation angesichts der Lebensanforderungen, die sie an sich gestellt sah.

---

71 *Lempp* 1963, a.a.O. (Fn. 70), S. 1659.
72 *Lempp* 1963, a.a.O. (Fn. 71).
73 *Lempp* 1963, a.a.O. (Fn. 71).

Kinder im frühen Schulalter waren von der Trennung der Eltern am härtesten betroffen. Sie konnten das Geschehen noch nicht so weit verarbeiten, daß sie das Verhalten von Vater und Mutter gleichsam »unparteilich« beurteilten, sondern sie neigten vielmehr zur totalen Identifikation und Solidarisierung mit der Haltung eines Elternteils, gerieten dabei aber in unlösbare Konflikte mit ihren emotionalen Bindungen, die auch den anderen Elternteil involvieren. »Oft ist der tragische Ausweg für das Kind die ganze oder teilweise Ablösung von beiden Elternteilen, weil es noch an beiden hängt, aber nach dem Trauma der Scheidung keinem der beiden mehr so hundertprozentig zu vertrauen vermag, wie es seinem Alter entsprechend noch möchte.«[74]

Kinder in der Pubertät konnten das Ereignis kognitiv meist verarbeiten und das Verhalten der Eltern in gewissem Umfang verstehen, so daß es ihnen häufig auch gelang, eine eigenständige Position zwischen den Elternteilen behaupten zu können.

Beck und Lempp[75] zeigten die Bedeutung nicht normaler Familienverhältnisse für die Entstehung und Art psychoreaktiver Störungen an Kindern ohne frühkindlich hirnorganischen Schaden: »Vergleicht man die Einweisungsgründe der Kinder aus gestörten Familienverhältnissen mit den Einweisungsgründen der Kinder aus vollständigen Familien, so ergeben sich charakteristische Unterschiede. So kommen Erziehungsschwierigkeiten, Diebstähle, Aggressivität, motorische Unruhe und Weglaufen bei Kindern aus gestörten Familien signifikant häufiger vor, kindlicher Autismus, Kopfschmerzen und Stottern dagegen signifikant häufiger bei Kindern aus vollständigen Familien. Insgesamt kann man also feststellen, daß die dissozialen Verhaltensweisen bei den Kindern aus gestörten Familien eindeutig überwiegen, daß dagegen psychosomatische Störungen bei Kindern aus vollständigen Familien überwiegen.«

Anhand einer statistischen Auswertung von Krankenblättern der Kinder- und Jugendpsychiatrie Tübingen der Jahre 1958 bis 1972 von Kindern aus geschiedenen bzw. zum Vergleich aus nicht geschiedenen Ehen fand Kächele[76], daß die Belastung der Kinder durch die Scheidungssituation und damit die Bedeutung der Scheidung für die Entstehung vorwiegend psychoreaktiver Symptombildungen von signifi-

---

74   Lempp 1963, a.a.O. (Fn. 70), S. 1660.
75   Beck, D., Lempp, R.: Die Bedeutung nicht normaler Familienverhältnisse für die Entstehung und Art psychoreaktiver Störungen. Zeitschrift für Psychotherapie und medizinische Psychologie 19, 1969, S. 1-11.
76   Kächele, S.: Symptome bei Scheidungskindern in der Kinder- und Jugendpsychiatrie. Eine statistische Untersuchung mit Vergleichsgruppe. Diss. Tübingen 1979.

kanter Bedeutung ist. Darüber hinaus konnte er zeigen, daß die durchschnittliche Zeitdifferenz zwischen dem Auftreten erster Symptome und der Vorstellung in der Klinik bei Kindern aus geschiedenen Ehen größer ist als bei Kindern aus nicht geschiedenen Ehen.

Ergänzend dazu untersuchte *Bühler* die Sozialdaten.[77] Das Durchschnittsalter der Kinder bei der Scheidung der Eltern betrug 5,5 Jahre, wobei die meisten Ehen bei einem Alter des Kindes von 3 Jahren geschieden wurden. Bei Kindern aus geschiedenen Ehen wurde eine Zunahme der Verbleibeeinheiten bzw. Bezugspersonen nach der Scheidung der Eltern festgestellt. Während vor der Scheidung die Versorgung des Kindes bei einer Bezugsperson überwog, fand man nach der Scheidung eine Zunahme der Bezugspersonen auf zwei und mehr. D.h. es fand ein häufigerer Wechsel der Bezugspersonen nach der Scheidung der Eltern statt. Der überwiegende Teil der Kinder blieb bei der Mutter. In über einem Viertel der Fälle war sie sogar die einzige Bezugsperson für das Kind nach der Scheidung. Auffallend war eine starke Zunahme der Heimaufenthalte nach der Scheidung der Eltern. Die durchschnittliche Zahl der anderen Kinder im selben Haushalt stieg nach der Scheidung deutlich an, bedingt durch neu hinzugekommene Kinder nach eventueller Wiederheirat eines geschiedenen sorgeberechtigten Elternteils, und zwar von durchschnittlich 1,2 Kindern vor der Scheidung auf durchschnittlich 2,2 Kindern nach Scheidung der Eltern.

Bei nahezu einem Drittel der Scheidungsfälle war eine Wiederheirat angegeben. Das Durchschnittsalter der Kinder bei Wiederheirat eines sorgeberechtigten geschiedenen Elternteils betrug 6,7 Jahre, wobei der durchschnittliche zeitliche Abstand zwischen Scheidung und Wiederheirat 2,8 Jahre betrug. Am häufigsten wurde zwischen dem ersten und zweiten Jahr nach der Scheidung wieder geheiratet.

Aus dem anglo-amerikanischen Sprachraum liegt eine größere Zahl von Arbeiten vor. Einige sollen hier kurz referiert werden. *McDermott*[78] untersuchte Kinder im Kindergarten kurz nach der Scheidung. Befragt wurden Mütter und Erzieher. Bei einem Drittel der Kinder kam es zu keinen wesentlichen Verhaltensänderungen. Es handelte sich um die Kinder, die von ihren Eltern verständnisvoll auf das Auseinandergehen der Familie vorbereitet worden waren. Die größere Gruppe der

77 *Bühler, H.*: Sozialanamnese von Scheidungskindern in der Kinder- und Jugendpsychiatrie. Eine statistische Untersuchung mit Vergleichsgruppe. Diss. Tübingen 1979.
78 *McDermott, B.F.*: Parental divorce in early childhood. Am. J. of Psychiatry 124, 1968, S. 1424-1432.

untersuchten Kinder reagierte mit Zornausbrüchen, intensiver Traurigkeit, Lügen und regressiven Verhaltensweisen. Die Symptome gingen bei verständnisvoller Zuwendung nach einiger Zeit zurück. Der Rest der Untersuchungsgruppe reagierte auf die Scheidung nicht nur im Sinne einer momentanen Streßreaktion, sondern die Scheidung wirkte als Auslöser einer langanhaltenden Störung im Bereich der Ich-Entwicklung. Bei den Jungen schien die Reaktion auf die Scheidung akuter und dramatischer verlaufend als bei den Mädchen. Sie reagierten auf die Scheidung der Eltern eher im Sinne eines »Pseudo-Erwachsenseins«.

Andere Autoren wie Gardner[79], Salk[80], Westman[81] u.a. lieferten mit ihren Untersuchungen überzeugende Befunde, die die pathogene Wirkung der Ehescheidung auf die Entwicklung des Kindes untermauern. Die Forschung war jedoch noch nicht so weit gediehen, daß relevante Aussagen zu bestimmten Zusammenhängen gemacht werden konnten. Die Ergebnisse dieser Untersuchungen wurden mit jenen Befunden zahlreicher zerrütteter Ehen verglichen, die nur aus der Angst der Eltern zusammengehalten wurden. Mit Recht wurde gefragt, ob die Wahrscheinlichkeit, daß die Kinder in derartigen Ehen Schaden erleiden, die sozusagen »emotional geschieden« sind, nicht zumindest ebenso groß ist?

Despert[82] untersuchte stark verhaltensgestörte Kinder. Es zeigte sich, daß proportional weniger Kinder aus Scheidungsehen kamen, als aus bestehenden Ehen. Der Grad der Verhaltensstörung war umso stärker ausgeprägt, je problembelasteter die elterlichen Beziehungen waren. Gibson[83] sowie Gregory[84] haben übereinstimmend überzeugende Befunde dafür vorgelegt, daß antisoziales Verhalten häufiger durch chronischen Familienstreit verursacht wird als durch zerbrochene Ehen. Am Beispiel jugendlicher Delinquenten zeigten Power und Mitarbeiter[85], daß die Rückfallquote bei denjenigen Jugendlichen, die aus Familien mit chronisch ungelösten Konflikten kamen, wesentlich höher war als bei einer Vergleichsgruppe aus intakten Familien oder Scheidungsfamilien.

---

79 Gardner, R.A.: Psychotherapy with Children of Divorce. New York 1976.
80 Salk, L.: What Every Child Would Like Parents to Know About Divorce. New York 1978.
81 Westman, J.C.: Effects of Divorce on a Child's Personality Development. Medical Aspects of Human Sexuality 6, 1972, S. 38-55.
82 Despert, J.L.: Children of divorce. New York 1953.
83 Gibson, H.B.: Early delinquency in relation to broken homes. J. of Child Psychol. and Psychiatry 10, 1969, S. 195-204.
84 Gregory, J.: Anterospective data following a childhood loss of a parent. Arch. Gen. Psychiatry 13, 1965, S. 110-119.
85 Power, M., Ash, P., Shoenberg, E., Sirey, C.: Delinquency and the family. Brit. J. Social Work 4, 1974, S. 13-38.

Daß trotz des weitverbreiteten Wunsches von Kindern nach Wiederherstellung der Ehe ihrer Eltern eine Scheidung nicht immer den Interessen des Kindes zuwider laufen muß, geht schon aus den frühen Untersuchungen von *Haffter*[86], *Lempp*[87] und *Ell*[88] hervor. »Das ständige Erlebnis der Spannung zwischen Vater und Mutter, die gegenseitige Abwertung und Lieblosigkeit kann auf die Dauer der psychischen Entwicklung der Kinder nur abträglich sein.«[89] *Johnson*[90] befragte 295 Studenten aus Scheidungsfamilien über ihre Erfahrungen. Mehr als die Hälfte der Befragten äußerte die Ansicht, die Scheidung sei für alle Beteiligten die beste Lösung gewesen. Insofern kann unter bestimmten Umständen die Ehescheidung für die Kinder eine positive Stabilisierung ihrer bislang belasteten Entwicklung bedeuten.

Eine Auflösung der Ehe wird dem Kind aber nur dann Entlastung bringen, wenn die Ehe nicht nur juristisch, sondern auch »psychisch« geschieden ist. Nur dann ist gewährleistet, daß die Ehekonflikte nicht über die Scheidung hinaus fortgesetzt werden, wobei das gemeinsame Kind gewöhnlich das beste Streitobjekt ist. Vorstellbar ist dies am ehesten, wenn man vom Ideal der »konstruktiven Scheidung«[91] ausgeht. Von ihr kann man sprechen, wenn die einzelnen Phasen des Scheidungsprozesses (Vorphase bis zur Entscheidung, Entscheidungsphase, Trauerphase, Phase der Wiedergewinnung des Gleichgewichts) durchlaufen und abgeschlossen werden. Am Ende dieses Prozesses sollte der einzelne Partner keine starken Gefühle des Versagens und der Selbstentwertung mehr haben und über mehr Selbstverständnis, die Fähigkeit zu neuen Intimbeziehungen und ein erhöhtes Wahrnehmen der persönlichen Kompetenz verfügen. Im Verhältnis der Partner zueinander sollte die Ehescheidung einverständlich sein und als ein gemeinsames Unternehmen betrachtet werden; die Sicht des Partners und der Ehe sollten ausgewogen sein und die Fähigkeit bestehen, nach der Scheidung dann miteinander zu kooperieren, wenn es nötig ist. Solchermaßen konstruktiv geschiedene Eltern halten die seelische Belastung für die Kinder möglichst klein, schenken der Beziehung des Kindes zu jenem Elternteil, der das Kind nicht ständig betreut, besondere Aufmerksamkeit und lassen die Kinder frei sein vom Gefühl, die Eltern hätten sich ihretwegen scheiden lassen.

86 *Haffter* 1948, a.a.O. (Fn. 58).
87 *Lempp* 1976, a.a.O. (Fn. 70).
88 *Ell, E.*: Trennung - Scheidung - und die Kinder? Stuttgart, Berlin 1979.
89 *Lempp* 1976, a.a.O. (Fn. 70), S. 11.
90 *Johnson, G.*: Delinquent boys, their parents and grandparents. Acta Psychiatrica Scand. Suppl. 43, 1967, S. 195.
91 *Kressel, K., Deutsch, M.*: Divorce Therapy: An In-depth Survey of Therapists' View. Family Process 16, 1977, S. 413-443.

Auch *Framo*[92] geht davon aus, daß »nicht das Erlebnis der Scheidung als solches, sondern vielmehr die Art, wie die Eltern als Persönlichkeiten miteinander umgingen und die Qualität ihrer Beziehungen zu den Kindern entscheidend dafür ist, in welcher Weise diese von dem Geschehen betroffen werden«.[93]

Vor allem die jüngeren Beiträge zur Scheidungsfolgenforschung aus dem angloamerikanischen Sprachraum orientieren sich an den konstruktiven Aspekten der Ehescheidung. Die meisten Forscher sind der Ansicht, daß eine fortgesetzte konfliktreiche Ehe für das Kind schädlicher sein kann als eine Scheidung, bzw. daß die den Scheidungsprozeß begleitenden Konflikte stärker Entwicklungs- und Verhaltensstörungen hervorrufen als der Verlust eines Elternteils oder die Trennung von ihm. Konsequenterweise versuchte man, Problemfelder zu identifizieren, die Mütter, Väter und Kinder nach einer Trennung bzw. Ehescheidung mehr oder weniger stark betreffen. Diese Bemühungen haben zur Beschreibung einer Vielzahl einzelner Faktoren und Faktorengruppen geführt, die im folgenden übersichtsmäßig dargestellt werden.

1.   Sozio-ökonomische Veränderungen

Ein Überblick über die Literatur zur Situation geschiedener Familien[94], in der Regel zur Lage alleinerziehender Mütter aber auch Väter, zeigt, daß nahezu einmündig die Meinung herrscht, »daß die finanzielle Belastung bzw. der ökonomische Abstieg und die damit verbundenen Änderungen des Lebensstils nach einer Scheidung ein entscheidender, wenn nicht sogar der entscheidende Faktor für die Gesamtproblematik sei«.[95] Andere Autoren stellten trotz des reduzierten Einkommens der Familien in ihrer Studie keinen Zusammenhang zwischen empfundener ökonomischer Belastung und der Eltern-Kind-Interaktion oder dem Verhalten der Kinder fest.[96] Allerdings ist anzumerken, daß die untersuchten Familien ausschließlich der Mittelschicht angehörten und auch nach der Scheidung über ein relativ sicheres Einkommen verfügten. Ein Absinken des gewohnten Lebensstandards kann aber auch dann als erheblicher Belastungsfaktor empfunden werden, wenn keine echte finanzielle Not entsteht. Mit Sicherheit ist zwischen den Belastungen,

---

92 *Framo, J.L.*: Scheidung der Eltern - Zerreißprobe für die Kinder. Familiendynamik 3, 1980, S. 204-228.

93 *Framo* 1980, a.a.O. (Fn. 92), S. 222.

94 S. dazu *Fthenakis* et al. 1982, a.a.O. (Fn. 51), S. 104.

95 *Fthenakis* et al. 1982, a.a.O. (Fn. 51).

96 *Hetherington, E.M., Cox, M., Cox, R.*: The Aftermath of Divorce. In: Mother-Child, Father-Child-Relationships. National Association for the Education of Young Children 1978, S. 149-176.

die durch Einschränkungen im Rahmen eines gesicherten Lebensstandards entstehen, und einer durch Scheidung hervorgerufenen oder verstärkten finanziellen Not, die an das Existenzminimum führt, wie es bei der Mehrzahl der von uns untersuchten Scheidungsfamilien der Fall war[97], zu differenzieren. *Spanier* und *Lachman*[98] heben den positiven Einfluß ökonomischer Stabilität hervor.

Man kann davon ausgehen, daß die Einkommensverhältnisse geschiedener Männer nach der Scheidung besser sind als die geschiedener Frauen. Für die geschiedene Mutter ergibt sich daraus häufig die Notwendigkeit, eine Berufstätigkeit aufnehmen zu müssen, um finanzielle Einbußen ausgleichen zu können oder um überhaupt mit ihren Kindern leben zu können. Mit anderen Worten: Ihre Belastungen vergrößern sich auf Kosten der Zeit, die sie mit ihren Kindern verbringen kann. Sorgeberechtigte Väter müssen zwar häufig auch Einkommenseinbußen hinnehmen, verfügen dafür aber über mehr Zeit für ihre Kinder als vor der Trennung bzw. Scheidung.

Je nach ihrer beruflichen Qualifikation und der Notwendigkeit des Verdienenmüssens erleben alleinerziehende Mütter ihre Berufstätigkeit unterschiedlich: »Spielen persönliche Kriterien wie Interesse oder der Wunsch nach Selbstverwirklichung keine Rolle oder werden sie dem Aspekt des Geldverdienens mehr oder weniger kindgerechten Arbeitszeiten untergeordnet, wird die Berufstätigkeit in der Regel abgelehnt und ausschließlich als Belastung empfunden.«[99] Einen wichtigen Einfluß übt in diesem Zusammenhang die Gestaltung des Unterhaltsrechts aus. Da geschiedene Frauen in der überwiegenden Mehrzahl Unterhaltsansprüche gegen den Expartner haben, bleibt zumindest latent die Abhängigkeit vom ehemaligen Ehemann aufrechterhalten und erschwert eine Anpassung an die neue Situation. Wird auf Unterhaltsansprüche verzichtet oder entzieht sich der ehemalige Ehemann seinen Unterhaltsverpflichtungen, dann entsteht nicht selten für die geschiedene Frau und Mutter eine paradoxe Situation: Mit dem Schritt zur Trennung bzw. Scheidung wollte sie sich aus einer als unerträglich empfundenen inneren Abhängigkeit befreien, gleichzeitig gerät sie aber ungewollt in eine äußere materielle Abhängigkeit vom geschiedenen Partner und nicht selten sogar von der eigenen Herkunftsfamilie mit gelegentlicher Rückverlegung des Wohnsitzes in das Elternhaus.

---

97   *Koechel, Heider* 1986, a.a.O. (Fn. 57) S. 7-28/15.
98   *Spanier, G.B., Lachman, M.E.*: Factors Associated with Adjustment to Marital Separation. Sociological Focus 13, 1980, S. 369-381.
99   *Fthenakis* et al. 1982, a.a.O. (Fn. 51), S. 106.

Bei alleinerziehenden sorgeberechtigten Vätern ist die Tendenz zu beobachten, die Berufstätigkeit der Kinder wegen teilweise oder gar ganz aufzugeben. Diese Väter sehen sich einmal durch den Verlust des sozialen Umfeldes, das vor der Scheidung zu den wichtigsten Lebensinhalten gehörte, zum anderen durch die Isolation im Haushalt und Konflikten mit Geschlechtsrollenstereotypen mit besonderen Belastungen konfrontiert.[100]

2. Probleme bei der Führung des Haushalts und der Betreuung der Kinder

Untersuchungen zu diesem Themenkomplex legen eine Differenzierung nach Problemen, die alleinerziehende Elternteile generell haben und solchen, die alleinerziehende Väter bzw. alleinerziehende Mütter betreffen, nahe. Sowohl alleinerziehenden Müttern als auch alleinerziehenden Vätern entstehen Probleme aus der fortwährenden Überlastung durch ganztägige berufliche und familiäre Pflichten, die durch die emotionale Belastung gerade in der Zeit nach der Trennung noch verstärkt werden. *Hetherington, Cox* und *Cox* [101] beschreiben einen »chaotischen Lebensstil«, der durch unregelmäßige Mahlzeiten, durch zu wenig Schlaf, durch unregelmäßiges Zubettgehen der Kinder, durch häufiges Zuspätkommen der Schulkinder, insgesamt gesehen also durch ein erhebliches Maß an Desorganisation gekennzeichnet ist. Anhand eigener Untersuchungen über die Beziehung des nichtsorgeberechtigten Elternteils zum Kind zeigte sich, daß dieser Lebensstil die Besuchszeiten in den ersten beiden Jahren nach der Trennung der Eltern prägte.[102] Offenbar tritt aber im Laufe von zwei Jahren nach der Trennung bzw. Scheidung eine Normalisierung sowohl beim sorgeberechtigten als auch beim nichtsorgeberechtigten Elternteil ein. Sorgeberechtigte Mütter klagen jedoch über diesen Zeitraum hinaus über die anfallenden Aufgaben. »Zeit und Energie scheinen nicht einmal für die Bewältigung der täglichen Routine der Mehrfachbelastungen auszureichen, die in vollständigen Familien von zwei Erwachsenen getragen werden.«[103] Aktivitäten, die dem Vergnügen, der Freude oder eigenen Interessen dienen, scheinen für die alleinerziehenden Elternteile zunächst einmal in weite Ferne gerückt. Zwischen alleinerziehenden Müttern und alleinerziehenden Vätern besteht insofern ein Unterschied, daß letztere häufig zur Betreuung ihrer Kinder

---

100 S. dazu auch *Keshet, H.F., Rosenthal, K.M.*: Fathering After Marital Separation. Social Work 23, 1978, S. 11-18.

101 *Hetherington* et al. 1978, a.a.O. (Fn. 96).

102 *Koechel, R.*: Probleme der »Nachscheidungsfamilie« – Bericht über ein sozialpsychologisches Forschungsprojekt. Vortrag, gehalten am 16.10.1985 vor der Vereinigung demokratischer Juristen in Kassel (nichtveröffentlichtes Manuskript).

103 *Fthenakis* et al. 1982, a.a.O. (Fn. 51), S. 108.

die Entlastung durch eine kompetente Haushaltshilfe oder eine Kinderbetreuerin in Anspruch nehmen können. Häufig werden diese Funktionen auch durch eine neue Partnerin übernommen, woraus allerdings zusätzliche Probleme resultieren.

In der Literatur wird die Bewältigung der praktischen Probleme der Haushaltsführung in erster Linie in den Studien zur Situation alleinerziehender Väter diskutiert. Offenbar geht man davon aus, daß Männer hier vor größeren Schwierigkeiten stehen als Frauen, die diese Aufgabenstellungen selbstverständlich meistern.[104] Ob Väter diese Probleme überhaupt empfinden und bewältigen, hängt zumindest in der Übergangzeit weitgehend von den Erfahrungen ab, die sie während der Ehe gesammelt haben. Offenbar können aber auch relativ unerfahrene Väter diese Schwierigkeit nach einer Periode der Anpassung meistern. Probleme der Kinderbetreuung werden ebenfalls stärker im Zusammenhang mit alleinerziehenden Vätern erwähnt.[105] Die Annahme liegt jedoch nahe, daß hier lediglich eine von Geschlechtsrollenstereotypien bestimmte Erwartungshaltung zum Ausdruck kommt. Stützt man sich dagegen auf empirisch erhobene Daten, stellt man fest, daß alleinerziehende Mütter, selbst wenn man ihnen eine größere Kompetenz bei der Bewältigung der hier skizzierten Probleme zuspricht, tatsächlich vor größeren Problemen stehen als alleinerziehende Väter. Alleinerziehende Elternteile sind gleichermaßen auf außerfamiliäre Hilfe (Kindergärten, Horte, Verwandte, Freunde und Bekannte usw.) angewiesen. Dies lenkt zunächst das Interesse auf die grundsätzliche Frage, welche Hilfe die Gesellschaft alleinerziehenden Elternteilen und ihren Kindern zu geben bereit ist. Da die finanzielle Situation ein wesentlicher mitentscheidender Faktor für die Gesamtproblematik Geschiedener und ihrer Kinder ist und alleinerziehende Mütter in der Regel über ein geringeres Einkommen verfügen, werden hier gesamtgesellschaftliche Defizite sehr viel schneller offenkundig. *Fthenakis, Niesel* und *Kunze* beschreiben anhand der vorliegenden Erkenntnisse unter Berücksichtigung individueller Bedürfnisse die »idealen Rahmenbedingungen« für alleinerziehende Eltern als eine Situation, »in der eine finanzielle Absicherung es erlaubt, eine die sozialen Kontakte und das Selbstwertgefühl stärkende Berufstätigkeit auf eine Stundenzahl zu begrenzen, die weder Haushaltsführung noch Kinderbetreuung zu einem Problem werden läßt, so daß Eltern und Kinder genügend Zeit füreinander haben und zusätzlich noch hin und wieder die Möglichkeit einer Freizeitgestaltung besteht, die an Erwachsenenbedürfnissen orientiert ist«.[106]

---

104 *Kohen, J.A., Brown, C.A., Feldberg, R.*: Divorced Mothers: The Costs and Benefits of Female Family Control. In: Divorced and Separation. Context, Causes and Consequences. New York 1979, S. 228-245.

105 U.a. *Keshet, Rosenthal* 1978, a.a.O. (Fn. 100).

106 *Fthenakis* et al. 1982, a.a.O. (Fn. 51), S. 109.

III. Psychische Probleme Geschiedener

Von außen her betrachtet stellt die Ehescheidung die Beendigung eines meist
langdauernden Traumatisierungs- und (ungelösten) Konfliktverlaufes dar.
Ganz allgemein kann man feststellen, daß die Scheidung, ob gewollt oder ungewollt,
sowohl für Frauen als auch für Männer unabhängig davon, wer nach der Scheidung
weiter für die gemeinsamen Kinder sorgt, eine schwere seelische Krise bedeutet,
die mit Erschütterungen des Selbstkonzeptes, mit Identitätskrisen und Identitäts-
veränderungen verbunden ist, die von den Geschiedenen häufig nicht vorherge-
sehen wurde und sie deswegen um so härter trifft.[107] Im Zuge der Krise kommt es
regelmäßig zu einem Ungleichgewicht zwischen der subjektiven Bedeutung der
Problematik und den Bewältigungsmöglichkeiten. Diese Labilisierung beinhaltet
zugleich die Chance zu einer Verbesserung des Lebens und zur Korrektur began-
gener Irrtümer, sie kann aber auch dazu führen, daß alles noch schlimmer wird.
Wie jede menschliche Krise ist die Ehescheidung von einer offenen oder latenten
Depression begleitet.[108]

Wird diese Depression erfolgreich bewältigt, bedeutet dies meist eine Reifung der
Persönlichkeit. Eine unbefriedigend bewältigte Krise wird dagegen genau das
Gegenteil bewirken. Über einen günstigen oder weniger günstigen Verlauf der
Scheidung entscheidet vor allem die erfolgreiche Bewältigung der inneren und
äußeren Probleme, die bei der Scheidung entstehen. Zu den inneren Problemen
gehören vor allem 1. die emotionale Trennung vom Ehepartner, 2. die Selbstwert-
problematik und 3. die damit verbundene Bewältigung aggressiver und depressiver
Reaktionen.

In der Studie von *Hetherington, Cox* und *Cox*[109] fühlte sich die überwiegende
Mehrzahl der Frauen im ersten Jahr nach der Scheidung ängstlich, depressiv,
wütend, zurückgewiesen und inkompetent. Die durch die Scheidung ausgelöste
Identitätskrise scheint Frauen, je länger sie verheiratet waren, stärker zu treffen als
Männer. Aus einer vergleichenden Befragung geht hervor, daß Frauen und Männer
die Belastungen während der schwierigsten Phasen des Scheidungsprozesses (vor,
während und unmittelbar nach der Trennung) ohne Unterschied gleich stark
erlebten.[110] Frauen fiel es aber offenbar schwerer, das Scheitern ihrer Ehe zu
akzeptieren. Sie erlebten sich in dieser Krise als physisch unattraktiv und entwik-

---

107 *Weiss, R.S.*: Trennung vom Ehepartner. Stuttgart 1980, S. 72ff.
108 *Bojanovsky, J.J.*: Psychische Probleme bei Geschiedenen. Stuttgart 1983.
109 *Hetherington* et al. 1978, a.a.O. (Fn. 96).
110 *Albrecht, S.L.*: Reactions and Adjustments to Divorce: Differences in the Experiences
     of Males and Females. Family Relations 29, 1980, S. 59-68.

kelten bis dahin unbekannte Abhängigkeitsbedürfnisse. Es scheint so zu sein, daß Männer schneller und heftiger auf die Scheidung reagieren und dann früher kompensieren können als Frauen, die dazu mehr Zeit benötigen.[111]

Die wohl umfangreichste Studie über geschiedene Frauen stammt von *Goode*.[112] Mit 537 von 892 in Detroit geschiedenen Frauen im Alter zwischen 20 und 38 Jahren wurde Kontakt aufgenommen. Von diesen verweigerten 104 Frauen die Untersuchung. Bei der Befragung wurden die Untersuchten in vier Gruppen unterteilt. Bei der ersten Gruppe lag die Scheidung zwei Monate zurück, bei der zweiten Gruppe acht Monate, bei der dritten vierzehn Monate und bei der vierten sechsundzwanzig Monate. So konnten im Rahmen dieser Querschnittsuntersuchung auch longitudinale Probleme erfaßt werden. Drei Fünftel der geschiedenen Frauen zeigten irgendwann einmal Zeichen persönlicher Desorganisation, hauptsächlich um den Zeitpunkt der Trennung herum. Der Schwierigkeitsgrad der psychischen Störungen wurde an der Häufigkeit der verschiedenen Beschwerden gemessen. 42 Prozent der Untersuchten gaben mehrere Beschwerden nach der Scheidung an, 21 Prozent nur einige, während 37 Prozent der Befragten nur wenige Beschwerden angaben. In der Gruppe mit den Beschwerdeangaben gab es mehr Katholiken aus ländlicher Umgebung, mit niedrigerem Ausbildungsstatus, verheiratet mit Männern aus mittleren bzw. gehobenen Berufsgruppen und mit längerer Ehedauer. Weitere Kennzeichen dieser Gruppe waren, daß der Vorschlag zur Scheidung zuerst vom Mann ausgegangen war. In der Folge gab es häufig Schwankungen bei der Entscheidung und die Einstellung der Untersuchten war ambivalent, weil eine Dreierbeziehung bestanden hatte oder größere materielle Probleme zu bewältigen waren. Bei den Frauen wurde eine starke Bestrafungstendenz gegenüber dem Ex-Ehemann registriert. Die Geschiedenen fühlten sich durch ihre Umgebung diskriminiert. Die Voraussetzungen waren günstiger, wenn der Vorschlag zur Scheidung von beiden Ehegatten kam oder wenn die Einstellung zu einer Trennung der Ehe eindeutig positiv oder negativ war, bzw. dann, wenn sich gute Alternativen zur Ehe anboten (z.B. wenn die Frau sich nach der Scheidung finanziell besser stand als vorher und wenn sie geschiedene Freunde hatte).

Zu ähnlichen Ergebnissen kam *Blair* bei einer Untersuchung von 65 geschiedenen Frauen in Florida.[113] Für die Verarbeitung des Scheidungsgeschehens wurden folgende Faktoren als ungünstig angesehen: höheres Alter, längere Ehedauer,

---

111 *Hetherington* et al. 1978, a.a.O. (Fn. 96).
112 *Goode, W.J.*: After divorce. Glencoe 1956.
113 *Blair, M.*: Divorce's adjustment and attitudinal changes about life. Dissertation Abstracts 30, 1970, S. 5541-5542. Zit. nach Bojanovsky 1982, a.a.O. (Fn. 108).

niedriges Selbstvertrauen, höheres Angstniveau, mehrere Kinder, positive Einstellung gegenüber dem Ex-Partner, schlechte finanzielle Lage, wenig Freude an der zum Teil angenommenen Berufstätigkeit. In England wurden 150 geschiedene Frauen sechs Monate bis drei Jahre nach der Scheidung von *Chester* untersucht.[114] Nur zwanzig der untersuchten Frauen behaupteten, daß ihre Gesundheit im Zuge des Scheidungsprozesses nicht beeinträchtigt worden sei, obwohl auch diese verschiedene Beschwerden wie Gewichtsverlust, Schlafstörungen, Konzentrationsschwierigkeiten usw. angegeben hatten, die sie jedoch für eine normale Reaktion auf die vorausgegangenen Ereignisse hielten. Die übrigen 130 geschiedenen Frauen fühlten sich gesundheitlich angeschlagen und die meisten (101) waren auf ärztliche Hilfe angewiesen. 25 Prozent der Untersuchten waren noch zwei Jahre nach der Scheidung in ärztlicher bzw. psychologischer Behandlung. Als häufigste Beschwerden wurden Hoffnungslosigkeit, Orientierungslosigkeit, Verbitterung, Versagensgefühle und Unsicherheit angegeben. Am schwersten war die Zeit am Ende der Ehe und nach der Trennung zu verkraften.

Arbeiten jüngeren Datums zeigen, daß die Bewältigung dieser Krisen und der zahlreichen Probleme in der Übergangszeit schließlich zur Gewinnung eines neuen Selbstkonzeptes führen kann, das sich u.a. auch in einem gewachsenen Selbstvertrauen nach außen hin manifestiert. Nicht selten führt die erlangte Unabhängigkeit zu einer Ablehnung der traditionellen Frauenrolle und zu einer eher zurückhaltenden Einstellung gegenüber einer Wiederverheiratung.[115]

Über die emotionale Situation alleinerziehender geschiedener Väter liegen nur wenige Untersuchungen vor. In ihrer Übersicht heben *Fthenakis, Niesel* und *Kunze*[116] die Bedeutung der »Identitätskrise« infolge der Übernahme »typisch weiblicher« Aufgaben hervor. Aktivitäten, die als »typisch männlich« gelten, ließen sich häufig nicht mit der Rolle des alleinerziehenden Vaters vereinbaren. Sie weisen darauf hin, daß bei Männern offenbar eine Tendenz besteht, »emotionale Probleme weniger offen einzugestehen, da das Äußern von Gefühlen im allgemeinen als etwas »typisch Weibliches« gilt«. Dementsprechend hätten alleinerziehende geschiedene Väter Angst, ihren Kindern keine »Mutterliebe« geben zu können. Auf den ersten Blick hat es den Anschein, als fiele es Männern gefühlsmäßig leichter, die mit der Auflösung der Ehe verbundenen Probleme zu bewältigen.

114 *Chester, R.*: Health and marriage breakdown: Experience of sample of divorced woman.
    Brit. J. Prev. Soc. Med. 25, 1971, S. 231-235.
115 *Kohen* et al. 1979, a.a.O. (Fn. 104).
116 *Fthenakis* et al. 1982, a.a.O. (Fn. 51), S. 110f.

Zieht man allerdings andere Befunde hinzu, dann wird dieses Bild relativiert. Aus den Bevölkerungsstatistiken nahezu aller Länder ist bekannt, daß die Sterblichkeit vom Zivilstand abhängig ist. D.h. die Verheirateten beider Geschlechter in allen Altersstufen weisen die geringste Sterblichkeit auf, die Verwitweten und Geschiedenen dagegen, je nach Alter und Geschlecht in wechselnder Reihenfolge, die größte. Die vorzeitige Sterblichkeit interessiert in diesem Zusammenhang weniger wegen der besonderen, schweren Bedeutung, die ein solcher Todesfall für die betroffenen Angehörigen hat, sondern weil von der unterschiedlichen Mortalität Aufschluß über Wesenszüge, die ihr zugrunde liegen und die in unterschiedlichem Maße den Lebensformen Geschiedener, Verheirateter, Verwitweter oder Lediger zugehören, erwartet wird. Die Suizidalität Geschiedener beträgt beispielsweise ein Mehrfaches derjenigen der Verheirateten. Zieht man außerdem noch die Morbiditätsskalen hinzu, stellt man fest, daß das Verhältnis von Geschiedenen zu Verheirateten unter den Kranken eindeutig höher ist als in der Grundbevölkerung. Differenziert man weiter zwischen geschiedenen Frauen und geschiedenen Männern, dann ist das Risiko für geschiedene Männer zu erkranken bzw. zu sterben eindeutig höher. Hier soll keine Kausalität zwischen dem Lebensereignis Ehescheidung und dem Auftreten etwaiger Erkrankungen oder des Todes hergestellt werden. Es lassen sich aber medizinische Hypothesen aufstellen, die einen Zusammenhang zwischen Lebensweise und gewissen Erkrankungen bzw. Todesursachen herstellen. Demnach kommt dem Alleinsein bzw. dem Nichtverheiratetsein, die Bedeutung einer existentiellen Bedrohung gleich, die sich in einer erhöhten Morbidität bzw. Mortalität äußert. Dies wird beim Mann in allen Lebensaltern deutlich, bei der Frau dagegen vor allem in jüngeren Jahren. Die Geschiedenen lösen somit nicht nur eine enge Partnerbindung auf, sondern sie sind auch stärker als andere von einer biologischen, gesundheitlichen Desintegration bedroht. Die Selbstaufgabe sowohl im sozialen als auch im biologischen Bereich scheint ein Wesenszug zu sein, der bei Geschiedenen - insbesondere bei geschiedenen Männern - stärker hervortritt.[117]

Von der Geschlechtszugehörigkeit unabhängig sind die Minderwertigkeitsgefühle Geschiedener. Sie fühlen sich sowohl im Hinblick auf die Elternrolle, als auch in bezug auf die Rolle als Partner in neuen Beziehungen insuffizient. Aus Längsschnittuntersuchungen geht hervor, daß von den meisten die Trennung und die Zuspitzung der Ehekonflikte davor schlimmer erlebt wird als die Scheidung selbst. D.h. der Trennungsprozeß mit zusätzlichen Traumatisierungen findet schon lange vor der Scheidung statt. Dennoch dauert die Verarbeitung bei jedem unterschied-

---

117 S. dazu auch *Fuchs, A.*: Statistik. In: Scheidung in der Schweiz. Eine wissenschaftliche Dokumentation. Bern, Stuttgart 1982, S. 7-78/54ff.

lich lange. *Weiss*[118] schätzt aufgrund seiner Erfahrungen, daß es bis zu vier Jahren dauert, bis man wieder eine Phase des Gleichgewichts erreicht hat. *Hetherington* und Mitarbeiter[119] fanden bei ihrer Untersuchung heraus, daß die Betroffenen im ersten Jahr nach der Scheidung noch mit vielen Schwierigkeiten zu kämpfen hatten. Charakteristisch für die emotionale Situation Geschiedener scheint im ersten Jahr nach der Scheidung eine starke Stimmungslabilität (Schwanken zwischen dem Gefühl der Freiheit und des Befreitseins sowie Depressionen und Ängsten) zu sein. Im Verlauf des zweiten Jahres überwogen Depressionen, Angst und Apathie, während sich bei den meisten gegen Ende des zweiten Jahres nach der Scheidung eine ausgeglichenere Stimmungslage durchsetzte.

IV. Soziale Beziehungen Geschiedener

Aus Untersuchungen von Geschiedenen geht eindeutig hervor, daß ihnen Beruf und Kinder am ehesten helfen über die Scheidung hinwegzukommen. Die Kinder werden von ihnen als fordernd erlebt, was ihrem Leben Sinn und Inhalt gibt. Daneben spielen persönliche Beziehungen zu anderen Personen (Freund/Freundin, Bekannte und Verwandte) eine wichtige stabilisierende Rolle für die emotionale Lage. Ob Ängste und Krisen in den ersten Jahren nach der Scheidung überwunden werden, hängt also wesentlich von der Verfügbarkeit guter sozialer Kontakte ab. Umgekehrt wird deren Fehlen Gefühle der Einsamkeit und der Isolation verstärken. Durch die Scheidung wird die Familie in der Regel umstrukturiert. Die damit einhergehende Neuorganisation führt auch zu Veränderungen im sozialen Umfeld. Am meisten tangiert werden durch die Ehescheidung die Beziehungen zu Freunden, Bekannten und Verwandten (z.B. zu den Schwiegereltern). Fast immer kommt es im Zuge der Ehescheidung sowohl für den Mann als auch für die Frau zu einem Wechsel des Wohnsitzes. Vielen Geschiedenen wird erstmals schmerzlich bewußt, daß sie in einer Gesellschaft leben, in der soziale Aktivitäten überwiegend für Paare organisiert werden.[120]

Hetherington, Cox und *Cox*[121] beobachteten besonders bei geschiedenen Vätern ohne Sorgerecht durch den Verlust ihres familiären Bezugssystems Gefühle des Entwurzeltseins, die sie durch eine Vielzahl von Aktivitäten im ersten Jahr nach der Scheidung ausgleichen wollten. Während die Kontakte zum alten Freundeskreis abnahmen, kam es zu einer Zunahme zufälliger Begegnungen in Bars,

---

118 *Weiss* 1980, a.a.O. (Fn. 107).
119 *Hetherington* et al. 1978, a.a.O. (Fn. 96).
120 *Fthenakis* et al. 1982, a.a.O. (Fn. 51), S. 111.
121 *Hetherington* et al. 1978, a.a.O. (Fn. 96); dies.: Stress and Coping: A Focus on Woman. In: Psychology and Women: In Transition. New York 1979, S. 95-128.

Restaurants, auf Partys usw. mit häufig wechselnden sexuellen Beziehungen, die sowohl für Männer als auch für Frauen ein entscheidender Faktor für die emotionale Lage und auch für das Selbstwertgefühl waren. Der stabilisierende Einfluß dieser sexuellen Beziehungen blieb jedoch nur dann erhalten, wenn sich aus diesen Begegnungen eine tiefere Beziehung entwickeln konnte. Sowohl Männer als auch Frauen, denen es zwei Jahre nach der Scheidung nicht gelungen war, eine solche Bindung einzugehen, die meistens zu einer zweiten Eheschließung führte, beklagten ihre intensiven Gefühle der Einsamkeit. Die zunächst wiedergewonnene Freiheit verlor sehr schnell ihren Reiz. In Übereinstimmung mit anderen Autoren sehen *Hetherington* und Mitarbeiter in der Qualität einer neuen Beziehung den entscheidenden Faktor für die Überwindung der Scheidungskrise.

Offenbar ändert sich das soziale Umfeld alleinerziehender Väter stärker als das alleinerziehender Mütter. Waren die sozialen Kontakte vor der Scheidung stark mit Freizeitaktivitäten verknüpft, so werden sie nach der Scheidung zugunsten der Beziehungen zu Freunden und zu Personen aus dem engeren Familienkreis aufgegeben, die sich helfend und unterstützend verhalten. Besondere Bedeutung erhalten in diesem Zusammenhang die Eltern, sowohl für die emotionale Unterstützung als auch für die Hilfe bei der Kinderbetreuung.

Alleinerziehende Väter haben zur Zeit noch einen gesellschaftlichen Sonderstatus. Im Vergleich zu alleinerziehenden Müttern genießen sie mehr Ansehen. »Sie gelten, wenn sie das Sorgerecht einmal erlangt haben, als besonders kompetente Väter, und dieser Bonus ist möglicherweise auch von der Annahme mitgeprägt, daß ein solcher Vater wohl mit einer Frau verheiratet gewesen sein muß, die eine besonders schlechte Mutter war, da sie das Sorgerecht für die Kinder nicht bekommen hat.«[122]

Frauen, die alleinerziehende Väter kennenlernen, treten diesen eher mit Bewunderung und der Bereitschaft zur Unterstützung entgegen, während Männer auf alleinerziehende Mütter eher mit Skepsis reagieren.

Versucht man ein Fazit zu ziehen, stellt man fest, daß die meisten Problemkreise sowohl für alleinerziehende Mütter als auch für alleinerziehende Väter vergleichbar sind. Das gilt für Konflikte, die sich aus der Mehrfachbelastung ergeben. Unterschiede stellen sich dagegen in den sozioökonomischen Rahmenbedingungen und in der gesellschaftlich-normativen Wertung dar.

---

122 *Fthenakis* et al. 1982, a.a.O. (Fn. 51), S. 114.

Daß die unvollständige Familie nach wie vor unter dem Einfluß einer negativen gesellschaftlichen Bewertung steht, ist sicher. Löst man sich jedoch von diesem normativen Aspekt, stößt man auf die Tatsache, daß chronifizierte familiale Konflikte in einer nach außen hin intakten Familie zumindest ebenso schädliche Folgen für die Entwicklung des Kindes haben wie die Trennung bzw. Scheidung der Eltern. Wenn das familiäre Beziehungsgeflecht nach einer Ehescheidung in den meisten Fällen qualitativ verändert fortbesteht, dann hat der Charakter, den diese Beziehungen annehmen, entscheidenden Einfluß darauf, wie die sich aus der Ehescheidung ergebenden Probleme von den Betroffenen bewältigt werden. Dies wiederum hängt zunächst davon ab, ob es den Eltern gelingt den Scheidungsprozeß psychisch zu bewältigen. Ein Überblick über die möglichen Problemfelder, die infolge der Ehescheidung entstehen, zeigt, daß es nicht möglich ist, ein generelles Bild zu entwerfen. Welches der genannten Problemfelder in Kombination mit anderen jeweils zum Tragen kommt, ist von Fall zu Fall verschieden. Soviel zeichnet sich ab, neben allen individuellen Besonderheiten gibt es gemeinsame Probleme für Alleinerziehende, die Mütter bzw. Väter mehr oder weniger stark betreffen. Faktoren, die die Situation Geschiedener beeinflussen, wurden hier isoliert voneinander dargestellt. Im Alltag treten sie nebeneinander auf und interagieren. Die möglichen Wechselwirkungen blieben hier unberücksichtigt. Die Ergebnisse der referierten Studien stützen sich in den meisten Fällen auf Befunde, die zu einem bestimmten Zeitpunkt erhoben wurden. Statische Betrachtungen lassen aber den Prozeßverlauf der Scheidung unberücksichtigt. Dringend erforderliche Längsschnittuntersuchungen liegen bisher jedoch kaum vor. Dabei ist klar, daß sich die Bedeutung einzelner Problembereiche mit zunehmendem zeitlichen Abstand von der juristischen Scheidung verändern muß.

Versucht man dennoch ein vorläufiges Fazit zu ziehen, kann man feststellen, daß mit der juristischen Scheidung auf jeden Fall Veränderungen einhergehen, die zwar manches leichter - vieles für die Betroffenen aber auch schwerer machen. Damit progressive Aspekte der Scheidung zum Tragen kommen können, wird von den Betroffenen ein hohes Maß an persönlicher Konfliktbewältigung und sozialer Kompetenz verlangt. Seitens der Gesellschaft erfahren unvollständige Familien bisher wenig Unterstützung. Diese ablehnende Haltung einer paarorientierten Gesellschaft spiegelt sich auch in der wissenschaftlichen Diskussion wider. Es gibt kaum Untersuchungen, die sich mit den positiven Aspekten der Ehescheidung befassen und brauchbare Hilfen bei der Bewältigung der Alltagsprobleme aufzeigen. Nicht zuletzt daraus resultiert die Tatsache, daß alleinerziehende Eltern und Kinder mit ihren Problemen oft alleingelassen werden.

V.   Konsequenzen der Ehescheidung für das Kind

Im Jahr 1993 wurden in der Bundesrepublik Deutschland 156.425 Ehepaare geschieden. Von der Scheidung ihrer Eltern waren 123.541 minderjährige Kinder betroffen. Man nimmt an, daß dies für rund ein Drittel aller Kinder aus Scheidungsfamilien gleichbedeutend ist mit dem teilweisen oder gar völligen Verlust der Beziehung zum nichtsorgeberechtigten Elternteil, in der Regel dem Vater. Mehr als die Hälfte der geschiedenen Frauen und Männer heiraten innerhalb eines Zeitraumes von fünf Jahren wieder. Die Scheidungsrate von Stieffamilien ist höher als die von Erst-Ehen. Kinder aus Scheidungsfamilien machen nicht nur die Erfahrung, daß zwischenmenschliche Konflikte nicht anders als durch Trennung gelöst werden können, sondern werden in Phasen psychischer und/oder physischer Labilisierung mit einem hohen Maß an Anpassungsleistungen konfrontiert. Wie reagieren sie darauf und mit welchen psychischen Langzeitfolgen ist zu rechnen?

VI. Auswirkungen von Trennung und Scheidung der Eltern auf die Kinder

1.   Vorbemerkung

Obwohl die Problematik von Scheidungskindern offensichtlich ist, besteht ein eklatanter Mangel empirischer Arbeiten über die Auswirkungen der Trennungs- bzw. Scheidungserfahrung auf die betroffenen Kinder. Bisher liegen erst wenige gesicherte Erkenntnisse darüber vor, wie Kinder verschiedener Altersgruppen auf die Trennung oder Scheidung ihrer Eltern reagieren, wie diese Reaktionen entstehen und inwieweit sie durch Alter, Geschlecht oder andere Variablen bestimmt werden. Die wohl umfangreichsten Studien stammen von *Wallerstein* und *Kelly*[123] im Anschluß an ein fünfjähriges Forschungsprojekt. Über die affektiven und kognitiven Auswirkungen der Ehescheidung auf die betroffenen Kinder entwickelten die Autorinnen ein Interventionsprogramm mit dem Ziel, »die Verfestigung von psychopathologischen Reaktionen zu vermindern, bzw. zu

---

123 *Wallerstein, J.S., Kelly, J.B.*: The Effects of Parental Divorce: Experiences of the Preschool Child. Journal of the American Academy of Child Psychiatry 14, 1975, S. 600-616; dies.: The Effects of Parental Divorce: Experiences of the Child in Later Latency. American Journal of Orthopsychiatry 46, 1976, S. 256-269; dies.: Divorce Counceling: A Community Service for Families in the Midst of Divorce. American Journal of Orthopsychiatry 47, 1977, S. 4-22; dies.: Children and Divorce: A Review. Social Work 24, 1979, S. 468-475; dies.: Surviving the Breakup: How Children and Parents Cope with Divorce. New York 1980 (a); dies.: Effects of Divorce on the Visiting Father-Child-Relationship. American Journal of Orthopsychiatry 137, 1980, S. 1534-1539 (b).

verhindern und außerdem den Übergang zu neuen familiären Beziehungen nach der Scheidung zu erleichtern«.[124] Ihr Beratungsangebot richtete sich vor allem an klinisch nichtauffällige Kinder. Dabei ergab sich die Schwierigkeit, die »Bandbreite der Reaktionen von »normalen« Kindern, die dem Streß einer Scheidung ausgesetzt sind, (von) denjenigen Reaktionen, die auf den Beginn einer psychischen Erkrankung hindeuten, (zu unterscheiden)«.[125] Zur differentialdiagnostischen Abklärung entwickelten sie ein scheidungsspezifisches Bewertungsverfahren, um die spezifischen Scheidungsfolgen für das jeweilige Kind zu ermitteln. Dieses Verfahren gliederte sich in drei Bereiche:

1. Einschätzung des allgemeinen Entwicklungsstandes des Kindes;
2. psychodiagnostische Ermittlung der individuellen Reaktionen des Kindes auf die Trennung der Eltern;
3. Einschätzung der Qualität des existierenden Netzes von Hilfssystemen, die dem Kind als emotionale Stütze zur Verfügung stehen.

Ad 1: Als Informationsquelle diente ein kurzer Entwicklungsbericht der Eltern, eine ausführliche und umfassende Abklärung der schulischen Situation sowie die direkte Beobachtung des Kindes über mehrere Stunden. Aus der Analyse dieser Informationen wurde die Diagnose der kindlichen Entwicklungsstufe, über Regressionstiefe und -charakter, über die Triebentwicklung, Über-Ich-Bildung, Ich-Stärke und die Qualität der Beziehungen gebildet.

Ad 2: Die Untersuchung der kognitiven Verarbeitung der Scheidung stützte sich auf zwei Fragestellungen: a) Welches Verständnis kommt in den Erzählungen des Kindes über die Scheidung der Eltern zum Ausdruck? b) Wie denkt das Kind selbst über die Scheidung? *Wallerstein* und *Kelly* kamen zu dem Resultat, daß Kleinkinder die Bedeutung der Scheidung der Eltern und ihre Ursachen kaum verstehen können. Die Trennung der Eltern löst bei diesen Kindern eine kognitive und affektive Lähmung aus, die eine Umstellung auf die neue Lebenssituation verhindert. Vorschulkindern wurde meist von den Eltern keinerlei Erklärung gegeben. In ihrer Phantasie übernahmen diese Kinder häufig die Schuld für die Scheidung der Eltern.

Die Untersuchung der affektiven Verarbeitung der Ehescheidung stützte sich auf folgende Fragestellungen: Wieviel Leid erfuhr das Kind? Was waren die bewußten und unbewußten Manifestationen des Schmerzes? Nahm das Leiden an Intensität

---

124 *Wallerstein, Kelly* 1976, a.a.O. (Fn. 123), S. 15.
125 *Wallerstein, Kelly* 1976, a.a.O. (Fn. 123), S. 16.

zu oder ab? In welchem Ausmaß wurde das Kind von Loyalitätskonflikten zerrissen? Die Untersucherinnen stellten bei Kindern aller Altersstufen eine Zunahme aggressiver Handlungen und eine gesteigerte Reizbarkeit fest. Altersangemessene Abwehrmechanismen halfen meist nicht, um die intensiven Gefühle von Ohnmacht, Trauer und Zorn zu unterdrücken. Bei Kleinkindern sahen sie die Entwicklung von Phobien, Trennungsängsten und Rückschläge in der Sauberkeitserziehung als Regressionssymptome infolge der Scheidung. Bei Kindern in der Latenzperiode traten bisher nicht vorhandene Lernstörungen auf. Ältere Kinder entwickelten vorwiegend somatische Symptome, Neigung zu Diebstählen und frühzeitiger sexueller Aktivität.

Wallerstein und Kelly stellten weiterhin fest, daß die scheidungsbedingten Reaktionsformen der Kinder je nach sozialer Umgebung (Elternhaus – Schule) differierten. Kinder in der Latenzphase beispielsweise zeigten auffallende Verhaltens- und Affektänderungen in der Schule, zu Hause aber ließen dieselben Kinder ihren Leidensdruck nicht ohne weiteres erkennen.[126]

Ad 3: Hier wurden zunächst die Beziehungen der Kinder zu ihren Eltern nach der Scheidung, außerdem die Geschwisterbeziehung sowie die Beziehungen zum erweiterten Familienkreis, zu Gleichaltrigen und zu Lehrern/Mitschülern untersucht. Die Autorinnen stellten dazu fest, daß Einzelkinder in besonderem Maße unter der Trennung der Eltern litten. Besonders problematisch entwickelte sich die Beziehung zwischen dem Kind und dem sorgeberechtigten Elternteil dann, wenn dieser verbittert über die Scheidung nur darauf brannte, den Ruf des nichtsorgeberechtigten Elternteils zu zerstören. In diesem Fall war das Kind den Aggressionen des betreffenden Elternteils schutzlos ausgeliefert. Die Beziehung zwischen Geschwistern gestaltete sich nach der Scheidung eher beruhigend-unterstützend als destruktiv. Der durch die Trennungserfahrung ausgelöste Streß wurde durch diese Beziehungen häufig gemildert.

2. Reaktionen von Scheidungskindern in Abhängigkeit von Alter und Entwicklung (die Befunde von Wallerstein und Kelly)

Die im Jahre 1971 begonnenen Studien von Wallerstein und Kelly stützen sich auf 60 Familien mit 131 Kindern zwischen 3 und 19 Jahren, die im Rahmen eines kostenfreien Angebots des Psychiatrisch-psychologischen Beratungsdienstes in einem Vorortgebiet der San Francisco Bay Area (Californien) untersucht wurden. Die Untersucher waren erfahrene Kliniker. Eltern und Kinder kamen während der

126 Wallerstein, Kelly 1976, a.a.O. (Fn. 123), S. 20.

Scheidungskrise getrennt zur Beratung und ca. ein Jahr später zur Nachuntersuchung.

Hinsichtlich der qualitativ unterschiedlichen Auswirkungen der Ehescheidung auf Kinder bis zum Alter von zehn Jahren unterscheiden *Wallerstein* und *Kelly* fünf Entwicklungsstufen:

1. Kinder zwischen zweieinhalb und dreieinviertel Jahren reagierten mit akuter Trennungsangst, Verwirrung, Weinen, Regression, allgemeinen Angstzuständen, Aggressivität und Trotz. Für das Abklingen der Störungen nach circa einem Jahr war die Qualität der Betreuung des Kindes entscheidend, unabhängig davon, ob sie von der Mutter oder einer anderen Person übernommen wurde. Störungen setzten sich bei jenen Kindern fort, in deren Familie die Konflikte auch nach der Scheidung anhielten.

2. Kinder zwischen dreieinviertel und vierdreiviertel Jahren reagierten neben verstärktem Weinen und Verwirrung mit Aggression und Angst vor Aggression. Sie litten unter Einsamkeit, Schuldgefühlen, Depressionen und Trennungsangst. In dieser Altersgruppe zeigte sich nach einem Jahr eine verstärkte Ausprägung der Symptome, insbesondere wachsende Traurigkeit und ein geschwächtes Selbstbewußtsein.

3. Kinder zwischen vierdreiviertel und sechs Jahren reagierten mit ähnlichen Symptomen wie die Drei- bis Vierjährigen. Im Unterschied zu den Jüngeren waren sie jedoch in der Lage, ihre Gefühle der Trauer und ihre Wünsche nach Wiederherstellung der Familieneinheit zu artikulieren und konnten mit der Scheidung verbundene Veränderungen aufgrund ihrer fortgeschrittenen kognitven Entwicklung besser einordnen und verstehen. Besonders in dieser Altersgruppe war das Gefühl, für die Scheidung der Eltern verantwortlich zu sein, sehr ausgeprägt. In dieser Entwicklungsstufe gab es Kinder, die die Scheidungsperiode ohne Entwicklungshemmung überstehen konnten, während sich bei anderen auch nach einem Jahr noch Verhaltensänderungen (Unruhe, Konzentrationsstörungen, Anklammern) zeigten, die das schulische und soziale Lernen beeinträchtigten. Für diese Altersgruppe schien der Eintritt in die Schule ein wesentlicher zusätzlicher Belastungsfaktor zu sein.

4. Kinder zwischen sieben und acht Jahren erlebten die Auflösung der Familie als Bedrohung der gesamten Existenz. Sie waren weniger als die Vorschulkinder in der Lage, ihre widerstreitenden und tiefgreifenden Gefühle zu verleugnen und litten unter anhaltender Traurigkeit. Auch die Kinder dieser Altersgruppe wünschten sich die Wiedervereinigung der Familie, fühlten sich jedoch weniger verantwortlich für die Scheidung ihrer Eltern als die Vorschulkinder. Nach einem Jahr war die extreme Traurigkeit einer eher resignativen Einstellung

gewichen. Einigen Kindern fiel die Anpassung an die scheidungsbedingten Veränderungen immer noch schwer.

5. Für Kinder zwischen neun und zehn Jahren waren Schamgefühle typisch. Die Kinder zweifelten am moralischen Wert ihrer Eltern und schämten sich, weil sie sich durch den Weggang eines Elternteils abgelehnt fühlten. Die überstürzte Entidealisierung der Eltern erschütterte auch das eigene Selbstwertgefühl. Die meisten Kinder empfanden intensiven Zorn, der sich entweder zielgerichtet äußerte oder indirekt in Form von Widerspenstigkeit oder ständiger Opposition. Häufig waren auch Ängste, schlechte Schulleistungen und somatische Symptome. Die Kinder dieser Altersgruppe waren aktiv bemüht, mit ihren widerstreitenden Gefühlen von Verlassenheit, Ablehnung, Hilflosigkeit einerseits und intensivem Zorn andererseits fertig zu werden. Für diese Kinder war eine realistische Auseinandersetzung mit der Scheidungssituation schon eher möglich, da Gegenwart, Vergangenheit und Zukunft besser eingeschätzt werden konnten als von den jüngeren Kindern, doch wurden gleichzeitig auch Ängste vor den Ungewißheiten verstärkt.

Für eine langfristige Anpassung des Kindes an die veränderte Situation, also für eine Problembewältigung im engeren Sinne, hielten die Autorinnen außer den individuellen folgende Faktoren von Bedeutung:

1. die Qualität der Beziehung zum alleinerziehenden Elternteil;
2. die Qualität der Beziehung des Kindes zum getrennt lebenden Elternteil bzw. dessen ständige Abwesenheit;
3. die Qualität der Beziehung des Kindes zu seinen Geschwistern;
4. das Ausmaß der psychischen Trennung der geschiedenen Ehepartner;
5. die Möglichkeit der realen und emotionalen Unterstützung der »Ein-Eltern-Familie«, z.B. durch Großeltern, andere Verwandte, Freundeskreis usw.;
6. die sozio-ökonomische Situation der »Restfamilie«, z.B. Veränderungen im sozialen Umfeld (Wohnortwechsel, Schulwechsel), Veränderungen im Sozialstatus des Alleinerziehenden (sozialer Abstieg), Verlust wichtiger Bezugspersonen (s.o.)
7. das Ausmaß der Bewältigung des mit der Scheidung verbundenen Umstrukturierungsprozesses durch den Alleinerziehenden und dessen Zufriedenheit.

Gerade im Hinblick auf die Bedeutung des weiteren Familienkreises für die Bewältigung der Scheidung der Eltern ergaben sich divergierende Befunde: Großeltern (insbesondere Großväter) versuchten, den positiven Kontakt zu den Kindern, die der Schwiegertochter zugesprochen wurden, nicht abreißen zu lassen und milderten dadurch das Trennungstrauma der Kinder. Wo rassistische oder ethnische Vorurteile gegen die Heirat bestanden, brachen sie nach der Scheidung wieder aus. Die Großeltern versuchten dann die Kinder zu zwingen, den geschiedenen »fremdrassigen Elternteil« abzulehnen.

Für viele Kinder symbolisierte die Schule eine große Stütze, »weil sie durch ihre Wertvorstellungen und schulischen Leistungen, die sie trotz Scheidungsstreß beibehalten konnten, die gewohnten Gratifikationen erhielten. Darüber hinaus erfuhr eine Anzahl von Kindern, die zu Hause emotional unterversorgt worden waren, eine Stützung durch Lehrer, die über die Scheidung unterrichtet waren und den Kindern Aufmerksamkeit, Mitgefühl und Toleranz entgegenbrachten. Dies hing jedoch sehr von der Fähigkeit des Kindes ab, mit Ersatzerwachsenen umzugehen«.[127] Häufig repräsentierten Lehrer die zentrale Bezugsperson in der Umwelt des Scheidungskindes.

Die Bedeutung der Beziehung zu Gleichaltrigen wurde von den Kindern sehr unterschiedlich eingeschätzt. Oft erzählten sie ihren Freunden gar nichts von der Scheidung. Kreative Freizeitaktivitäten gaben ihnen dagegen meist größeres Selbstbewußtsein über die Anerkennung durch andere.

Aufgrund ihrer Untersuchungen kamen *Wallerstein* und *Kelly* zu dem Schluß, daß in den Reaktionen des Kindes auf die Scheidung keine Aufeinanderfolge abgrenzbarer Entwicklungsstadien beobachtbar sei. »Die Reaktion des Kindes ist im Vergleich zu Erwachsenen viel enger verbunden mit seiner Entwicklungsstufe, seiner Umwelt und den Schwankungen in der Eltern-Kind-Beziehung, einschließlich der Erreichbarkeit des nichtsorgeberechtigten Elternteils.«[128]

Wallerstein und *Kelly* entwickelten zwei Interventionsmodelle zur Milderung bzw. Beseitigung scheidungsbedingter Entwicklungskrisen von Kindern: Bei Kindern, die »zu jung oder aus verschiedenen Gründen unfähig, bzw. unwillig sind, dem Therapeuten Zugang zu ihren Gefühlen oder Konflikten zu gestatten«[129], führten sie Explorationsgespräche mit dem Erziehungsberechtigten und den Kindern. Im Anschluß daran fanden noch vier weitere Sitzungen mit den Kindern statt, in denen vor allem Erklärungen und Ratschläge gegeben wurden. Damit verbunden war eine intensive Elternarbeit.

---

127 *Wallerstein, Kelly* 1976, a.a.O. (Fn. 123), S. 23.
128 *Wallerstein, Kelly* 1976, a.a.O. (Fn. 123), S. 25.
129 *Wallerstein, Kelly* 1976, a.a.O. (Fn. 123), S. 26.

Das zweite Modell schloß auch Kriseninterventionen bei älteren Kindern und Jugendlichen ein. Beide Modelle zielten darauf ab

1. das Leiden zu reduzieren (Reduzierung der intensiven Angst und Furcht sowie Bearbeitung von Depressions-, Wut- und Sehnsuchtsgefühlen);
2. die kognitive Verwirrung im Hinblick auf die Konsequenzen der Trennung und Scheidung der Eltern zu vermindern;
3. die psychische Distanz zwischen der Scheidungssituation und dem Erleben des Kindes, bzw. zwischen einem Elternteil und dem Kind, das in die Konflikte direkt einbezogen war, zu vergrößern;
4. die für jedes Kind spezifischen Probleme (z.B. das Dilemma, zwischen zwei geliebten Personen wählen zu sollen, und des Umgangs mit dem nichtsorgeberechtigten Elternteil usw.) zu bearbeiten.

Für Kinder im Vorschulalter wurden spezifisch umschriebene Interventionsstrategien entwickelt. Diese Kinder waren aufgrund ihres Entwicklungsstandes nicht in der Lage, die Trennung der Eltern zu verarbeiten, und aufgrund dieses Traumas in tiefe Regressions- und Angstzustände geraten. Von den beiden skizzierten Interventionsmodellen profitierten sie am wenigsten.»Nach unserer Überzeugung ist die beste Intervention für Schulkinder, die keine Geschichte psychologischer Schwierigkeiten haben, eine Intervention, die um ihretwillen mit den Eltern durchgeführt wird und die auf einer Strategie beruht, die dem scheidungsspezifischen Diagnoseprofil entstammt.«[130]

Kinder in der Latenzphase reagierten auf die Trennung bzw. Scheidung der Eltern mit offenem Leiden, zunehmender Immobilisierung und waren für Regressionen, insbesondere in der Trennungsphase und im Anschluß daran, anfällig. Ihre psychische Situation stellte sich als besonders problematisch dar, da die Kinder erleben mußten, wie ihre Verleugnung der Ehescheidung an der alltäglich erfahrenen Realität scheiterte. Im Gegensatz zu den jüngeren Kindern bekamen sie bewußt mit, was geschah, konnten jedoch nicht ausweichen. »Ihr Bewußtsein von den Scheidungsrealitäten in Verbindung mit unreifen Ich-Strukturen macht es ihnen schwer, die leidvollen Erfahrungen zu integrieren.«[131] Kinder dieser Altersgruppe konnten kaum über die Scheidung der Eltern reden, bzw. eigene Gefühle aussprechen. Die Autorinnen betonten die Notwendigkeit, die Abwehrstrukturen des Kindes zu respektieren und ihm seinen eigenen Zeitplan zur Bewältigung des Erlebten zu lassen.

---

130 *Wallerstein, Kelly* 1976, a.a.O. (Fn. 123), S. 27.
131 *Wallerstein, Kelly* 1976, a.a.O. (Fn. 123), S. 32.

Als hilfreich erwies sich bei diesen Kindern der sog. »Scheidungs-Monolog«. D.h. der Therapeut schilderte - gleichsam stellvertretend für das betroffene Kind - in dessen Anwesenheit die Situation und Probleme, die sich für Scheidungskinder in diesem Alter ergeben. Der Scheidungs-Monolog zeigt den Kindern, daß sie mit ihren Problemen nicht allein stehen und läßt sie ihre eigenen Gefühle erleben, wodurch ein kathartischer Effekt erzielt wird.

Aufgrund ihrer reiferen Ich-Entwicklung konnte mit älteren Kindern und Jugendlichen eine direkt auf den emotionalen Konflikt zentrierte Interventionsstrategie verfolgt werden. »Diese Kinder waren in der Lage, ihre Konflikte zu erkennen, sie waren stark motiviert, mit ihnen umzugehen und wandten sich oft wegen Hilfe und Unterstützung an die Therapeuten.«[132]

Die parallel dazu stattfindenden Gespräche mit den Eltern verfolgten drei therapeutische Zielsetzungen:

1. Die Eltern sollten lernen, kindgerechte Gesprächs- und Ausdrucksformen zu entwickeln, um dem Kind bei der kognitiven (und affektiven) Verarbeitung der Scheidung zu helfen.
2. Zur Prophylaxe von Symptomfixierungen beim Kind erhielten die Eltern spezifische Verhaltensanweisungen.
3. Um das Leiden des Kindes zu reduzieren, konzentrierten sich die Gespräche auf diejenigen Verhaltensaspekte der Eltern, die Leiden hervorrufen. Dazu gehörte u.a. auch die Wiedereinführung von Besuchszeiten des nichtsorgeberechtigten Elternteils oder die Stabilisierung der Situation beim sorgeberechtigten Elternteil.

3.   Langzeitfolgen

4.   Die weitere Entwicklung von Kindern und Jugendlichen
aus Scheidungsfamilien

Ursprünglich war die Untersuchung über Scheidungskinder auf ein Jahr angelegt. Man war davon ausgegangen, daß normale, gesunde Erwachsene innerhalb eines Jahres in der Lage sein müßten, mit den Problemen einer Scheidung fertig zu werden und ihr Leben wieder in den Griff zu bekommen. Vor dem Hintergrund dieses Prozesses sollte beobachtet und dokumentiert werden, wie Kinder mit den veränderten Familienverhältnissen umgehen. Mit anderen Worten: Die Eheschei-

---

132 *Wallerstein, Kelly* 1976, a.a.O. (Fn. 123), S. 36.

dung wurde zunächst als Krise verstanden. Als die Familien dann nach ca. einem Jahr wieder interviewt wurden, stellte sich heraus, daß die meisten Familien die Krise noch nicht überwunden hatten. Eltern fühlten sich gedemütigt, zurückgestoßen und waren wütend. Vielen Kindern ging es unerwartet viel schlechter. Die Öffentlichkeit reagierte auf diese Befunde ablehnend, weil man mehrheitlich der Auffassung war, daß die Scheidung ein befreiendes Erlebnis sein müsse.[133]

Man vertrat die Ansicht, daß diese Familien noch ein paar Jahre weiter beobachtet werden müßten, um herauszufinden, wann diese Schwierigkeiten gelöst sein würden.[134] Dabei zeigte sich, daß die psychische Verfassung der Kinder und Jugendlichen von der Gesamtlebenssituation der geschiedenen Familien abhing. Fünf Jahre nach der Scheidung ging es einem Drittel der Kinder ausgesprochen gut. Sie hatten zu beiden Elternteilen eine gute Beziehung. Die Auseinandersetzungen zwischen den geschiedenen Elternteilen verliefen nicht mehr so heftig. Die Kinder waren zu der Einsicht gekommen, daß die Trennung besser war als das Leben in einer zerrütteten Ehe. Die Untersucher hatten den Eindruck gewonnen, daß sich diese Kinder wieder stabilisiert hatten, einigen schien es sogar besser zu gehen als vor der Scheidung der Eltern.

Mehr als einem Drittel der Kinder der Gesamtgruppe ging es jedoch entschieden schlechter. Sie waren depressiv und kamen weder mit der Schule noch mit Freunden zurecht. Ihr Zustand hatte sich weiter verschlechtert. Einige ihrer früheren Störungen, wie Schlafstörungen, Konzentrations- und Lernstörungen oder aggressives Verhalten waren zwischenzeitlich chronifiziert. Die Folgeuntersuchung fünf Jahre nach der Scheidung ergab außerdem, daß die Kinder immer noch hofften, ihre Eltern würden wieder zueinanderfinden. Selbst wenn die Eltern wiederverheiratet waren, hielten die Kinder an ihren Versöhnungsphantasien fest. Nach den ersten fünf Jahren hatte sich gezeigt, daß die Kinder auf ihre Eltern sehr wütend waren, weil diese sich bei ihrer Entscheidung nur um sich selbst gekümmert hatten. Nur wenige Kinder hatten die Entscheidung der Eltern überhaupt verstanden, geschweige denn, sie für richtig gehalten, auch dann nicht, wenn die Eltern meinten, daß die Gründe auch für ihre Kinder nachvollziehbar sein müßten.

Die Mehrheit der Erwachsenen hatte zwar nach fünf Jahren den Eindruck, daß es ihnen jetzt besser gehe als vor der Scheidung, doch war die Zahl derer, die meinten, es gehe ihnen nicht besser, erstaunlich groß. Die Hälfte der Männer und rund zwei

133 *Wallerstein, J., Blakeslee, S.*: Gewinner und Verlierer. Frauen, Männer, Kinder nach der Scheidung. Eine Langzeitstudie. München 1989, S. 14ff.
134 *Wallerstein, Kelly* 1980 (a), a.a.O. (Fn. 123).

Drittel der Frauen waren mit ihrem Leben zufriedener. Der Rest war entweder auf demselben Stand wie vor der Scheidung oder fühlte sich sogar verwirrter bzw. unglücklicher als während der Ehe.

Aufgrund dieser Ergebnisse richtete Judith *Wallerstein* ihr Interesse mehr auf die Langzeitwirkungen der Ehescheidung wie Veränderungen in der Grundeinstellung und im Selbstbild der Geschiedenen und ihrer Kinder. Die Fragestellungen lauteten jetzt: Unterscheidet sich die Jugend von Scheidungskindern von der anderer Kinder? Bewältigen Erwachsene und Kinder den Scheidungsprozeß unterschiedlich? Wodurch unterscheidet sich die Scheidung von der Verarbeitung eines Todesfalls? Wie wirkt sich die Bewältigung der Ehescheidung auf die Weltsicht des einzelnen aus, auf seine Einstellung gegenüber Beziehungen zu anderen Menschen und seine künftigen Erwartungen?

Diese Folgestudie nach zehn Jahren beschäftigte sich sowohl mit den Kindern, die gut mit der Scheidung zurechtgekommen waren und davon profitiert hatten, als auch mit jenen Kindern, die größere Schwierigkeiten hatten. Außerdem wurden Erwachsene untersucht, die ihr Leben wieder in den Griff bekommen hatten, und solche, die daran gescheitert waren. Die Untersuchten stammten aus denselben Familien, die in den ersten Studien untersucht worden waren. Sie wurden nahezu von denselben Mitarbeitern interviewt, die die ersten Untersuchungen vorgenommen hatten. Diese Folgestudie wurde in den Jahren 1981 und 1982 durchgeführt. Wegen des langen Untersuchungszeitraumes wurden viele erst elf oder fast zwölf Jahre nach der Scheidung nachuntersucht.[135]

Versucht man die Ergebnisse der Folgestudien zusammenzufassen, lassen sich folgende Aussagen formulieren:

1. Für viele Erwachsene und nahezu alle Kinder ist die Scheidung eine schmerzliche Erfahrung. Für die Kinder ist sie fast immer schmerz- und leidvoller als für die Erwachsenen.
2. Sowohl in der Erfahrung von Kindern als auch in der von Erwachsenen stellt die Ehescheidung kein einzelnes, abgeschlossenes Ereignis dar. Es handelt sich

---

135 In den Jahren 1987 und 1988 wurden viele Kinder und Erwachsene erneut nachuntersucht. Die Daten dieser Studie sind noch nicht vollständig dokumentiert und systematisch ausgewertet. Einige Beobachtungen dieser Studie sind in das Buch von *Wallerstein* und *Blakeslee* 1989, a.a.O. (Fn. 133) eingegangen. »Von einigen faszinierenden Veränderungen und Umschwüngen abgesehen«, sollen die meisten Beobachtungen aber »voll den Ergebnissen (der) Folgestudie nach zehn Jahren (entsprechen)«. (*Wallerstein, Blakeslee* 1989, a.a.O. (Fn. 133), S. 20).

vielmehr um einen Prozeß, in dem die juristische Scheidung lediglich einen Übergangsritus markiert. Für die Kinder symbolisiert die Scheidung den Verlust der intakten Familie einerseits und den Verlust eines Elternteils, meist des Vaters, andererseits. Der Scheidungsprozeß beginnt mit der unglücklichen Ehe der Eltern und reicht über die juristische Auflösung der Ehe hinweg bis in weitere Ehen oder weitere Scheidungen hinein. Die juristische Auflösung der Ehe ist nicht so verhängnisvoll, sondern nur ein Teilaspekt des gesamten Prozesses.

3. Die Scheidung hat für Erwachsene und Kinder oft langwierige Folgen. Kinder sind davon in besonderem Maße betroffen, weil die Scheidung der Eltern in entscheidende Jahre ihrer Entwicklung fällt. Ihre Erfahrungen werden Teile ihrer inneren Welt, ihrer Ansichten über sich selbst und über die Gesellschaft, in der sie leben. Die Erfahrungen, die sie schon vor der Trennung der Eltern gemacht haben, werden keineswegs durch die Scheidung ausgelöscht. Kinder, die Zeugen gewalttätiger Auseinandersetzungen zwischen den Eltern wurden, stellten oft fest, daß diese (frühen) Erlebnisse noch zehn oder fünfzehn Jahre später ihre eigenen Beziehungen beherrschten. Für einen Elternteil kann die Scheidung die Befreiung aus einer unglücklichen Ehe bedeuten. Für ein Kind dagegen stellt sie keine Befreiung dar.

4. Fast alle Kinder geschiedener Eltern berichteten, daß ihre Kindheit und Jugend von der Scheidung überschattet wurde. Selbst dann, wenn sie vom Verstand her überzeugt waren, daß es von ihren Eltern richtig war, sich zu trennen, reagierten sie gefühlsmäßig dagegen und machten ihren Eltern Vorwürfe. In vielen Fällen fühlten sie sich nach der Scheidung mehr Belastungen ausgesetzt und weniger geborgen als in der scheiternden Ehe.

5. Kinder aus Scheidungsfamilien streben sehr viel intensiver und früher als Kinder aus intakten Familien in eine dauerhafte Liebesbeziehung und Ehe, wenn sie erwachsen sind. Sie nehmen die Scheidungsproblematik sehr ernst und gerade dies macht ihre eigenen partnerschaftlichen Beziehungen störanfällig, die von einem starken Bedürfnis nach Harmonie geprägt sind.

6. In den Studien von *Wallerstein* standen die Kinder in den Jahren nach der Scheidung ihrer Eltern vor folgenden Problemen:
Die Hälfte der 113 Kinder[136] mußte miterleben, daß Mutter oder Vater sich im Laufe der zehn Jahre nach der ersten Scheidung ein zweites Mal scheiden ließen.
Die Hälfte der Kinder wuchs in Familien auf, in denen es zwischen den Eltern weiterhin offene aggressive Auseinandersetzungen gab.

---

136 Zehn Jahre nach der Trennung erfüllten von 116 Kindern, die noch erreicht werden konnten, 113 die Bedingungen für die Teilnahme an der Untersuchung.

Zwei von fünf Kindern erlebten langfristig ein steiles Absinken ihres Lebensstandards und als Folge davon eine deutliche, dauerhafte Diskrepanz zwischen der wirtschaftlichen Situation im Haushalt der Mutter und der im Haushalt des Vaters. (»Sie drückten sich an den Fensterscheiben im Haus des Vaters die Nasen platt und betrachteten ein Leben, das von Rechts wegen ihres sein sollte.«[137]) Drei von fünf Kindern fühlten sich von mindestens einem Elternteil zurückgewiesen und hatten das Gefühl, ein »psychisches oder wirtschaftliches Relikt einer Reise zu sein, die nie hätte unternommen werden dürfen«.[138]

Viele Kinder entwickelten sich zu mitfühlenden, selbstbewußten und lebenstüchtigen Erwachsenen. Die Kinder, die gut zurechtkamen, konnten im Laufe ihrer Entwicklung auf eigene, innere Ressourcen zurückgreifen und hatten hilfreiche Beziehungen zu einem oder beiden Elternteilen, Großeltern, Stiefeltern, Geschwistern und Lehrern. Einige erlebten später befriedigende Liebesbeziehungen und führten gute Ehen. Andere Kinder hatten das hilfreiche Beispiel von Eltern vor Augen, die es geschafft hatten, ihr Leben nach der Scheidung erfolgreich zu meistern. Wiederum andere kamen gut zurecht, weil sie sich bewußt vom Beispiel ihrer Eltern abgrenzten. Eine kleinere Zahl von Kindern profitierte von der kontinuierlichen Beziehung zu zwei als »gut« erlebten Elternteilen, die – trotz ihrer fortgesetzten Aggressionen und Frustrationen – in der Lage waren, bei der Erziehung der Kinder zu kooperieren.

Die Hälfte der Kinder der Untersuchungsgruppe waren jedoch beim Eintritt ins Erwachsenenleben »deprimierte, manchmal sogar aggressive junge Männer und Frauen, die ihr Leistungsvermögen nicht realisieren konnten. Sie verachteten sich selbst und fühlten sich von den Eltern ausgebeutet. Andere fühlten sich um den Schutz der Familie und die elterliche Fürsorge betrogen, nach der sie sich noch immer sehnten und die sie nie bekommen hatten. Die Kinder, die als junge Erwachsene Probleme hatten, waren durch die Erfahrungen vor, während oder nach der Scheidung ihrer Eltern, geschwächt worden. Sie hatten eine geringe Frustrationstoleranz und erhielten von ihren Eltern oder anderen Menschen oft nur wenig Unterstützung. Einige der Kinder waren auch noch weiterhin für das materielle und psychische Wohlergehen eines kranken Elternteils verantwortlich.«[139]

Vergleichbar mit anderen Untersuchungsergebnissen (s.u.), hatten Jungen aus Scheidungfamilien mehr Schwierigkeiten und mehr Probleme mit der Schule,

---

137 *Wallerstein, Blakeslee* 1989, a.a.O. (Fn. 123), S. 348.
138 *Wallerstein, Blakeslee* 1989, a.a.O. (Fn. 123), S. 348.
139 In Zusammenarbeit mit dem ärztlichen Leiter der Sozialpsychiatrischen Beratungsstelle beim Gesundheitsamt der Stadt Kassel, Herrn Dr. med. *H.-G. Poppe*, werden wir in Kürze eine Untersuchung über streitige Sorgerechtsfälle vorlegen, bei denen das Sorgerecht per Gerichtsbeschluß psychisch kranken Elternteilen übertragen wurde.

im Kontakt mit Gleichaltrigen und im Umgang mit Aggressionen als Mädchen. Im Längsschnitt betrachtet verwischten sich allerdings diese Unterschiede zwischen den Geschlechtern. Als die jungen Frauen alt genug waren, eine Bindung zu einem Mann einzugehen, merkten sie plötzlich, daß sie noch immer Angst- und Schuldgefühle hatten. Diese Spätfolge der Scheidung ihrer Eltern rief chaotische Reaktionen wie z.b. häufig wechselnde Beziehungen, spontane Eheschließungen mit rasch darauf folgender Scheidung usw. hervor. Besonders schwer hatten es Jugendliche, die unmittelbar nach der Scheidung ihrer Eltern in die Pubertät kamen. Sie vermißten die Familienstruktur, sehnten sich nach Schutz und äußerten immer wieder den Wunsch nach klaren Wertvorstellungen. Im Prozeß des Erwachsenwerdens fehlte ihnen die Unterstützung durch die Eltern. Einige gerieten auf die schiefe Bahn. In einer entscheidenden Phase ihres Lebens von den Eltern im Stich gelassen, wurden sie von inneren Zweifeln und Zukunftsängsten gequält.

Wie nicht anders zu erwarten, reagierten jüngere Kinder am schwersten auf die Scheidung der Eltern. In vollem Ausmaß offenbarten sich die Folgen der Scheidung der Eltern dann, wenn aus den Kindern junge Erwachsene wurden. In der Phase, in der junge Frauen und Männer entwicklungsbedingt vor der Aufgabe stehen, eine Liebesbeziehung einzugehen und Intimität aufzubauen, spürten sie das Fehlen eines Modells für eine liebevolle, dauerhafte Beziehung am deutlichsten. Die Angst, die den jungen Menschen nach der Scheidung ihrer Eltern geblieben war, die also innerlich nicht bewältigt werden konnte, behinderte sie, selbst eine intakte Familie zu gründen. Neugegründete Familien wiederum erwiesen sich für intergenerationelle Auswirkungen der Scheidung als sehr anfällig.[140]

5. Langfristige Folgen für das Eltern-Kind-Verhältnis

Die Studien von *Wallterstein* und *Kelly* sowie *Wallerstein* haben wichtige Erkenntnisse über Veränderungen im Eltern-Kind-Verhältnis geliefert. Infolge der langen emotionalen und wirtschaftlichen Abhängigkeit der Kinder von ihren Eltern wirkt sich die Ehescheidung besonders schwerwiegend auf das Verhältnis des Kindes zu seinen Eltern aus. Es besteht Übereinkunft darüber, daß sich die Beziehungen des Kindes zu Mutter und Vater am besten auf der Grundlage einer glücklichen und intakten Paarbeziehung der Eltern entwickeln. Fehlt diese Basis, dann wird die

---

140 S. dazu die ausführlichen Untersuchungen von *Sperling* und Mitarbeitern über »Scheidungsfamilien in einer familientherapeutischen Einrichtung«, die im Abschlußbericht dieses von der DFG geförderten Forschungsprojekts zusammenfassend dargestellt sind (Az II B 7 - Sp. 47/4-1).

Beziehung des Kindes zu seinen Elternteilen oft sehr ambivalent und damit zugleich instabil und fragil. Was bedeutet dies für die Familien und für die Beziehungen des Kindes zu seinen Eltern?

Wie in einer intakten Familie ist auch nach einer Scheidung die kontinuierliche Beziehung des Kindes zu beiden Elternteilen, die verantwortungsbewußt miteinander kooperieren, der entscheidende Faktor für seine weitere Entwicklung. Eine gute kooperative elterliche Fürsorge ist in der Familie nach der Scheidung aber sehr viel schwieriger als in einer intakten Familie zur Verfügung zu stellen.

Scheitert die Paarbeziehung der Eltern, dann sind sowohl Männer als auch Frauen zumindest vorübergehend meist nicht in der Lage, ihre elterlichen Aufgaben ausreichend zu erfüllen. Regressive Prozesse schränken sie in ihrer elterlichen Kompetenz ein. Sie sind wegen des Scheiterns ihrer Beziehung und der Notwendigkeit, sich ein neues Leben aufbauen zu müssen, zu sehr mit sich selbst beschäftigt und fühlen sich dabei schon häufig überfordert. Ein bestehendes Ordnungsgefüge ist zusammengebrochen, ein neues noch nicht aufgebaut. In dieser Phase hochgradiger Labilisierung sind die Eltern meist nicht in der Lage, angemessen auf die Bedürfnisse des Kindes einzugehen, häufig verschwimmen die Grenzen zwischen ihren eigenen Bedürfnissen und denen des Kindes. Die Elternteile haben für die Kinder weniger Zeit, sind weniger in der Lage, auf sie einzugehen, und verlieren das Maß für Gewährung und Versagung.

Es zeigte sich, daß in vielen Familien die elterliche Fürsorge nach ein bis zwei Jahren nach der Trennung der Eltern wiederhergestellt war. In erstaunlich vielen Fällen dauerte der Zustand verringerter elterlicher Fürsorge jedoch an, so daß die erzieherischen Funktionen der Familie dauerhaft gestört waren.

Unter strukturellen Gesichtspunkten ist es richtig davon zu sprechen, daß die Familie durch die Ehescheidung nur in den seltensten Fällen aufgelöst wird. Wenn es sich dagegen meistens um eine familiäre Umstrukturierung handelt, ist damit noch lange nicht sichergestellt, daß diese neue Form des Familienlebens auch dieselben Sozialisationsfunktionen übernimmt, die eine intakte Familie bereitstellen kann. Die Bedeutung der »nachehelichen Elternschaft« für das Wohl des Scheidungskindes ist unbestritten. Da Scheidungskinder durch die Scheidung oft die vertraute Familie und sehr oft auch den Kontakt zu einem Elternteil verlieren, ist jeder Versuch, diese Verluste möglichst gering zu halten, zu unterstützen. Zum einen ist dies durch eine regelmäßig praktizierte Besuchsregelung mit dem abwesenden Elternteil möglich, zum anderen - noch konsequenter - durch ein gemeinsam praktiziertes Sorgerecht. Seitens der Eltern legt man dabei zugrunde, daß sich ihre emotionale Anteilnahme an dem Kind jenseits der Scheidung nicht verändern wird. Tatsächlich zeigte sich, daß »das ganze Geflecht von psychischen Bedürfnissen, Wünschen und Erwartungen, das zwischen Eltern und Kindern besteht, durch das Scheitern der Ehe und den Prozeß der Scheidung radikal modifiziert wurde«.[141] Tüchtige Mütter vernachlässigten ihre Kinder und liebevolle Väter wandten sich plötzlich ab. Aus einer umfassenden amerikanischen Statistik geht hervor, daß 40 Prozent der Kinder vom abwesenden Elternteil (meist dem Vater) nicht mehr besucht wurden. Andere Untersuchungen beziffern zwar den Anteil von Beziehungsabbrüchen niedriger[142], deuten aber dennoch darauf hin, daß es nach einer Scheidung ungemein schwerer ist, eine Eltern-Kind-Beziehung kontinuierlich aufrechtzuerhalten.

Wenn nach wie vor die meisten Kinder nach der Scheidung bei der Mutter bleiben, dann kommt zunächst einmal der Qualität dieser Beziehung die wichtigste Bedeutung für die weitere Entwicklung des Kindes zu. D.h. ihre elterliche Fürsorge ist für die meisten Scheidungskinder langfristig gesehen der wichtigste Faktor für die psychische Entwicklung und das Wohlergehen.

Vor allem die Längsschnittuntersuchungen haben aber auch die Bedeutung des fehlenden Vaters für die Kinder aus Scheidungsfamilien deutlich vor Augen geführt. Trotz aller Bemühungen fiel es den Vätern sehr schwer, über die räumliche Trennung hinweg eine liebevolle und enge Beziehung zu ihren Kindern zu unterhalten, insbesondere dann, wenn einer oder beide Elternteile wieder heirateten. Väter konnten ihre Kinder regelmäßig besuchen und dennoch waren die Beziehungen von beiderseitigen Mißverständnissen und Enttäuschungen geprägt. Väter waren sich der Schwierigkeiten nicht bewußt, was es heißt, die Vater-Kind-Beziehung aus dem Familienalltag in das komplizierte Besuchsverhältnis zu verpflanzen. Rollenkonflikte traten auf. Väter erlebten sich oft überflüssig, unbeteiligt und waren in der Folge den emotionalen Belastungen, die Besuchskontakte mit sich bringen, häufig nicht gewachsen. Jeder Besuch rief ihnen erneut unmißverständlich die Diskontinuität der Vater-Kind-Beziehung ins Bewußtsein. Sie fühlten sich nicht mehr zum alltäglichen Leben ihrer Kinder zugehörig. Es fehlte der ständige Kontakt mit dem Kind, um mit dessen Entwicklung Schritt halten zu können.

Daraus könnte geschlossen werden, daß Scheidungsväter in der Entwicklung ihrer Töchter und Söhne nur eine periphere Rolle spielen. In Wirklichkeit ist das

---

141 *Wallerstein, Blakeslee* 1989, a.a.O. (Fn. 123), S. 276.
142 Im Überblick dazu *Fthenakis* et al. 1982, a.a.O. (Fn. 51), S. 136ff.

Gegenteil der Fall. In den Studien von *Wallerstein* und *Kelly* ersetzte lediglich ein Kind den Vater voll und ganz durch den Stiefvater.[143] Es handelte sich um ein Mädchen, das zum Zeitpunkt der Scheidung der Eltern noch sehr klein gewesen war. Die Mutter hatte bald darauf wieder geheiratet. Das Kind hatte keinen Kontakt zu seinem leiblichen Vater. Während der Pubertät sprach aber auch dieses Mädchen davon, daß es seinen richtigen Vater gerne einmal kennenlernen würde. Auch nach der Scheidung blieben Väter bedeutende psychologische Faktoren in der Entwicklung ihrer Kinder, unabhängig davon, ob sie in deren Nähe blieben und in kürzeren Zeitabständen ein Besuchsrecht praktizierten oder ob sie fortzogen und die Kinder nur gelegentlich (dann jedoch meist länger) sahen.

Aus der Perspektive des Kindes stellte sich die Aufrechterhaltung der Beziehung zum getrenntlebenden Vater ebenfalls höchst kompliziert dar. Manche Kinder warteten sehnsüchtig auf die Kontakte mit dem Vater und stellten ihr gesamtes Verhalten darauf ab, es ihm ja Recht zu machen, damit er auch wiederkäme. Überhaupt waren die Kinder zu großen Zugeständnissen an ihre z.T. durch sehr große Entfernungen von ihnen getrenntlebenden Väter bereit, vorausgesetzt, sie hatten das Gefühl, ihren Vätern wichtig zu sein. Schlimm wirkte es sich für Kinder aus, deren Väter in erreichbarer Nähe waren, die aber keinen oder wenn, dann nur unregelmäßigen Kontakt mit ihnen unterhielten, weil sie sich von ihren Vätern abgelehnt und zurückgewiesen fühlten.

Dort, wo ein kontinuierliches Besuchsverhältnis bestand, wurde ein weiteres Problem offensichtlich: In vielen Fällen gingen die Einschätzungen der Väter und die der Kinder über dessen Bedeutung weit auseinander. Während Väter glaubten, ihr Bestes zu geben und ihre Pflichten im Rahmen des Machbaren zu erfüllen, litten die Kinder unter einem subjektiv empfundenen Mangel und fühlten sich an den Rand gedrängt. Väter meinten, ihren Kindern gegenüber liebevoll und ehrlich zu sein, während die Kinder sich zurückgewiesen fühlten und glaubten, daß ihre Väter logen. Gleichzeitig kam es vor, daß Väter sich gegenüber ihren Kindern wegen der Scheidung und des Fortgehens schämten bzw. Schuldgefühle hatten, während die Kinder ihnen schon längst vergeben wollten.

Fragt man nach den Gründen für diese »Mißverständnisse«, liegt es nahe, sie in unterdrückten aggressiven Triebregungen zu suchen. Kinder aus geschiedenen Ehen vermitteln nahezu übereinstimmend, daß die Trennung von ihren Vätern für sie unerträglich ist. Enttäuschung und Wut tauchen auf. Für Aggressionen ist aber in einer vom Abbruch geprägten, zeitlich begrenzten und ständig vom

---

143 *Wallerstein, Blakeslee* 1989, a.a.O. (Fn. 123), S. 278.

endgültigen Bruch bedrohten Beziehung kein Platz. »Wenn man sich schon mal sieht, dann soll es wenigstens schön sein.« Infolge der fehlenden Konfrontation und Klärung kommt es dann häufig bei Vätern und Kindern zu Haltungen und Einstellungen, die weniger den tatsächlichen Gegebenheiten Rechnung tragen, als von subjektiven Wunschvorstellungen auf seiten der Väter bzw. von Abwertungs- oder Entwertungstendenzen auf seiten der Kinder geprägt sind.

Eines haben die Untersuchungen von *Wallerstein* und *Kelly* jedoch sehr deutlich gemacht: Das Gefühl des Vaterverlustes, das die Kinder erfahren, hat nichts damit zu tun, wie oft sie Besuchskontakt mit ihrem Vater haben. Auch die Kinder ihrer Untersuchungsgruppe, die von den Vätern in den zehn Jahren ein- bis zweimal pro Woche besucht wurden, fühlten sich von ihnen zurückgestoßen.[144] Sollen die schädlichen Folgen dieses Verlustes gemildert bzw. in Grenzen gehalten werden, kommt es darauf an, jenseits der Scheidung eine Beziehungsebene zwischen Vater und Kind zu finden, in der das Kind sich mit all seinen Anteilen akzeptiert fühlen kann. Was in erster Linie zählt, ist also nicht so sehr die gemeinsam verbrachte Zeit, die sowohl bei verheirateten, insbesondere aber bei geschiedenen Vätern, ohnehin immer zu wenig ist, als vielmehr die Qualität der Beziehung. Damit einhergehend gewinnt vor allem die Persönlichkeit des Vaters an Bedeutung.

In Übereinstimmung mit anderen Studien[145] geht aus den Untersuchungen von *Wallerstein* und *Kelly* klar hervor, daß insbesondere der »psychische Allgemeinzu- stand von Jungen nach der Scheidung stark von der Vater-Sohn-Beziehung abhängig ist«.[146] Ist die Beziehung zwischen Vater und Sohn schlecht, leidet der Sohn an einem geringen Selbstwertgefühl. Fühlt sich der Junge vom Vater zurückgewiesen, fehlt die Identifizierung mit den moralischen und ethischen Werten, die vom Vater repräsentiert werden. Scheidungskinder - und hier vor allem Jungen - halten entweder an einem Phantasiebild eines Vaters fest, den sie nie hatten, oder sie suchen sich führungs- und identifikationslos »neue Vorbilder«. »Stiefeltern-Kind-Beziehungen« garantieren nicht ohne weiteres einen Ausweg aus dieser »Orientierungslosigkeit«. Sie bedürfen einer besonderen Pflege und Beach- tung, ehe sie in den »Köpfen und Herzen der Kinder Wurzeln schlagen«.[147] Viele Kinder fühlen sich aus der neuen Familie oder einer neuen Partnerschaft eines oder beider Elternteile eher ausgeschlossen. Aus dem bisher Dargestellten zeichnet sich

---

144 *Wallerstein, Blakeslee* 1989, a.a.O. (Fn. 123), S. 282f.
145 S. dazu *Fthenakis* et al. 1982, a.a.O. (Fn. 51) sowie *Fthenakis, W.E.*: Väter. Bd. 2. Zur Vater-Kind-Beziehung in verschiedenen Familienstrukturen. München, Wien, Balti- more 1985.
146 *Wallerstein, Blakeslee* 1989, a.a.O. (Fn. 123), S. 283.
147 *Wallerstein, Blakeslee* 1989, a.a.O. (Fn. 123), S. 353.

noch eine weitere Fragestellung ab, nämlich die, ob es geschlechtsspezifische Unterschiede zwischen den Reaktionen von Mädchen und Jungen auf die Scheidung ihrer Eltern gibt.

6.   Geschlechtsspezifische Unterschiede in den Reaktionsweisen von Kindern auf die Scheidung ihrer Eltern

Verschafft man sich einen Überblick über die Untersuchungen, die sich näher mit den geschlechtsspezifischen Auswirkungen der Ehescheidung auf Kinder aus Scheidungsfamilien befassen, gewinnt man den Eindruck, daß Jungen es generell schwerer als Mädchen haben, damit fertig zu werden. Das Mutter-Sohn-Verhältnis gilt nach der Scheidung als besonders problembelastet. Insbesondere die Studien von *Hetherington, Cox* und *Cox*[148] sowie die von *Wallerstein* und *Kelly*[149] lieferten eine Reihe von Hinweisen dafür, daß Söhne offenbar mehr als Töchter von negativen Sanktionen ihrer Mütter betroffen waren. D.h. ihnen wurde einerseits die Erfüllung ihrer Wünsche häufiger verweigert und andererseits fehlten ihnen klare Grenzen in der Erziehung, die es ihnen ermöglicht hätten, sich mit ihrem oppositionell-aggressiven, fordernden und einklagenden Verhalten abzuarbeiten. Insgesamt gesehen reagierten Jungen mit stärkeren Verhaltensauffälligkeiten als Mädchen. Diese Verhaltensauffälligkeiten waren in der Interaktion mit der Mutter stärker ausgeprägt als mit dem Vater. Selbst dann, wenn die Mütter nach der Scheidung wieder Ordnung in ihr Leben gebracht - und sich selbst stabilisiert hatten - blieben die Jungen schwieriger als die Mädchen.

Es hat einige Ansätze gegeben, diese Untersuchungsergebnisse zu erklären.[150] Sie sind mehr oder weniger unvollständig. *Rutter* hat die Bedeutung des Dritten in einer vollständigen Familie hervorgehoben[151], mit dessen Hilfe es möglich ist, eine weniger brauchbare Beziehung zu einem Elternteil durch eine brauchbarere zum anderen Elternteil auszugleichen. Dieser sog. »Puffer-Effekt« fehlt in der Einelternfamilie fast gänzlich.

Geschlechtsspezifische Unterschiede in der Sozialisation von Jungen und Mädchen kommen in unvollständigen Familien allem Anschein nach deutlicher zum

---

148 *Hetherington* et al. 1978, a.a.O. (Fn. 96).
149 *Wallerstein, Kelly* 1976, a.a.O. (Fn. 123).
150 Im Überblick *Fthenakis* et al. 1982, a.a.O. (Fn. 51), S. 127ff. und 154f.
151 *Rutter, M.*: Parent-Child-Separation: Psychological Effects on the Children. Journal of Child Psychology and Psychiatry 12, 1971, S. 223-260.

Ausdruck.[152] Vierjährige Mädchen hatten ein geringeres Aktivitätsniveau als gleichaltrige Jungen. Bei 14-jährigen drückten sich diese geschlechtsspezifischen Unterschiede in einem mangelnden Selbstbewußtsein (Mädchen) aus, und die Mütter der untersuchten Jugendlichen neigten dazu, sich nicht nur ihren Männern, sondern auch ihren Söhnen körperlich und intellektuell unterzuordnen. Tatsächlich fällt es vielen alleinerziehenden Müttern sehr schwer, ihren heranwachsenden Söhnen gegenüber als Autorität aufzutreten. Und umgekehrt sind bereits Söhne im jüngeren Alter nicht bereit, mütterliche Autorität in gleichem Maße wie väterliche zu akzeptieren. Demnach machen geschiedene Mütter es ihren Kindern häufig nicht leicht, und oft haben die alleinerziehenden Frauen unter ihren Kindern zu leiden. Diesen »Teufelskreis« wechselseitiger Frustrationen haben *Hetherington, Cox* und *Cox*[153] im Interaktionsstil von Scheidungsfamilien mit aggressiven Kindern beschrieben: Durch die Überbelastungen sind alleinerziehende Mütter in ihrer Kompetenz als Erzieher eingeschränkt. Dadurch wird das aggressive Verhalten der Kinder, insbesondere der Jungen, verstärkt. Durch die dyadische Situation ist die Mutter das Hauptziel der Aggressionen. Sie reagiert wiederum mit Selbstzweifeln an ihrer erzieherischen Fähigkeit, und tritt häufig den Rückzug in die Depression an, wodurch die erzieherische Qualität weiter vermindert wird.

Dort, wo alleinerziehende Elternteile durch Beratung und Behandlung in ihrer schwierigen Situation Hilfe erfahren haben, gelang es häufig einen Erziehungsstil zu finden, der von Herzlichkeit und Wärme auf der einen und vom Einhalten klarer Regeln und Abmachungen, sowie einer häufigen wechselseitigen Kommunikation auf der anderen Seite gekennzeichnet war. Unabhängig davon, ob Mütter oder Väter das Sorgerecht ausübten, standen sowohl bei Töchtern als auch bei Söhnen ein gesundes Selbstwertempfinden und ein reiferes Sozialverhalten mit diesem Erziehungsstil in einem positiven Zusammenhang, während aggressives und einforderndes Verhalten negativ korreliert waren.[154]

Diese Befunde unterstreichen die Bedeutung identifikatorischer Prozesse für die Entwicklung von Kindern und Jugendlichen aus Scheidungsfamilien. Aus der klinischen Praxis ist bekannt, daß junge Erwachsene beim Eintritt in partnerschaftliche Beziehungen und Bindungen nicht über die Erfahrungen hinwegkommen, die sie in ihrem Elternhaus gemacht haben. Anders ausgedrückt: Die Beziehungen

---

152 *Baumrind, D.*: Kindererziehung zwischen Biologie und Emanzipation. Psychologie Heute 8, 1981, S. 66–74.
153 *Hetherington* et al. 1978, a.a.O. (Fn. 96).
154 *Patterson, G.*: Mothers: The Unacknowledged Victims. Paper Presented at the Society for Research in Child Development Meeting. Oakland 1976. Zit. nach *Fthenakis* et al. 1982, a.a.O. (Fn. 94).

zu jedem Elternteil und die Beziehung der Eltern zueinander ist stets gegenwärtig. Dies hat zur Folge, daß Kinder aus Scheidungsfamilien oft die Fehler wiederholen, die ihre Eltern gemacht haben. Die Ursachen für dieses Verhalten liegen im Wesen der Identifizierung, einem psychischen Prozeß, der die Persönlichkeit entscheidend prägt. Eltern sind für Kinder die primären Identifikationsobjekte. Kinder aus gescheiterten Ehen stellen so gesehen keine Ausnahme dar. Sie sehen sich aber Erwachsenen gegenüber, denen es nicht gelungen ist, Konflikte, die sich aus ihrer Paarbeziehung ergeben, anders als durch Trennung zu lösen. Dieser Beziehungsverlauf wird zum Muster für die späteren Erwartungen der Kinder. Sie werden Zeugen schwerer Lebenskrisen der Eltern, und ziehen dann häufig negative Schlußfolgerungen, wenn ein Elternteil glücklich zu sein scheint und der andere unglücklich. Kinder können den Eindruck gewinnen, daß ein Elternteil den anderen in grausamer Weise im Stich gelassen hat. Sie haben Angst, sich mit dem »Opfer« zu identifizieren, weil es ihnen eines Tages selbst so gehen könnte und sie können sich nicht mit dem »Täter« identifizieren, weil sie selbst nicht so böse sein wollen. Selbstverständlich ist es für die Entwicklung der Kinder entscheidend, wie die Eltern in der Ehe miteinander umgegangen sind. Es spielt aber auch eine große Rolle, wie deren Trennung verläuft und wie sie ihr Verhältnis nach der Scheidung gestalten.

Forschungen über die Auswirkungen der Vaterabwesenheit auf die emotionale, kognitive und soziale Entwicklung des Kindes sowie auf das geschlechtsrollenspezifische Verhalten belegen eindeutig die Bedeutung des Vaters.[155] Sie zeigen darüber hinaus, daß sich die Vaterabwesenheit aufgrund einer Scheidung negativer auswirkt, als die infolge seines Todes. Diese negativen Auswirkungen sind um so gravierender, je jünger das Kind bei der Trennung der Eltern ist und je weniger es in der Zeit nach der Scheidung Kontakt mit dem abwesenden Vater pflegt. Und hier scheinen Jungen wiederum stärker betroffen zu sein als Mädchen.

In mehr als vier Fünftel aller Scheidungsfälle bei denen Kinder mitbeteiligt sind, wird das Sorgerecht der Mutter zugesprochen. D.h. die meisten Väter finden sich nach der Scheidung in der Rolle des nichtsorgeberechtigten Elternteils wieder. Mit welchem Selbstverständnis nehmen sie diese Rolle wahr und welche Identifikationsangebote machen sie? Stützt man sich auf Angaben von nichtsorgeberechtigten Vätern bei Direktuntersuchungen, hat man den Eindruck, daß sie zumindest in der Vergangenheit in dem Glauben lebten, für etwas Unterhalt zahlen zu müssen, was ihnen genommen wurde. Für viele Väter reduzierte sich das Besuchsrecht fast

---

155 Im Überblick dazu *Fthenakis, W.E.*: Väter. Bd. 1 und 2. München, Wien, Baltimore 1985.

ausschließlich darauf, in mehr oder minder großen Zeitabständen von der Entwicklung ihrer Kinder einen Eindruck zu bekommen, eine Entwicklung, von der sie glaubten, keinen Einfluß mehr darauf zu haben. Inzwischen ist bekannt, daß diese Annahme falsch ist. Es gibt jedoch Hinweise dafür, daß sich im Bewußtsein der nichtsorgeberechtigten Väter (Mütter) ein Bewußtseinswandel vollzieht. Sie wollen sich in zunehmend größer werdender Zahl weiterhin aktiv an der Betreuung und Erziehung ihrer Kinder beteiligen. Zum einen drückt sich diese wachsende Bereitschaft darin aus, daß im Falle einer Scheidung Väter häufiger das Sorgerecht behalten. Zum anderen suchen nichtsorgeberechtigte Väter und sorgeberechtigte Mütter nach der Scheidung nach neuen Formen familialen Lebens, um den Kindern möglichst viel an Beziehung zu ihren Eltern zu erhalten. D.h. auch eine wachsende Zahl geschiedener Frauen ist bereit, dieses Engagement geschiedener Väter nicht nur zu dulden, sondern sogar zu unterstützen. Konsequent fortgeführt kommt man dann wieder zur freiwilligen gemeinsamen elterlichen Sorgerechtsregelung. Erste Untersuchungen zeigen aber, daß sich die gemeinsame elterliche Sorge für die meisten Familien nicht eignet.[156] Schematische Konzeptionen, die den Anspruch erheben, für alle Scheidungsfamilien brauchbare Lösungen parat zu haben, gehen an der Praxis vorbei. Man wird sich vielmehr darauf einstellen müssen, daß sich auch weiterhin verschiedene Sorgerechtsmodelle für verschiedene Familien eignen. D.h. die Aufgabe lautet, für jede Familie die jeweils beste Lösung zu finden.

D. Zusammenfassung

Die Zahl der Ehescheidungen ist rapide angestiegen. Aller Wahrscheinlichkeit nach wird sie in absehbarer Zukunft weiter zunehmen. Damit werden noch mehr Kinder unter der Scheidung ihrer Eltern zu leiden haben. Sämtliche Bemühungen in Theorie und Praxis zielen heute darauf ab, die schädlichen Auswirkungen der Ehescheidung, insbesondere für die Kinder, möglichst gering zu halten. Die bisher vorliegenden Befunde über Scheidungsfolgen sprechen jedoch eine deutliche Sprache: Die Scheidung ist alles andere als eine normale Erfahrung. Sie hat das moralische Stigma verloren. Viele Erwachsene scheinen heute deswegen weniger darunter zu leiden, geschieden zu werden. Für Kinder stellt sie jedoch unverändert eine schmerzliche Erfahrung dar.

Die vorangestellten Studien, die sich mit den Scheidungsfolgen befassen, sehen sich einer Reihe noch ungelöster Fragen gegenüber. Zum Teil resultieren sie aus

---

156 *Steinman, S.B.*: The Experience of Children in a Joint Custody Arrangement. A Report of a Study. American Journal of Orthopsychiatry 3, 1981, S. 401-414.

einer mangelnden theoretischen Fundierung, aus definitorischen Schwierigkeiten bezüglich des Forschungsgegenstandes, aus der Einschätzung der Bedeutung des Verlustes eines Elternteils, aus der Art der Stichprobenerhebung und aus der angewandten Methodik. Keine der Untersuchungen ist repräsentativ. In der Regel wurden Familien aus der Mittelschicht in der postindustriellen Welt untersucht. Bisher weiß man kaum etwas darüber, welche Erfahrungen Familien aus anderen sozialen Schichten machen und welchen Einfluß die verschiedenen Kulturkreise haben.

Sowohl individuell als auch gesamtgesellschaftlich hat sich allmählich ein Problembewußtsein dafür gebildet, welche Folgen eine Scheidung für Eltern und Kinder haben kann. Lehrer, Geistliche, Sozialarbeiter, Psychologen, Ärzte, Anwälte, Richter und nicht zuletzt Eltern sind besser auf die besonderen Probleme der Familie nach einer Scheidung vorbereitet. In zunehmendem Maße entstehen Beratungsdienste, die im Falle einer Scheidung in Anspruch genommen werden können. Die Gesellschaft ist für die wirtschaftliche Not alleinerziehender Frauen und ihrer Kinder sensibler und beginnt etwas gegen die sog. Feminisierung der Armut zu tun. Zusammengenommen sprechen diese Veränderungen dafür, daß für Scheidungsfamilien die Konstellationen der äußeren Rahmenbedingungen günstiger werden, um die Umstrukturierung der Familie zu bewältigen. Negative Langzeiteffekte bei den Kindern, die in zahlreichen Untersuchungen auf ungünstige äußere Rahmenbedingungen zurückgeführt werden, dürften damit weniger werden.

Auf der anderen Seite muß man feststellen, daß sich die emotionalen Reaktionen von Erwachsenen und Kindern bei einer Scheidung im Laufe der Zeit kaum verändert haben. Die Menge des seelischen Leids hat sich nicht verringert, im Gegenteil, sie ist eher noch größer geworden. Obwohl die Scheidungsproblematik in der öffentlichen Diskussion immer häufiger thematisiert wird, bleibt sie in vielen Familien weiterhin ein Tabu. Eltern vermeiden es, mit ihren Kindern darüber zu sprechen. Man kann davon ausgehen, daß rund die Hälfte aller Eltern, die geschieden werden, ihren Kindern erst am Tag der Trennung oder noch später mitteilen, daß ihre familiäre Welt auseinanderbricht.[157]

---

157 S. dazu *Wallerstein, Blakeslee* 1989, a.a.O. (Fn. 133), S. 353. Mitarbeiter des Familiennotrufs München, einer Modelleinrichtung, die Paare mit Trennungsabsichten, Getrenntlebende und Geschiedene berät, bestätigen die Richtigkeit dieser Zahlenangaben auch für bundesdeutsche Verhältnisse (persönliche Mitteilung).

Der zugegebenermaßen unvollständige Erkenntnisstand liefert Hinweise, die dafür sprechen, daß Kinder, die in zerrütteten Ehen aufwachsen, die nicht geschieden werden, häufig noch schwerere Schäden davontragen als Kinder und Jugendliche aus Scheidungsfamilien. Negative Folgen sind im einen wie im anderen Fall zu befürchten.

Es wurden Faktoren, wie das Alter der Kinder, eine angemessene Neuordnung der Rahmenbedingungen nach der Scheidung, die aktive Bereitschaft und Fähigkeit von Mutter und Vater auch nach der Trennung bzw. Scheidung die Verantwortung für die Erziehung ihrer Kinder zu übernehmen und verantwortungsbewußt miteinander zu kooperieren, aufgezeigt. Sie mögen dazu dienen, die Anpassung an eine neue familiäre Situation zu erleichtern. Es reicht jedoch nicht aus, nur danach zu fragen, ob Kindern die Anpassung an die neue Lebenssituation gelingt oder nicht. Das Kind ist in jedem Fall bereits ein Opfer seiner sozialen Umweltbedingungen geworden.[158] Es gilt wie auch immer weiteren Schaden von der psychischen Entwicklung abzuwenden. Daraus ergibt sich, daß man auch im Falle der Trennung und Scheidung der Eltern nicht nach dem »Wohle des Kindes« sucht, sondern - so der zutreffendere Sprachgebrauch - nach der jeweils »am wenigsten schädlichen Alternative«, wie Joseph *Goldstein*, Anna *Freud* und Albert J. *Solnit* es vorgeschlagen haben.[159] Das »Wohl des Kindes« ist auf jeden Fall immer schon vorher verletzt worden. Diese Auffassung ist bei Gesetzgebern, in der breiteren Öffentlichkeit, bei den Wissenschaften und nicht zuletzt bei den Beteiligten selber auf heftigen Widerstand gestoßen. Für Eltern formuliert sie eine Einsicht, die sie in ihrer schwierigen Situation meist nicht - oder wenn überhaupt, nur unvollständig teilen können.

Auf der gesellschaftlichen Ebene entdeckt man ein eigentümliches Mißverhältnis zwischen der Aufmerksamkeit, die die Familie vor einer Trennung bzw. Scheidung erfährt und der hohen Beachtung, die ihr während und inzwischen zunehmend auch nach der Scheidung zuteil wird. Die Vermutung liegt nahe, daß sich mit dem hohen Anspruch, es bei der Verteilung der elterlichen Sorge besonders gut machen zu wollen, (unbewußt) die Absicht nach Wiedergutmachung für etwas, was vorher versäumt wurde, verbindet. *Derdeyn*[160] sieht in dem großen Interesse am Wohl des Kindes im Scheidungsverfahren auch kollektive (gesellschaftliche) Schuldgefühle ausgedrückt.

---

158 *Goldstein*, et al. 1974, a.a.O. (Fn.12)
159 *Goldstein* et al. 1974, a.a.O. (Fn. 158), S. 49ff.
160 *Derdeyn*, *A.P.*: Child Custody Consultation. American Journal of Orthopsychiatry 45, 1975, S. 791-801/793.

Die wissenschaftliche Auseinandersetzung mit dem Thema Ehescheidung und Scheidungsfolgen ist noch aus einem anderen Grund beeinträchtigt, der m. W. bisher in der Diskussion um das »Kindeswohl« keine Berücksichtigung fand. Die Beschäftigung mit dieser Thematik mobilisiert beim Beobachter Gegenübertragungseinstellungen. Damit sind Verzerrungen der Wahrnehmung gemeint, die aufgrund einer Aktivierung eigener innerer Konflikte beim Beobachter entstehen. Störungen der Wahrnehmung, die das Thema Ehescheidung auslöst. Die Persönlichkeit des Wissenschaftlers ist grundsätzlich für die wissenschaftliche Erkenntnis relevant, weil sie für einen intrapsychisch determinierten Mangel an wissenschaftlicher Objektivität verantwortlich ist. Interessanterweise wird an keiner Stelle der Scheidungsliteratur dieser Zusammenhang mit seinen verschiedenen Implikationen problematisiert. Die wohl bekannteste und umfangreichste Untersuchung über das gemeinsam praktizierte elterliche Sorgerecht stammte von *Roman* und *Haddad*.[161] In den befragten Familien ergab sich als Gesamttendenz, daß Eltern auch nach einer Scheidung das gemeinsame Sorgerecht behalten können und daß diese Regelung gut funktionierte, unabhängig davon, wie die Beziehung zwischen den Eltern war. Wichtig schien dagegen, daß sich die Eltern bezüglich der Kinder weitgehend einig waren und in Fällen unlösbar scheinender Differenzen Kompromiß- und Verhandlungsbereitschaft zeigten. Beide Autoren veröffentlichten kurz darauf das Buch »The Disposable Parent«.[162] Als Anhänger der Vaterrechtsbewegung ging es ihnen um die Stärkung der väterlichen Position nach der Scheidung durch das Konzept der gemeinsamen elterlichen Sorge. Es handelt sich bei den Autoren um Väter, die das Sorgerecht für ihre Kinder nach der Scheidung verloren hatten und hierdurch stark betroffen waren.[163] Bevor die Untersuchung von 40 Familien abgeschlossen war, von denen gemeinsam elterliche Sorge praktiziert wurde, veröffentlichten sie ihr engagiertes Buch.

In einem anderen Fall scheint ebenfalls die Gegenübertragung mit im Spiel gewesen zu sein. *Santrock* und *Warshak* parallelisierten Gruppen von Kindern aus Familien mit alleinerziehender Mutter, alleinerziehendem Vater und beiden Eltern nach sozioökonomischen Status, Familiengröße, Stellung in der Geschwisterreihe usw., um den Einfluß dieser Faktoren auf die kindliche Entwicklung kontrollieren und Auswirkungen der Familienanordnung für sich isolieren zu können. Sie kamen zu dem Schluß, daß Söhne bei ihren Vätern besser leben und dort besser angepaßt

---

161 *Roman, M., Haddad, W.*: The Case for Joint Custody. Psychology Today 11, 1978 (a), S. 96–105.
162 *Roman, M., Haddad, W.*: The Disposable Parent. New York 1978 (b).
163 Vorwort in *Roman, Haddad* 1978 (b), a.a.O. (Fn. 162).

sind als bei der Mutter, während für Töchter die umgekehrte Aussage zuträfe.[164] Diese weitreichende Aussage stützte sich auf ein relativ kleines Untersuchungsgut und Beobachtungen, die ausschließlich unter Laborbedingungen gemacht wurden.

Die Beispiele mögen genügen, um zu zeigen, daß Forschung zumindest auf unbewußter Ebene Selbst-bezogen ist und mehr oder weniger auch eine indirekte Introspektion darstellt.[165] Die Ansicht darüber, wie lange es dauert, bis man sich von der Trennung und Scheidung erholt hat, gehen auseinander. Faßt man die Ergebnisse der Beobachtungen zusammen, kann man wohl davon ausgehen, daß es zwei bis vier Jahre, in den meisten Fällen eher vier Jahre dauert.[166] D.h. Scheidungs- und Scheidungsfolgenforschung ist für viele Forscher ein Feld, das sie aus Selbstbetroffenheit für einen relativ kurzen Zeitraum betreten, um sich dann wieder anderen Aufgaben zuzuwenden.

Das Schicksal von Scheidungskindern und - damit im Zusammenhang stehend - der gesetzgeberische Anspruch, der sich mit dem unbestimmten Rechtsbegriff »Kindeswohl« verbindet, sehen sich so der Gefahr ausgesetzt, in das Spannungsfeld zwischen Idealisierung und Ab- bzw. Entwertung zu geraten.

E. Konsequenzen für die Gestaltung des Rechts und die Rechtspraxis

Vor allem die Soziologie, die Psychologie und die Psychoanalyse haben auf die besonderen Entwicklungsbedingungen des Kindes, die spezifische Relevanz des sozialen Umfeldes und der familialen Interaktion sowie die herausragende Bedeutung der frühkindlichen Zeit für die Ich-Bildung aufmerksam gemacht. Damit wurden die Voraussetzungen für die Anerkennung der Existenz eigener Kindesinteressen geschaffen.[167] Der Rechtsprechung fiel es jedoch schwer, sich dieses Wissen zu eigen zu machen.

Joseph *Goldstein*, Anna *Freud* und Albert J. *Solnit* haben in ihren Veröffentlichungen »Jenseits des Kindeswohls«[168] und »Diesseits des Kindeswohls«[169] wesentliche

---

164 *Santrock, J.W., Warshak, R.*: Father Custody and Social Development in Boys and Girls. Journal of Social Issues 35, 1979, S. 112-125.

165 Vgl. dazu *Devereux, G.*: Angst und Methode in den Verhaltenswissenschaften. München 1967, S. 178-191.

166 *Weiss* 1980, a.a.O. (Fn. 107), S. 370ff.

167 *Simitis, S.*: Das Kindeswohl als Entscheidungsziel: Von der Euphorie zur Skepsis. In: Das Wohl des Kindes. Grenzen professionellen Handelns. Frankfurt/M. 1988, S. 191-206/193.

Entscheidungsrichtlinien, die sich aus diesem Wissen ergeben, das durch allgemeine Erfahrung bestätigt wurde, präzisiert. Geleitet von zwei Überzeugungen, nämlich

1. daß das kindliche Bedürfnis nach dauerhafter Pflege und Sorge durch autonome Eltern verlangt und
2. daß allein das Wohl des Kindes – nicht das Wohl der Eltern oder der Familie maßgeblich ist,

traten sie für ein »Minimum an staatlichen Eingriffen« in die Familienautonomie ein und forderten Zurückhaltung bei der Definition von Rechtfertigungsgründen für Zwangseingriffe in familiäre Beziehungen. Die Autoren formulierten folgende Entscheidungsrichtlinien:

1. Entscheidungen über Unterbringung sollen dem Bedürfnis des Kindes nach langdauernden Bindungen Rechnung tragen.
2. Entscheidungen über Unterbringung sollen sich nach dem kindlichen, nicht nach dem Zeitbegriff der Erwachsenen richten.
3. Gesetze sind außerstande, Gefühlsbeziehungen zu regeln. Unser Wissen befähigt uns nicht, Voraussagen für die Zukunft zu machen.

Die Begründung lautete wie folgt:

Ad 1: Basis für eine normale Entwicklung des Kindes sind dauernde Gefühlsbindungen, dauernde Umwelteinflüsse und stabile äußere Verhältnisse. Wo gravierende äußere Veränderungen (Trennung bzw. Scheidung der Eltern) mit gravierenden inneren (psychischen) Veränderungen einhergehen, ist die Gefahr für das Kind besonders groß, daß seine Entwicklung ins Stocken oder auf Abwege gerät.

In Abhängigkeit vom Lebensalter des Kindes fallen Reaktionen auf Veränderungen in der Umwelt unterschiedlich aus: Am heftigsten reagieren Kleinkinder bis zum Alter von etwa 18 Monaten auf Änderungen in den Betreuungs- und Pflegeverhältnissen. Das Bindungsverhalten des Kleinkindes ist weitgehend von der Stabilität der Außenwelt abhängig. Jede Trennung von einer vertrauten Person erschüttert die Bindungsfähigkeit. Kleinkinder, die sich von der elterlichen Person verlassen fühlen oder verlassen werden, reagieren nicht nur mit akuter Trennungsangst und

168 *Goldstein* et al. 1974, a.a.O. (Fn. 12).
169 *Goldstein*, et al. 1978, a.a.O. (Fn.12).

Trauer, sondern auch mit einer fortwährenden Herabsetzung ihrer Bindungsfähigkeit.

In der folgenden Phase der kindlichen Entwicklung, etwa bis zum Alter von fünf Jahren, beeinträchtigen Trennungen all jene Fähigkeiten des Kindes, die ihre Entstehung der intimen Wechselwirkung mit einer stabilen (»psychologischen«) Elternperson verdanken, mit der Gefahr der Regression in frühkindliche Entwicklungsstufen.

Kinder im Schulalter, die ihre psychologischen Eltern(-teile) verlieren, empfinden die Folgen des Traumas vor allem in bezug auf die Identifizierung mit den elterlichen Ge- und Verboten, ihren Werten und Idealen. Solche Identifizierungen entstehen nur dann, wenn die Gefühlsbindungen an die Eltern stark und stabil sind.

Pubertierende befinden sich in einer Phase der Auflehnung gegen die elterliche Autorität. Nur in der Auseinandersetzung mit den elterlichen Autoritäten wird der Grundstein für die erwachsene Reife und Unabhängigkeit von den Eltern gelegt. Die Unterbrechung der Bindung zu den Eltern ist das Privileg des Adoleszenten. Ziehen sich dagegen die psychologischen Eltern zurück oder wenden sie sich von ihm ab, mißlingt dieser Ablösungsprozeß.

Für den Fall der Trennung bzw. Scheidung der Eltern ist dem Bedürfnis des Kindes nach Dauerzuständen insofern Rechnung zu tragen, daß schnell eine Entscheidung über die Übertragung der elterlichen Sorge gefällt wird, die es dem sorgeberechtigten Elternteil vorbehält, alle weiteren Maßnahmen der elterlichen Sorge selbst zu treffen. Besuchsrechte für den anderen Elternteil sollten nicht vom Gericht festgesetzt werden, sondern vom sorgeberechtigten Elternteil je nach Bedarf des Kindes geregelt werden. Die Autoren sehen es nicht als Aufgabe des Staates an, »die von den Eltern selbst gefährdete Liebesbindung an den abwesenden Elternteil entweder zu unterbrechen oder zu erhalten«, weil »solche Aufgaben nur von den Eltern selbst erfüllt werden können.«[170] Für Kinder ist es erfahrungsgemäß schwer, nach einer Trennung Gefühlskontakt mit beiden Elternteilen aufrechtzuerhalten. Nutzen ziehen sie nur daraus, solange die Erwachsenen selbst eine positive Beziehung zueinander haben.

---

170 *Goldstein* et al. 1974, a.a.O. (Fn. 12), S. 38. Gleichlautend *Lempp, R.*: Schriftliche Stellungnahme. In: Zur Sache 1/78. Elterliches Sorgerecht. Sachverständigenanhörung, Gesetzestexte. Bonn 1978, S. 53-56.

Ad 2: Als erste haben *Goldstein, Freud* und *Solnit* bei dem Versuch, Dauer und Kontinuität in der Betreuungs- und Pflegesituation des Kindes zu gewährleisten, auf die Beachtlichkeit des Zeitbegriffes des Kindes aufmerksam gemacht. Im Gegensatz zum Erwachsenen, der die Zukunft antizipieren kann, leben Kinder ganz in der Gegenwart und messen Zeitabläufe nach der Dringlichkeit ihrer Triebregungen und Gefühlsansprüche. Kleinkinder lernen nur sehr allmählich zu verstehen, welche Handlungen der Eltern ihre Bedürfnisse befriedigen oder daß Personen, die verschwinden, auch wieder auftauchen können. Erst die ständige Wiederholung dieser Erfahrung führt zu der Fähigkeit, Aufschub zu ertragen und allmählich eine Vorstellung von Zukunft aufzubauen.

Weder reichen das Gefühlsleben noch die kognitiven Funktionen des Kleinkindes aus, um die Abwesenheit der Eltern für mehr als nur einige Tage zu ertragen. Es ist wegen der Unreife seines Gedächtnisses außerstande, für längere Zeit an der Vorstellung seiner abwesenden Eltern festzuhalten. Dies ermöglicht zwar auf der einen Seite eine relativ rasche Anpassung des Kleinkindes an Ersatzfiguren, vorausgesetzt, diese sind für das Kind ausreichend gut genug, auf der anderen Seite wird jedoch die Bedeutung des vorangegangenen Verlusts mit ihren Auswirkungen für die weitere Entwicklung der Persönlichkeit des Kindes oft als zu geringfügig eingeschätzt.

Entscheidend für den kindlichen Zeitbegriff ist die Tatsache, welcher Teil der kindlichen Persönlichkeit die Zeit mißt. Zumindest für das Kleinkind gilt, daß es der impulsive, egozentrische Anteil seiner Person ist, der keinen Aufschub bei der Suche nach Befriedigung und Lust zuläßt. Das Kind lernt erst mit fortschreitender Reife zu warten und Zusammenhänge zwischen Ursachen und Folgen zu verstehen. Erst mit dem Eintritt in das Jugendlichenalter entwickelt sich ein objektiver Zeitbegriff. Bis dahin wird die Zeit vom Kind subjektiv aufgrund von Versagungs- und Ungeduldsgefühlen gemessen.

Für Kinder ist die Bedeutung der elterlichen Abwesenheiten also abhängig von der Dauer, ihrer Häufigkeit und dem Entwicklungsstand des Kindes. Je jünger das Kind ist, desto kürzer ist die Zeit, nach der eine Trennung als endgültiger Verlust erlebt wird. Daraus resultiert, daß der Zeitsinn des Kindes und sein Bedürfnis nach dauerhaften Verhältnissen untrennbar miteinander verbunden sind. Eine gesetzliche Einmischung in sein Schicksal muß diese Zusammenhänge respektieren. D.h. Entscheidungsprozesse müssen beschleunigt werden, um eine noch bestehende Eltern-Kind-Beziehung zu sichern oder um die Anknüpfung neuer Ersatzbeziehungen zu ermöglichen.

Ad 3.: Private Beziehungen zwischen Menschen verlangen nach privaten Regelungen. Im Grundsatz wird dieser Standpunkt vom Recht anerkannt. Stößt die Familie mit ihrer autonomen Konfliktregelungsfähigkeit an ihre Grenzen, öffnet sich im Falle der Trennung bzw. Scheidung der Eltern mit dem »Kindeswohl« das Tor für die rechtliche Intervention. Sowohl bei den direkt Betroffenen als auch bei den am sorge- bzw. umgangsrechtlichen Verfahren beteiligten Berufsgruppen besteht die Tendenz, den Einfluß, besser gesagt, die Macht, die das Gesetz hat, zu überschätzen. *Goldstein, Freud* und *Solnit* tragen zu einer Entmystifizierung der gerichtlichen Entscheidung bei, wenn sie hervorheben, daß das Gericht nicht imstande ist, menschliche Beziehungen herzustellen, sondern sie in Wirklichkeit nur anerkennen kann, wo sie vorhanden sind bzw. Entwicklungsmöglichkeiten fördern kann, wo sie im Entstehen sind.[171]

Die täglichen Vorgänge zwischen Eltern und Kindern entziehen sich einer rechtlichen Regelung. Aber gerade sie sind es, die die Entwicklung des Kindes bestimmen. Bei der gesetzlichen Intervention ist daher stets im Auge zu behalten, was sie zu leisten vermag und was nicht. Unter Berücksichtigung des kindlichen Bedürfnisses nach Kontinuität und des kindlichen Zeitbegriffes kann festgestellt werden, daß Kinder im Falle der Trennung bzw. Scheidung der Eltern umso gefährdeter sind, je jünger sie sind und je länger die Trennung von den Personen, zu denen sie eine psychologische Bindung haben sowie die Unentschiedenheit über ihr Schicksal dauern.

In der Praxis spielen die sog. gleichgelagerten Verhältnisse im Sorgerechtsstreit eine wichtige Rolle. Gemeint sind die Fälle, in denen beide Elternteile als Sorgeberechtigte geeignet sind, über die gleichen Qualifikationen verfügen und in denen das Kind sowohl zur Mutter als auch zum Vater eine gute Beziehung hat, ohne daß für die Außenstehenden nennenswerte Unterschiede im Bindungsverhalten erkennbar sind. Es ist bekannt, daß gerade in diesen Fällen mit einer z.T. extrem langen Verfahrensdauer gerechnet werden muß, die das Bedürfnis des Kindes nach einer schnellen Klärung seiner Situation zutiefst verletzt. Orientiert man sich am Kontinuitätsprinzip, dann kommt am ehesten der Elternteil als Sorgeberechtigte(r) in Betracht, der in der Vergangenheit überwiegend die Betreuung und Versorgung des Kindes sichergestellt hat.

Macht ein Gericht hingegen den Versuch, mit seiner Sorgerechtsentscheidung die Zukunft des Kindes vorausplanen zu wollen, indem es die Sorgerechtsübertragung an bestimmte Bedingungen knüpft, deren Notwendigkeit mit Erkenntnissen der

---

171 *Goldstein* et al. 1974, a.a.O. (Fn. 12), S.46f.

außerjuristischen (psychologischen) Disziplinen begründet wird, dann überschreitet es deren Aussagebereich bei weitem. Trotz des inzwischen vorhandenen Wissens über die Auswirkungen und Folgen der Scheidung für Kinder und Jugendliche, kann man im konkreten Fall nicht voraussagen, welchen Einfluß die Wechselbeziehungen zwischen dem Kind und seinen Elternteilen letzten Endes tatsächlich auf die Entwicklung seiner Persönlichkeit und seines Charakters haben werden. Bestenfalls ist es möglich, Bedingungen aufzuzeigen, die für die kindliche Entwicklung günstiger bzw. ungünstiger sind.

Die Einsicht, daß jede, noch so einleuchtende Trennung von seinen wichtigsten Bezugspersonen stets nur »die am wenigsten schädliche Alternative« darstellt, stößt nach wie vor auf Widerstand. Dagegen haben sich sowohl der Gesetzgeber als auch die Rechtspraxis zu eigen gemacht, daß es im Falle der Trennung oder Scheidung der Eltern darum geht, die gegenwärtig für das Kind wichtigste, tragfähigste Beziehung zu erhalten (s. dazu das nächste Kapitel). Ebenso bildet sich zunehmend ein Bewußtsein dafür, daß alle Versuche, mehr, Besseres, Weiterzielendes erreichen zu wollen, das Risiko für das Kind nur erhöhen, spekulative Vorteile mit aktuellen Schäden zu erkaufen. Es dient weder den Interessen und Bedürfnissen des Kindes noch der Rechtssicherheit, wenn im Rahmen der gerichtlichen Sorgerechtspraxis Anstrengungen unternommen werden, elterliche Qualitäten bestimmen zu wollen, die für sich wandelnde gesellschaftliche und persönliche Wertvorstellungen besonders anfällig sind.

2. Kapitel

Realitäten, Möglichkeiten und Grenzen der Sorgerechtsregelung in der Praxis von Gerichten

A. Einleitung

Der Informationsstand über Realitäten, Möglichkeiten und Grenzen der gerichtlichen Sorgerechtsregelung ist unzureichend. In der Bundesrepublik Deutschland war die Sorgerechtsregelung in der Praxis von Gerichten lediglich zweimal Untersuchungsgegenstand größerer wissenschaftlicher Studien.

B. Beiträge zur Rechtstatsachenforschung

I. Die interdisziplinäre Studie »Kindeswohl«

In den Jahren von 1973-1976, als der gesetzgeberische Reformprozeß noch im vollen Gange war, untersuchte die Frankfurter Forschergruppe »Familienrecht«, der Juristen, Soziologen, Pädagogen und Psychoanalytiker angehörten, auf der Grundlage von Aktenanalysen, Fragebögen und Interviews mit Richtern erstmalig, wie das »Kindeswohl« in der vormundschaftsgerichtlichen Praxis[1] konkretisiert und gewährleistet wird. 1977 wurde der Öffentlichkeit ein vorläufiger Schlußbericht des von der Deutschen Forschungsgemeinschaft geförderten Projekts vorgestellt. Dazu nahm die Hessische/Niedersächsische Allgmeine (HNA) in ihrem Kommentar vom 1. April 1978 wie folgt Stellung: »Kinder, die vernachlässigt und mißhandelt oder Opfer eines hartnäckigen Elternstreits um Sorge- und Besuchsrechte nach der Scheidung werden, können höchst selten vor Gericht mit einer angemessenen Beachtung ihrer Interessen rechnen. Dies gilt ganz besonders im Hinblick auf die unzureichende Berücksichtigung des psychischen Kindeswohls.«

---

1   Nach dem alten Recht mußte das eigentliche Scheidungsverfahren vom zuständigen Landgericht durchgeführt werden. Für die Übertragung der elterlichen Gewalt nach Scheidung war der Vormundschaftsrichter zuständig. Mit dem neuen Scheidungsrecht werden das Scheidungsverfahren selbst und die sog. Folgesachen zusammen durch einen Familienrichter entschieden.

Die Kindeswohl-Studie[2] hatte nämlich gezeigt, daß

- die psychische Dimension des Kindeswohls in den Ermittlungen kaum erfaßt und in den Entscheidungen kaum berücksichtigt wird;
- lediglich in ca. 2 Prozent der untersuchten 317 Verfahren Gutachten eines psychologischen oder ärztlichen Sachverständigen eingeholt wurden;
- bei Sorgerechts- und Besuchsregelungen Kinder nur in 7-9 Prozent aller Fälle vom Richter angehört wurden;
- Eltern nur in knapp der Hälfte aller Verfahren angehört wurden;
- Richter nicht in der Lage sind, die Informationen zur psychischen Situation des Kindes zu verstehen und das Ausmaß der dadurch angezeigten psychischen Gefährdung der Kinder wahrzunehmen;
- das Kindeswohl auf rein materielle Aspekte eingeengt wird;
- Organisation und Ablauf des Verfahrens auf die Belastungen, die sich aus der Verfahrensdauer für die Familien und insbesondere für die Kinder ergeben, keine Rücksicht nehmen.

Im Laufe der letzten Jahrzehnte haben die Pädagogik und die Kinderheilkunde, vor allem aber die psychologischen Wissenschaften ein weit verzweigtes, über die Grenzen von Schulen und Richtungen hinausreichendes übereinstimmendes Basiswissen über die kindlichen Lebens- und Entwicklungsbedürfnisse sowie über die Dynamik familiärer Konflikte und deren Auswirkungen auf heranwachsende Kinder zusammengetragen. An einem Mangel an verfügbarem Wissen kann es demnach kaum gelegen haben, wenn die psychische Dimension des »Kindeswohls« in der gerichtlichen Praxis weitgehend unberücksichtigt geblieben ist. Der Grund für die einseitige Interpretation dessen, was unter dem »Kindeswohl« verstanden wurde, war ein anderer: Die Rechtsordnung und ihre Institutionen haben dieses außerjuristische Wissen einfach ignoriert. Diese Abwehr gegen psychologische Einsichten wurde mit Zweifeln an deren Wissenschaftlichkeit, dem Realitätsgehalt und somit der Vertrauenswürdigkeit begründet.

Die Ergebnisse der interdisziplinären Studie Kindeswohl hatten sowohl für die Gestaltung des Rechts als auch dessen Anwendung weitreichende Konsequenzen. So soll nach der Gesetzesreform kein Richter mehr eine Entscheidung über ein Kind treffen, daß er nicht selbst angehört hat, es sei denn, die Anhörung als solche bedeute eine Gefährdung des »Kindeswohls«. Indem der Gesetzgeber außerdem die Bindungen des Kindes als einziges ausdrücklich erwähntes sorgerechtsrelevantes

---

2   *Simitis, S., Rosenkötter, L., Vogel, R. et al.*: Kindeswohl - eine interdisziplinäre Untersuchung über seine Verwirklichung in der vormundschaftsgerichtlichen Praxis. Frankfurt/M. 1979.

Kriterium in den Gesetzestext aufnahm, schloß er sich einer Sichtweise an, die vor allem von Kinderpsychiatern und Psychoanalytikern vertreten wird[3], wonach es im Falle einer Trennung oder Scheidung der Eltern für das Kind vor allem darauf ankomme, den bereits entstandenen Schaden zu begrenzen. Dies sei am besten gewährleistet, wenn man sich darum bemühe, die gegenwärtig für das Kind wichtigste und tragfähigste Beziehung zu erhalten.

Die Kindeswohl-Studie hat die Bedeutung der Rechtstatsachenforschung für das Gebiet der kinderbezogenen Verfahren des Familienrechts nachdrücklich unter Beweis gestellt. Um so mehr überrascht es, daß annähernd zehn Jahre vergehen mußten, bis die gerichtliche Sorgerechtspraxis wieder Gegenstand einer größeren wissenschaftlichen Studie wurde. Die Frankfurter Psychoanalytikerin und Rechtswissenschaftlerin Gisela *Zenz* hatte bereits 1980 im Vorwort einer Ausgabe der Zeitschrift »psychosozial«, die sich mit dem Schwerpunktthema »Kinder im Recht« befaßt[4], darauf hingewiesen, daß es vor allem darauf ankommen wird, »wie diese neuen Normen angewendet werden. Man kann die gesetzliche Ausnahme praktisch zur Regel machen und Kindesanhörungen in vielen Fällen als »Gefährdung des Kindeswohls« vermeiden, man kann sie auch zur Formalität werden lassen. Die neuen Normen können aber auch als Chance wahrgenommen werden, um die eigenen Überzeugungen immer wieder am Erleben der Betroffenen und im eigenen Miterleben zu überprüfen.«[5]

II. Die Anhörung des Kindes gemäß § 50b FGG

Zwischen 1983 und 1986 untersuchte die Forschergruppe um Reinhart *Lempp* (Tübingen) im Auftrag des Bundesministeriums der Justiz, wie derzeit die Anhörung von Kindern unter 14 Jahren durch die Familien- und Vormundschaftsrichter in der ersten und zweiten Instanz gehandhabt wird und welche Einstellungen die Richter zu dem neu eingeführten Paragraphen 50b FGG haben. Außerdem sollte herausgefunden werden, inwieweit Kinder durch solche Anhörungen belastet

---

3   Im deutschsprachigen Raum sind dies vor allen die Kinder- und Jugendpsychiater *Reinhart Lempp* (Tübingen), *Helmut Remschmidt* (Marburg) und *Johannes Pechstein* (Mainz). Aus psychoanalytischer Sicht sind hier die Arbeiten von *Anna Freud* hervorzuheben, die zusammen mit dem Juristen *Joseph Goldstein* und dem Kinder- und Jugendpsychiater und Psychoanalytiker *Albert J.* Solnit sowohl die Praxis als auch Theorie wesentlich beeinflußt hat.

4   psychosozial 3, 1980.

5   *Zenz, G.:* Vorwort. In: psychosozial 3, 1980, S. 5-14/8.

werden.[6] Mit einer bundesweit durchgeführten Fragebogenerhebung wurden Familien- und Vormundschaftsrichter schriftlich befragt, wie sie die Anhörung von Kindern handhaben. In Baden-Württemberg wurde zusätzlich eine Beobachtungsstudie von Kindern durchgeführt, in der die Richter zur Thematik auch interviewt wurden.[7]

2478 Fragebögen wurden an Richter verschickt. 495 kamen zurück. Davon konnten 445 ausgewertet werden.[8] Gemessen an der Bedeutung dieser Untersuchung muß man die Rücklaufquote als erschreckend niedrig einstufen. Man fragt sich zunächst, wie wohl die Einstellung der Richter zu ihrer Tätigkeit ist, wenn die überwiegende Mehrzahl es nicht für notwendig hält, sich an einer derartigen Studie zu beteiligen. Ist es bloßes Desinteresse, oder hat man Zweifel an der Güte richterlichen Handelns? Das wesentlichste Ergebnis der ausgewerteten Fragebögen: Richter stehen der Kindesanhörung gemäß § 50b FGG überwiegend positiv gegenüber. Zwei Drittel der Befragten sehen darin einen Fortschritt. Im einzelnen:

- in der Handhabung des § 50b FGG gibt es erstaunlich große Unterschiede;
- ca. 40 Prozent der befragten Richter hören Kinder häufig an;
- ca. 40 Prozent der befragten Richter hören Kinder selten an;
- 6 Prozent der Richter hatten im Jahre 1982 in Sorgerechtsverfahren keine Anhörung durchgeführt;
- 4 Prozent der Richter hörten im selben Zeitraum über 100mal Kinder an;
- keiner der befragten Richter hatte nie Kinder angehört.

Als häufigsten Grund, um von einer Anhörung abzusehen, nannten Richter das Alter des Kindes. D.h. sie bringen den Gewinn der Anhörung in Zusammenhang mit dem Alter des Kindes. So hält es mehr als die Hälfte der befragten Richter für möglich, sich schon bei vier- bis sechsjährigen Kindern ein Bild über deren Bindungen und Neigungen machen zu können. Den Subjektstatus schreiben Richter aber erst den über siebenjährigen Kindern zu. Am zweithäufigsten wurde dann von einer Anhörung Abstand genommen, wenn dem Gericht ein von den

---

6   *Lempp, R., von Braunbehrens, V., Eichner, E., Röcker, D.*: Die Anhörung des Kindes gemäß § 50b FGG. In: Rechtstatsachenforschung - Herausgegeben vom Bundesministerium der Justiz. Köln 1987.

7   S. dazu *von Braunbehrens, V.*: Bericht über das Projekt zur Anhörung von Kindern vor Gericht und der Handhabung des § 50b FGG. Fragmente 22, 1986, S. 135-147.

8   Die genaue Zahl der im Bereich der Familien- und Vormundschaftgerichte tätigen Richter konnte nicht für alle Bundesländer festgestellt werden. Die Untersucher gehen davon aus, daß mehr Fragebögen zur Aussendung kamen als erforderlich gewesen wären. Rein rechnerisch ermittelten sie eine Rücklaufquote von 23,4 Prozent.

Eltern gemeinsam getragener Vorschlag über die Plazierung des Kindes vorlag. Erst an vierter Stelle rangierte der Grund, daß die Anhörung die Kinder seelisch zu sehr belasten würde. Anhörungen dauern in der Regel zwischen zehn Minuten und einer Stunde. Die Untersucher kamen zu dem Schluß, daß »die Richter, die zumindest gelegentlich länger anhören, ...das Kind und seine Bedürfnisse auch eher in anderer Hinsicht (berücksichtigen). Sie geben öfter einen eigenen Anhörungstermin, laden öfter nur den Elternteil ein, bei dem das Kind lebt und führen das Gespräch öfter allein im Richterzimmer. Gelegentlich gehen sie auch in die elterliche Wohnung ... .«[9] Sehr unterschiedlich beurteilen die Richter die mögliche Belastung eines Kindes durch die Anhörung. Richter mit kurzer Berufserfahrung und Richter, die wenig anhören, sehen in der Anhörung des Kindes eine erhebliche, über den Anlaß des Verfahrens hinausgehende Belastung des Kindes. Mit zunehmender Berufserfahrung der Richter wird die Belastung geringer eingeschätzt.»In unstreitigen Verfahren hält aber nur die Hälfte der »anhörungsfreudigen« Richter die Belastung des Kindes durch den Gewinn für aufgewogen... Jeweils ca. 40 Prozent der Richter wünschen die Einführung einer unteren Altersgrenze, bzw. die Möglichkeit, bei nicht streitigen Sorgerechtsverfahren auf die Anhörung verzichten zu können.«[10]

Weder die interdisziplinäre Studie »Kindeswohl« noch die Untersuchungen von *Lempp* und Mitarbeitern stellen die Feststellung in Frage, daß die Rechtstatsachenforschung in diesem Bereich noch in den Anfängen steckt.

III. Beiträge zur Sorgerechtsbegutachtung

Das Spezialgebiet der Sorgerechtsbegutachtung hat sich rein pragmatisch entwickelt. Obwohl das Problem der Begutachtung bei sog. streitigen Sorge- und Umgangsregelungen in der Praxis von Gerichten ständig an Bedeutung gewinnt, sind weder die Begutachtung noch deren Methoden und Ergebnisse zum Gegenstand größerer Untersuchungen gemacht worden. Das Spektrum der im Folgenden zusammengestellten Arbeiten reicht von Kriterienkatalogen zur Bestimmung des »Kindeswohls«, die dem Wunsch nach verbindlichen Richtlinien Rechnung tragen sollen, bis hin zu evaluativen Studien über die Tragfähigkeit einzelner Entscheidungskriterien und kasuistischen Mitteilungen. Eine systematische Darstellung dieser Arbeiten ist nicht möglich. Die Auswahl erfolgt in erster Linie nach dem Kriterium der Bedeutung, die sie für die gerichtliche Sorgerechts- und Begutachtungspraxis gewonnen haben.

---

9   *Lempp* et al. 1987, a.a.O. (Fn. 6), S. 16.
10 *Lempp* et al. 1987, a.a.O. (Fn. 6), S. 16

1. Arntzens Grundriß einer forensischen Familienpsychologie

Nach Inkrafttreten des neuen Scheidungs- und Sorgerechts legte *Arntzen* als einer der ersten eine »Untersuchungsstudie« vor, die als »empirische Basis für einen Grundriß der forensischen Familienpsychologie« dienen soll.[11] Laut Angaben des Autors liegt seinen Ausführungen das Material von insgesamt 1055 familienpsychologischen Begutachtungsfällen zugrunde, die systematisch ausgewertet wurden. Dabei sei in 320 Begutachtungsfällen eine »nachgehende Befragung« zur Erkundung des weiteren Verlaufs der Sache erfolgt. Statistische Angaben, die im Verlauf seiner Darlegungen gemacht werden, beziehen sich auf dieses Material. Man vermißt allerdings eine ausführliche Darstellung der Untersuchung. Es fehlen sowohl eine Beschreibung des Untersuchungsmaterials, der Methodik als auch Hinweise darauf, nach welchen Kriterien das umfangreiche Material ausgewertet wurde. *Arntzen* liefert keine fallbezogenen Belege, die die vielen in seinem Buch vermittelten Einsichten und Ratschläge stützen. Sie sind als »Hilfe für die Familienrichter, Gutachter und Mitarbeiter der Jugendämter« gedacht und sollen der »Erleichterung einer didaktischen Verwertung« dienen. So gibt er denn auch viele praktische Hinweise, wie psychologische Erkenntnisse und Methoden in der Familiengerichtsbarkeit heute nutzbar gemacht werden können. Anhand des Kapitels III (»Die Umgangsregelung bei Kindern aus geschiedener Ehe«) kann dies beispielhaft dargestellt werden.

Arntzen unterscheidet zunächst drei Gruppen: 1. Kinder, für die Besuche beim nichtsorgeberechtigten Elternteil angebracht sind, 2. solche, für die sie nicht angebracht sind und 3. »Kinder, die sich in einer Konfliktsituation befinden, in der eine Besuchsregelung teils angebracht, teils nicht angebracht ist, was im einzelnen endgültig und erst je nach Fall entschieden werden muß.«[12]

Für die erste Gruppe führt er an, daß in »einer goßen Zahl von Fällen ... psychologische Momente eindeutig dafür« sprechen: »Es sind die Fälle, in denen eine emotionelle Bindung des Kindes an beide Eltern besteht und der Sorgeberechtigte den Besuchen einigermaßen neutral gegenübersteht. Es ergaben sich bei psychologischen Explorationsgesprächen und Tests in Familiensachen immer wieder enge gefühlsmäßige Bindungen der Kinder an beide Eltern. Es wurde schon an anderer Stelle erwähnt, daß in entsprechenden Begutachtungsfällen des Bochu-

---

11 *Arntzen, F.*: Elterliche Sorge und persönlicher Umgang mit Kindern aus gerichtspsychologischer Sicht. Ein Grundriß der forensischen Familienpsychologie. München 1980.

12 *Arntzen* 1980, a.a.O. (Fn. 11), S. 25ff.

mer Instituts für Gerichtspsychologie 82 Prozent der Kinder wünschen, daß die
Eltern wieder zusammenziehen möchten. Daß dieser hohe Prozentsatz früher nicht
in Erscheinung getreten ist, wie man aus der älteren Literatur zu Scheidungsfolgen
entnehmen kann, liegt unseres Erachtens an der erheblichen Verfeinerung der
psychologischen Verfahren, die in neuerer Zeit erfolgt ist und die es dem Kind
leicht macht, seine wirklichen Wünsche zu äußern.« Im Fettdruck erscheint dann
einer der »Lehrsätze«: »Gerade in dem Wunsch nach dem Zusammenbleiben der
Eltern steckt implicite eindeutig auch der Wunsch, mit beiden Eltern Kontakt zu
halten.« Es folgen in diesem Abschnitt noch vier weitere »Lehrsätze«:

1. »Werden Besuche unterbunden, so bleibt bei diesen Kindern eine ungestillte
   Sehnsucht nach dem abwesenden Elternteil, die nach unseren Beobachtungen
   stärkere und schädlichere psychische Auswirkungen haben kann als die vorübergehenden Beunruhigungen, zu denen es anfangs bei Besuchen kommt,
   die der sorgeberechtigte Elternteil nicht wünscht.«
2. »Allgemein gilt offenbar, daß ein Kind die Scheidung seiner Eltern psychisch
   leichter verarbeitet, wenn es zu beiden Eltern Kontakt behält, als wenn nur
   die Verbindung zum sorgeberechtigten Elternteil bleibt ...«
3. »Im Interesse der Kinder ist es auch, wenn durch freiwillige Vereinbarung der
   recht oft enge Kontakt zu den Großeltern aufrechterhalten wird.«
4. »Die eigentliche Elternschaft, die mindestens ein »Dreigespann« voraussetzt,
   geht zwar mit der Scheidung zu Ende, in der genannten Literatur wird aber
   übersehen, daß Mutterschaft und Vaterschaft dennoch bestehen bleiben.«

Scheidungskindern soll also möglichst viel an gewachsenen Beziehungen erhalten
bleiben. Regelmäßige Besuche der Kinder beim abwesenden Elternteil hält
Arntzen jedoch für »unangebracht« (Gruppe 2), wenn das Kind eine »anhaltende
innere Abneigung ... dem nichtsorgeberechtigten Elternteil gegenüber« hat. Gründe, die dafür in Betracht kommen, sieht er in einer physisch oder psychisch
schlechten Behandlung oder Mißhandlung des Kindes während der Zeit des
Zusammenlebens, in völliger Nichtbeachtung des Kindes sowie in häufiger Trun-
kenheit mit aggressiven Handlungen, Delikten oder Psychosen bestimmter Art.
Besuche werden auch in jenen Fällen ausgesetzt werden müssen, »in denen ein
Kind die von anderen Personen induzierte Gegeneinstellung[13] weitgehend über-

---

13 Im ersten Kapitel seines Buches macht *Arntzen* den Versuch, die psychische Situation
    des Kindes in seiner Beziehung zu den geschiedenen Eltern darzustellen. Das Kind
    könne gegenüber einem oder beiden Elternteilen Zu- und (oder) Abneigung empfin-
    den. Eine »kleinere Gruppe von Kindern« könne einem Elternteil gegenüber auch
    »gleichgültig« sein. Von diesen »echten« Beziehungen unterscheidet er Kinder, bei
    denen »die Einstellung zu einem Elternteil durch äußere Einflüsse verdeckt oder sogar

nommen, integriert und sie zu einer eigenen bewußten Einstellung gemacht hat, während höchstens noch eine unbewußte Bindung an den abwesenden Elternteil besteht«. Leidet der abwesende Elternteil unter einer »erheblichen Persönlichkeitsstörung«, dann wird - so *Arntzen* - auf Besuche verzichtet werden müssen, weil es das Kind »beängstigen« oder gar »gefährden« könnte.

Bei Konfliktsituationen unterscheidet *Arntzen* zwischen solchen, in denen Besuche möglich sind und jenen, wo auf die »Durchführung von Besuchen ... wenigstens zeitweilig verzichtet werden (muß)«.[14] Besuche seien demnach möglich, wenn die »Kinder innerlich wenig von den Spannungen (zwischen den Eltern) berührt werden« oder »wenn sie sich wiederholt haben« und die Kinder vielleicht dagegen »abgestumpft« seien. Er liefert einige Beispiele für »unsachliche Einflußnahme« des sorgeberechtigten Elternteils dem Kind gegenüber und kommt zu dem Schluß: »Es scheint uns aber nicht vertretbar, auf die in dieser Weise erzeugten Konflikte mit dem Verzicht auf Besuche zu reagieren. Die Bedürfnisse des Kindes werden nicht respektiert, wenn es sich aus Angst vor dem Verlust der Liebe eines Elternteils eine Hinwendung zum anderen Elternteil nicht erlauben kann.« Es folgt dann eine Reihe von »Lehrsätzen«, von denen die ersten drei hier wiedergegeben werden:

1. »Der Versuch eines Elternteils, das Recht eines Kindes auf ungestörten Kontakt zum anderen Elternteil einzuschränken, muß auf die Dauer zu seelischen Erschütterungen führen, durch die auch die Beziehung des Kindes zu dem Elternteil verunsichert wird, bei dem es lebt.«
2. »Unsere nachgehenden Befragungen nach richterlichen Besuchsregelungen zeigten in vielen Fällen, daß die Auswirkungen der Konfliktsituation sich bei jedem weiteren Besuch mehr und mehr verloren.«
3. »Gleichzeitig ist zu bedenken, daß in der Mehrzahl der Fälle ohnehin jede Situation, die Spannung im psychischen Bereich erzeugt, bei Wiederholung an Wirksamkeit verliert (Ende des Lehrsatzes) und daß ein Kind gegen die negativen Begleitumstände abgestumpft wird.«

An verschiedenen Stellen seines Buches gibt *Arntzen* nützliche Hinweise darauf, wie psychologische Erkenntnisse und Methoden in der Sorgerechtspraxis genutzt

---

zeitweilig (mehr an der Oberfläche) verändert wird, ohne daß die ursprüngliche Beziehung völlig verloren geht. Wir sprechen dann von einer induzierten Gegeneinstellung. Die entsprechenden Einflüsse werden gewöhnlich vom sorgeberechtigten Elternteil ausgeübt, der nicht wünscht, daß noch eine emotionale Bindung der Kinder an den anderem Elternteil bestehen bleibt.« Zit. nach *Arntzen* 1980, a.a.O. (Fn. 11), S. 5.

14 *Arntzen* 1980, a.a.O. (Fn. 11), S. 38.

werden können. So räumt er im Abschnitt Häufigkeit der Besuche (III. 4.a) ein, daß man »in diesen und weiteren Ausführungen kein festes Schema sehen möge«, denn (»Lehrsatz«) »jede Kinderpersönlichkeit ist anders und jede Familiensituation kann individuelle Änderungen des vorgeschlagenen Besuchsschemas erfordern«.[15]

Im fünften Kapitel nimmt er die Vorteile der Anhörung des Kindes durch den Familienrichter, »der ... sich einen persönlichen Eindruck vom Kind verschaffen kann und in manchen Fällen von Einstellungen und Wünschen des Kindes erfährt, die ihm die Eltern, die vielleicht ihre Vorschläge über den Kopf der Kinder hinweg ausgehandelt haben, nicht vermitteln würden«.[16] Im Hinblick auf die Frage, bei welchem Elternteil das Kind künftig leben soll, führt *Arntzen* den Faktor Erziehungsfähigkeit an und hebt hervor, daß es »hier weniger auf bewußte Ziele der Erziehung, die nur wenige Eltern haben«, ankomme als darauf, daß genügend »Wärme« vermittelt werden kann ...«.[17] D.h. auch, daß bewußte Inhalte ein unvollständiges Bild von der familialen Wirklichkeit vermitteln und daß es eben gerade deswegen erforderlich ist, zusätzlich wesentliche familiendynamisch wirksame Faktoren und Zusammenhänge zu erschließen, die dem Bewußtsein der Eltern und ihrer Kinder weniger nah sind und sich aus eben diesem Grund dem Zugriff der objektivierenden Beobachtung bzw. der direkten Frage und Antwort entziehen.

Nun benutzt *Arntzen* für seine Ausführungen eine Form der Darstellung, die dem eben Gesagten nicht angemessen ist. Komplexe Zusammenhänge werden verkürzt dargestellt, umstrittene, z.T. höchst problematische Meinungen werden von ihm nicht zur Diskussion gestellt, sondern dogmatisch-apodiktisch formuliert. Fettgedruckte »Lehrsätze« erwecken beim Leser den Eindruck von Wichtigkeit und (empirisch) erwiesener Richtigkeit. Für einige mag dies in ihrer allgemeinen Formulierung durchaus zutreffen, bei anderen ist dies schon eher fragwürdig. »Die Beeinflussung gegen den anderen Elternteil wird häufiger von Müttern als von Vätern (ungefähr im Verhältnis zwei Drittel zu einem Drittel) vorgenommen.« Dazu gleich die Erläuterung des Verfassers: »Durch Schwangerschaft, Geburt, Stillen und Pflege in der frühen Kindheit entsteht offenbar in den meisten Fällen eine so enge Bindung der Mutter an das Kind, daß vorwiegend von dieser alle Mittel eingesetzt werden, um es bei sich zu behalten. Für die Mehrzahl der Mütter, die nicht oder nur teilweise berufstätig sind, wird das Kind, mit dem sie mehr Zeit

---

15 *Arntzen* 1980, a.a.O. (Fn. 11), S. 40.
16 *Arntzen* 1980, a.a.O. (Fn. 11), S. 51.
17 *Arntzen* 1980, a.a.O. (Fn. 11), S. 17.

gemeinsam verbringen, in größerem Maße zum Lebensinhalt als für Väter. (Der nächste »Lehrsatz«): »Letztere verzichten auch häufiger als die Mütter auf ein Besuchsrecht, das ihnen durch Beschluß eines Familiengerichts zugesprochen ist.«[18]

Lehrsätze dieser Art sind sicher nicht geeignet, dem Richter im Konfliktfall eine Hilfe zur Entscheidung zu sein. Vielmehr laufen sie Gefahr, Voreingenommenheit zu erzeugen bzw. etwaig vorhandene Voreingenommenheiten zu stabilisieren. Als solche sind sie aber auch vom »kritischen Laien« relativ einfach zu entlarven. Sie leiten sich aus traditionellen Vorstellungen der bürgerlichen Familie und dem damit einhergehenden Rollenverständnis von Mann und Frau ab.

Andere »Lehrsätze« sind in der absoluten Form falsch oder zumindest umstritten. Dazu gehören u.a. Aussagen wie diese: Demnach sei es »völlig untunlich, die Entscheidung über Besuche eines Kindes beim anderen Elternteil dem Sorgeberechtigten zu überlassen«.[19] Wenn *Arntzen* sein Buch als einen (Kurz-)Leitfaden für die Praxis versteht, wäre es seine Pflicht, gegenteilige Auffassungen, die der Fachwelt zum damaligen Zeitpunkt längst bekannt waren, dem Leser mitzuteilen. Das hieße jedoch, die »Richtigkeit« seiner Lehrsätze in Frage stellen zu müssen.

Geradezu gefährlich wird es dort, wo *Arntzen* infolge falscher Grundannahmen »Lehrsätze« formuliert, die weder der Konflikthaftigkeit menschlicher Beziehungen noch den Möglichkeiten des Kindes in der Auseinandersetzung damit, Rechnung tragen. Aussagen, wonach »in der Mehrzahl der Fälle ohnehin jede Situation, die Spannung im psychischen Bereich erzeugt, bei Wiederholung an Wirksamkeit verliert und daß ein Kind gegen die negativen Begleitumstände abgestumpft wird«, zeigen, daß der Autor sich an einem einfachen Reiz-Reaktionsmodell orientiert, das selbst von den lerntheoretisch orientierten Psychologen, die ihre streng am naturwissenschaftlichen Experiment ausgerichteten Untersuchungen ursprünglich einmal darauf aufbauten, wegen seiner Trivialität schon längst aufgegeben - zumindest aber modifiziert und erweitert wurde.[20]

Ähnlich unzulänglich erfaßt *Arntzen* die Konflikte im Kind und die in der Beziehung zwischen dem Kind und seinen Eltern, wenn er einen Auszug aus einem

18 *Arntzen* 1980, a.a.O. (Fn. 11), S. 10.
19 *Arntzen* 1980, a.a.O. (Fn. 11), S. 11. S. da auch die begründete gegenteilige Auffassung bei *Lempp, R.*: Die Bindungen des Kindes und ihre Bedeutung für das Wohl des Kindes gemäß § 1671 BGB. FamRZ 1984, S. 741-744.
20 Im Überblick *Filipp, S.-H.*: Kritische Lebensereignisse. München, Wien, Baltimore 1981. Speziell dazu *Lazarus, R.S.*: Streß und Streßbewältigung - Ein Paradigma. In: Kritische Lebensereignisse. München, Wien, Baltimore 1981, S. 198-232.

Gutachten zitiert: »Die dreijährige Kerstin äußerte zu Hause mit gerümpfter Nase, nicht »zu Besuch« gehen zu wollen und wehrte sich im Auto schreiend gegen das Aussteigen. Sie schrie auch noch, als ihr Vater sie in das Haus der Mutter hineintrug, war aber sofort still, als die Mutter sie auf den Arm nahm. Lachend begann sie ein Spiel, das die Mutter vorschlug. Und als die Zeit zur Rückkehr kam, wollte sie sich nicht mehr von der Mutter trennen, was sie wieder mit lautem Geschrei zum Ausdruck brachte. Sie verlangte, daß die Mutter mitkommen sollte.« Ihm dient dies als Beleg dafür, daß »Kleinkinder ... von den Spannungen, die zwischen ihren Eltern bestehen, ohnehin im allgemeinen weniger berührt (werden) als ältere Kinder, so daß Besuche für sie unproblematischer sind. Gelegentliche Affektausbrüche dieser Kinder vor Besuchen erwecken oft einen falschen Eindruck, was die Ursache angeht.«[21] Daraus wird folgender »Lehrsatz« abgeleitet: »Kinder müssen in gewissem Umfang lernen, zeitweilig mit Konflikten zu leben, ohne den beteiligten Personen gleich völlig aus dem Weg zu gehen. Konflikte ergeben sich, vor allem bei älter werdenden Kindern, auch in normalen vollständigen Familien, ohne daß der Kontakt mit den Eltern und Geschwistern abgebrochen werden kann und soll!«[22]

Wieder ist es diese bereits bekannte Kombination von Zutreffendem und schlichtweg Falschem, die Einspruch fordert. »Gefühle von Liebe und Haß finden sich im menschlichen Seelenleben untrennbar verbunden und von Beginn aller Objektbeziehungen auf die gleichen Personen gerichtet. Auch das Kleinkind besetzt die Mutter, entgegen aller Erwartungen nicht nur mit positiven, sondern auch mit negativen Gefühlen.«[23] Die funktionelle Verschlungenheit der Grundtriebe macht es schwer, Aggression von den verschiedenen Formen der Sexualität zu trennen. Die Chancen der Erziehung bestehen in der Entwicklung von »Daseinspraktiken«[24], die die Verschränkung von aggressiven mit libidinösen Triebimpulsen derart fördern, daß sich die aggressiven Triebkräfte im Sinne »gekonnter Aggression«[25] in den Dienst der libidinösen Objektbesetzungen stellen. Auf der familialen Ebene setzt dies die sichere Erfahrung voraus, daß Eltern flexibel antworten, verstehend und empathisch auf ihre Kinder eingehen. Das bedeutet auch, daß zum einen die destruktiven Tendenzen beim Kind selbst wie bei den Erwachsenen ertragen werden können, ohne zu große Angst zu wecken und zum anderen, daß Erziehung das Kind unvermeidlich frustrieren muß. Nur darf sich dabei dessen

---

21 *Arntzen* 1980, a.a.O. (Fn. 11), S. 37.
22 *Arntzen* 1980, a.a.O. (Fn.11), S. 36f.
23 *Freud, A.*: Notes on Aggression. Bulletin of the Menniger Clinic. 13, 1949, S.143-151/147.
24 Der Begriff wurde von *Hans Thomä* eingeführt.
25 S. dazu *Eicke, D.*: Vom Einüben der Aggression. München 1972.

relative Hilflosigkeit nicht mit den destruktiv aggressiven Tendenzen beim Erwachsenen gegen das Kind verquicken. Die Frustration, die zur Anpassung an die Realität gehört, muß sozial- und sachbezogen sein. »Eine beständige, gegen Frustrierung wie Versuchung widerstandsfähige Anpassung an den sozialen Kodex kann nur gelingen, wenn ein Kern primärer aggressiver Triebregungen und -befriedigungen kulturell anerkannt ist.«[26] D.h. die Legierung von Triebkräften ist zugleich auch eine überindividuelle, kulturelle Aufgabe.

Diese Sichtweise unterscheidet sich grundlegend von der *Arntzens*. Indem er kindliche Gefühlsäußerungen abtut und bagatellisiert, d.h. in den Bereich des Unwichtigen abdrängt, nimmt er eine Haltung ein, die mit übertriebenen Forderungen an die Fähigkeit zur Sublimierung und Neutralisierung der Affekte von Erwachsenen, insbesondere aber denen von Kindern, einhergeht, die nicht nur zu einer »Neurotisierung mit faktischer Doppelmoral«[27], sondern auch zu einer aggressiv-destruktiven Entdifferenzierung der Beziehung zwischen stärkeren (erwachsenen) und schwächeren (kindlichen) Partnern beiträgt.

Die Lösung eines Problems, wie es von *Arntzen* anhand eines Auszugs aus einem Gutachten dargestellt wird, kann unter Zuhilfenahme eines psychologischen Sachverständigen doch nur darin zu suchen sein, daß dieser sein psychodynamisches Verständnis aus der Kenntnis der Mutter, des Vaters und des Kindes sowie dem Verlauf dieser Beziehungen dem Richter darstellt, analysiert und daraus sinnvolle, nachvollziehbare Vorschläge für eine Entscheidung ableitet, ohne sich auf simplifizierende Lehrsätze stützen zu müssen. Das setzt selbstverständlich beim Sachverständigen aber auch bei den anderen beteiligten Fachleuten die Bereitschaft voraus, über ein tiefergehendes Verständnis verfügen zu wollen. Einzig und allein daraus läßt sich der psychologische Kompetenzanspruch des Sachverständigen im Sorgerechtsverfahren ableiten. Verstehen wollen heißt im Einzelfall bereit zu sein, sich von einer Psychologie zu lösen, die ausschließlich an normativen Perspektiven orientiert ist.

Ob *Arntzen* freilich diesen Anspruch erhebt, erscheint schon allein mit Blick auf seine Ausführungen mehr als fragwürdig. So konstatiert er »bei älteren Kindern bei kurz aufeinanderfolgenden Besuchen rätselhafte Änderungen des Verhaltens«[28], oder reduziert »psychosomatische Reaktionen« bei Kindern, mittlerweile auch von den Kostenträgern als ernstzunehmende und damit behandlungswürdige Erkran-

---

26 *Mitscherlich, A.*: Der Kampf um die Erinnerung. München 1975, S. 186.
27 *Mitscherlich* 1975, a.a.O. (Fn. 26), S. 187.
28 *Arntzen* 1980, a.a.O. (Fn. 11), S. 37.

kung im Sinne der RVO anerkannt, im Zusammenhang mit Besuchen beim nichtsorgeberechtigten Elternteil als Eigenarten »sensibler, kontaktscheuer Kinder«, während sie bei »robusten, kontaktfreudigen Kindern selten« aufträten.[29]

Der Verdacht drängt sich gerade zu auf, daß der Autor weder versteht, noch daß ihm überhaupt etwas an einem besseren Verständnis gelegen wäre. Konsequenterweise wird aus dem Weg geräumt, was diese Position in Frage stellen könnte. In unsachlicher Weise setzt *Arntzen* sich mit den Ergebnissen der Literatur - und hier vor allem der psychotherapeutischen - auseinander.[30] Er diskriminiert Autoren als

---

29 Arntzen 1980, a.a.O. (Fn. 11), S. 8-10.
30 »In der Literatur über das Schicksal von Kindern nach einer Ehescheidung (*Goldstein, Dürr* u.a.) wird der positive Wert der Besuche unseres Erachtens fast völlig übersehen. Es ist nur selten von den zahlreichen Kindern die Rede, die den Besuchen beim anderen Elternteil, an den sie noch eine enge Bindung haben, mit großer Freude entgegensehen und bei denen diese harmonisch verlaufen und eine Bereicherung für das Leben der Kinder bedeuten. Kaum je ist die Rede von den Kindern, die sogar gegen den Willen des sorgeberechtigten Elternteils den anderen besuchen wollen. Soweit die Literatur von psychotherapeutischer Seite stammt, liegt die Erklärung vielleicht darin, daß dem Therapeuten in einseitiger Auslese gerade die Kinder vorgestellt werden, bei denen die Besuche - wie wir gleich noch darstellen werden - wirklich schädlich sind, so daß man dort zu einem verallgemeinernden Pessimismus hinsichtlich des Verkehrs mit dem nicht sorgeberechtigten Elternteil kommen zu müssen glaubt. Auch konnte man keineswegs immer eine eingehende Untersuchung der psychischen Situation der Kinder mit Verfahren vornehmen, die speziell auf diese Zwecke zugeschnitten waren. Man hörte offenbar nur den sorgeberechtigten Elternteil und nicht das Kind an und ging allgemein von der irrigen Annahme aus, daß der Sorgeberechtigte stets das tun wird, was für das Kind gut ist. (Ein Teil der Literatur stützt sich seinerseits wieder auf ältere Literatur - z.B. auf Veröffentlichungen *Freud's*, deren Erscheinungsdatum sehr lange zurückliegt und die damit in ihren Grundthesen aus einer Zeit stammen, in der spezielle psychologische Untersuchungsverfahren noch gar nicht eingeführt waren. Der Inhalt des Taschenbuches von *Goldstein* und *Anna Freud* (1974. s. Literaturverzeichnis) ist beispielsweise weitgehend an die psychotherapeutische Schule von *Sigmund Freud* und seiner Schüler gebunden. Soweit sich erkennen läßt, beruhen die Thesen der Verfasser, welche z.B. die Entscheidung über Besuche dem sorgeberechtigten Elternteil überlassen wollen, nicht auf systematischen Untersuchungen, sondern auf gelegentlichen Beobachtungen. *Dürr* (1978), der an Beobachtungen aus der Anwaltspraxis anknüpft, schließt sich ebenfalls eng an psychoanalytische Auffassungen *Freud'*scher Schule an.
In der fehlenden Möglichkeit, Kinder ausführlich unter Einbeziehung ihres Milieus mit Hilfe spezieller Verfahren psychologisch zu untersuchen, sehen wir den entscheidenden Grund für Unterschiede in den Auffassungen der Autoren zum Besuchsproblem. Alle neueren Untersuchungen haben gezeigt, daß es nicht möglich ist, im Bereich der forensischen Familienpsychologie aus nur gelegentlichen Beobachtungen und durch Aktenstudium - sozusagen vorwiegend vom Schreibtisch aus - zuverlässige Erkenntnisse zu gewinnen. (Vgl. beispielsweise frühere Auffassungen über die Identifikation von Richtern, die selbst Väter sind, mit Vätern, über die Bereitschaft der Sorgeberechtigten,

»voreingenommen«, wenn sie schulisch an *Freud* gebunden sind oder als Schreib-
tischtäter, denen es - nur gelegentlich mit diesbezüglichen Fragestellungen befaßt
- an Möglichkeiten fehlt, »Kinder ausführlich unter Einbeziehung ihres Milieus
mit Hilfe spezieller Verfahren psychologisch zu untersuchen«, um »zuverlässige
Erkenntnisse zu gewinnen«.[31] Indem *Arntzen* das Feld bereinigt, setzt er zugleich
den Grundstein für die eigene Schule, die, im Gegensatz zu anderen, für sich allein
wissenschaftliche Objektivität beansprucht.

So weit es sich seinen Darstellungen entnehmen läßt, handelt es sich bei *Arntzen*
um einen Psychologen vorwiegend lerntheoretischer Provenienz. D.h. er bemüht
sich um eine möglichst exakte objektive Erfassung psychischer Phänomene unter
Vermeidung der subjektiven Beobachtung psychischer Vorgänge. Daraus abgeleitete Empfehlungen zielen darauf ab, daß Eltern, insbesondere aber deren Kinder,
mit Konflikten umzugehen lernen. Dementsprechend gibt er im vierten Kapitel
(»Durchführung des Besuchsverkehrs und besondere Maßnahmen«) im Abschnitt
(»Pädagogische Hinweise des Richters«) die Empfehlung: »Jeder Beschluß, der bei
einer Anhörung ergeht, und jede Einigung, die vor Gericht erreicht wird, sollte
von einigen pädagogischen Hinweisen[32] der Familienrichter gefolgt sein, die sich
auf die Durchführung des Besuchs beziehen - andernfalls muß man damit rechnen,
daß das Gericht bald wieder mit Änderungsanträgen in Anspruch genommen
wird!«[33]*Arntzen* steht damit in einer Tradition, die sowohl der Rechtstheorie als
auch der -praxis wohl vertraut ist, deren Effizienz freilich gerade von Rechtswis-
senschaftlern und Familienrichtern[34] zunehmend skeptischer beurteilt wird.

Zunächst einmal hat es den Anschein, als entlaste *Arntzen* mit seiner Arbeit die
Familienrichter. Egal was sie lesen, was ihnen berichtet wird, was sie hören, sehen

---

nur zum Wohl des Kindes - etwa in der Besuchsfrage - zu entscheiden, über den Grad
der Zuverlässigkeit direkter Kinderaussagen in Familiensachen und über die Notwendigkeit trotz bestehender Schwierigkeiten auch das Kind selbst anzuhören.« Zit. nach
Amtzen 1980, a.a.O. (Fn. 11), S. 30f.

31 Vgl. Fn. 30.

32 *Amtzens* Zusammenstellung umfaßt deren neun für den Sorgeberechtigten und fünf für
den Nichtsorgeberechtigten.

33 *Amtzen* 1980, a.a.O. (Fn. 11), S. 45.

34 S. dazu *Troje, H.E.*: »Mit dem Gewissen verheiratet« - Über das Scheitern der Ehe -.
In: Unterwegs für die Volkskirche. Festschrift für *Dieter Stoodt* zum 60. Geburtstag.
Frankfurt/M., Bern, New York, Paris 1986, S. 605-625. *Troje, H.E.*: Familientherapie
und Familienforschung im deutschen Sprachraum im Lichte der Rechtswissenschaft
und Rechtspraxis als Nachbardisziplin. Familiendynamik 1, 1985, S. 71-74. *Troje, H.E.*,
Meyer, H.: Familiendynamik und Familiengerichtsbarkeit. Familiendynamik 4, 1984,
S. 304-322.

und beobachten, für nahezu alles werden sie bei ihm auf einen »Lehrsatz« stoßen. Selbst für die richterliche Anhörung des Kindes bietet *Arntzen* einen Leitfaden.[35] Kann man mit den »Grundregeln« für die methodische Vorgehensweise bei der Anhörung[36] noch einigermaßen übereinstimmen,

a) Alleinanhörung des Kindes. Keine Gegenüberstellungen.
b) Informierung des Kindes über den Zweck der Anhörung.
c) Auflockerung durch ein einleitendes Kontaktgespräch über nichtverfahrensbezogene Themen.
d) Wenig Protokollierung während der Anhörung. Kein Tonband.
e) Einfache Sprache (Fragen in kurzen Sätzen, keine abstrakten Begriffe, Zulassung von Dialektgebrauch).
f) Vermeidung von Überforderung (Beispielsweise keine Fragen nach Motiven).
g) Sehr ruhige und langsame Befragung.

so berührt der Hinweis eigentümlich, »daß geschickte Formulierungen dem Kind Äußerungen erheblich erleichtern können«. Als ginge es bei der richterlichen Anhörung darum, aus dem Kind etwas möglichst »geschickt« herauszubekommen. Man fragt sich, was ein Richter damit anfangen soll, wenn er liest, daß »es in manchen Fällen von einiger Bedeutung für den Inhalt der Antworten bei direkten Befragungen (ist), bei welchem Elternteil das Kind sich z.Zt. der Befragung gerade aufhält. Bei psychologischen Begutachtungen äußerten sich von 100 Kindern 62 im gleichen Sinn wie der Elternteil, bei dem sie lebten. Allerdings haben sich auch 38 gegen den Wunsch des Elternteils, bei dem sie sich aufhielten, geäußert. Eine weitgehende Abhängigkeit besteht also nicht – diese Auffassung kann man vertreten, wenn man berücksichtigt, daß eine größere Zahl von »Konformisten« deshalb zu erwarten ist, weil bei vielen Kindern sachliche Gründe und eigene Wünsche schon für den ersten Aufenthaltsort nach der Scheidung sprachen.« Schließlich erfährt man, daß »es im übrigen für die Anhörung nur wenig allgemeingültige Regeln (gibt). Sie ist weitgehend individuell entsprechend dem befragten Kind und der Persönlichkeit des Anhörenden zu gestalten.«

Für die Einholung von Gutachten führt *Arntzen* vier Anlässe an, die er in Form von Lehrsätzen hervorhebt[37]:

---

35 *Arntzen* 1980, a.a.O. (Fn. 11), S. 51ff.
36 S. dazu *Arntzen, F.*: Vernehmungspsychologie. Grundriß der Vernehmungspsychologie unter besonderer Berücksichtigung der Vernehmung von Kindern. München 1978.
37 *Arntzen* 1980, a.a.O. (Fn. 11), S. 57ff.

a) »Wenn vermutet werden muß, daß ein Kind seine eigenen Wünsche zur Frage
des Aufenthaltes und zur Frage von Besuchen nicht äußert, weil es dem Einfluß
eines Elternteils ausgesetzt ist, der diesem Wunsch entgegensteht. Das gilt
praktisch in allen Fällen, in denen ein Kind sich direkt gegen einen Elternteil
äußert, der für die Übertragung des Sorgerechts in Frage kommt.«

b) »Die zweite Gruppe von Anlässen zur Einholung eines familienpsychologischen
Gutachtens besteht bei Erörterung des Sorgerechts, wenn die Situation bei
beiden Eltern gleich zu sein scheint oder die Betreuungs- und Erziehungsfähigkeit eines aus äußeren Gründen für die Aufnahme des Kindes oder der Kinder
prädestiniert erscheinenden Elternteils zweifelhaft ist.«

c) »Eine dritte Gruppe von Anlässen zur Gutachteneinholung besteht bei Erörterung der Umgangsregelung, wenn von einer Partei behauptet wird, daß Besuche
beim abwesenden Elternteil dem Kind schaden würden.«

d) »Schließlich werden psychologische Gutachten häufig dann eingeholt, wenn
die Jugendämter, die für die Wohnorte entfernt voneinander lebender Elternteile zuständig sind, einander entgegenstehende Vorschläge zur Sorgerechtsregelung gemacht haben.«

In der Diktion *Arntzens* handelt es sich um Indikationsstellungen für die Einholung
eines Sachverständigengutachtens. Die »Anlässe« sind derart weit gefächert, daß
demzufolge psychologische Sachverständige zumindest in allen »streitigen« Fällen
hinzugezogen werden müßten. Er versäumt es nicht, darauf hinzuweisen, daß »die
Möglichkeit der Begutachtung der Kinder ... natürlich nur dann (besteht), wenn
in der Nähe des Familiengerichts eingearbeitete Gutachter erreichbar sind. Je
weitgehender der Gutachter auf das Gebiet der forensischen Familienpsychologie
spezialisiert ist, umso mehr Hilfe wird der Familienrichter vom Gutachter erwarten
können.«

Dieses Votum für ein Spezialistentum bei der Begutachtung in der Familiengerichtsbarkeit ist m.E. höchst fragwürdig. Es ist richtig, daß diejenigen, die als
Sachverständige in Betracht kommen, auf der Grundlage ihrer beruflichen Ausbildung und traditionellen Aufgabenstellung auf das Individuelle, den Einzelfall,
ausgerichtet sind. Wer nicht nur ganz sporadisch in einem Sorgerechtsverfahren
tätig wird, sollte darüber hinaus die wichtigsten gesetzlichen Bestimmungen
kennen, die die Tätigkeit abstecken, weil er sich dann besser im Klaren ist, was
von ihm offiziell erwartet wird. Erfahrungen als Sachverständiger kommen dabei
zugute. Entscheidend und von grundsätzlicherer Bedeutung ist aber die durch
Ausbildung und berufliche Erfahrung erworbene Fachkompetenz. Mißt man die
Güte des Sachverständigen ausschließlich am Spezialisierungsgrad in forensischer
Psychologie, dann wird jemand zum »Spezialisten«, der nach Abschluß seines

Examens nichts anderes als Sorgerechtsbegutachtungen gemacht hat. Tatsächlich gibt es auch schon eine Reihe Studierender, die sich beruflich an diesem Ziel orientieren.

Grundsätzlich kann gutachterlich tätig werden, wer ein Studium der Sozialarbeit, Psychologie oder Humanmedizin abgeschlossen hat und damit etwas über den normalen Gang der menschlichen Verhaltensentwicklung, über die Entwicklung von individuellen und interindividuellen Störungen des Verhaltens sowie über Bedingungen für die Herbeiführung von Änderungen des Verhaltens weiß. Es ist aber ebenso einsichtig, daß sich die Chance einer gutachterlichen Intervention bei unterschiedlichen Familien in unterschiedlichsten Konfliktsituationen wesentlich verbessert, wenn die Begegnung mit Scheidungsfamilien aufgrund einer ausdrücklichen Kenntnis der verschiedenen in diesem Feld wirksamen Variablen geschieht. Erst mit einer solchen ausdrücklichen Reflexion auf relevante Unterschiede, die für die beratende bzw. therapeutische Tätigkeit charakteristisch sind, beginnt der Prozeß einer mehr oder minder starken Abhebung einer wissenschaftlich begründeten Psychologie von intuitiv gebotener Bereitschaft zum mitmenschlichen Verstehen.

Arntzen spricht sich jedoch gegen eine psychotherapeutische Kompetenz des Gutachters aus:»Ist der Gutachter Psychotherapeut und an eine bestimmte Schulmeinung gebunden, so wird der Familienrichter genau prüfen müssen, ob die konkrete Situation genügend realistisch berücksichtigt ist und nicht die Begutachtung unter dem Gesichtspunkt einer beherrschenden Theorie erfolgt.«[38] Zu dieser Auffassung paßt, daß er im Abschnitt »Untersuchungsverfahren der forensischen Familienpsychologie« (Kap. VI. 2.) »die Exploration des Kindes und die informatorische Anhörung seiner Bezugsperson« nur kurz darstellt, stattdessen aber eine Fülle von Tests anführt. Freilich stellt er den Nutzen dieser Tests am Ende seiner detaillierten Beschreibungen auch wieder in Frage:»Die Zuverlässigkeit der Testbefunde ergibt sich vor allem dadurch, daß sie (mit seltenen Ausnahmen) mit Ergebnissen der Verhaltensbeobachtungen übereinstimmen.«[39] Wenn dem so ist, stellt sich allerdings die Frage, warum der Sachverständige überhaupt in solch einem großen Umfang auf Testbefunde angewiesen sein soll?

Er muß sowohl mit den Eltern als auch mit dem Kind über die zu klärenden Fragen sprechen. Er muß das Kind beobachten und versuchen zu verstehen, was das Kind sagt, wie es etwas sagt und wie die gesamte Situation von ihm gestaltet wird. An

---

38   *Arntzen* 1980, a.a.O. (Fn. 11), S. 59.
39   *Arntzen* 1980, a.a.O. (Fn. 11), S. 66.

anderer Stelle hebt *Arntzen* völlig zu Recht hervor, daß Kinder ihre Meinung in der Mehrzahl der Fälle sehr eindeutig vertreten.[40] Wenn bei den übrigen über die Verhaltensbeobachtung Aussagen über die Bindungen des Kindes gemacht werden können, wozu braucht man dann so viele Tests? Antworten auf diese Frage können einmal beim Sachverständigen selbst gesucht werden, zum anderen in der methodischen Planung der gutachterlichen Untersuchung. Selbstverständlich hängt beides eng miteinander zusammen. Der klinisch erfahrene Sachverständige wird sich solchermaßen geschult mehr auf seine Erfahrung bei der Wahrnehmung dessen, was er beobachten kann, verlassen. Der ungeschulte und unerfahrene Gutachter wird dementsprechend mehr auf die Testmethoden als Hilfsmittel bei der Untersuchung zurückgreifen müssen. Unabhängig davon kommt noch ein anderes Moment hinzu: Häufig wird angenommen, daß Tests (insbesondere standardisierte) in der Gutachterpraxis eine höhere legitimierende Wirkung besitzen. Aber selbst standardisierte Testverfahren entbinden den Gutachter nicht von der Notwendigkeit, nach Vorliegen der auf unterschiedlichen Wegen erhobenen Befunde ein Gesamtverständnis der Psychodynamik des familiären Konflikts zu entwickeln. Diesen zentralen Punkt gutachterlicher Tätigkeit vermißt man bei *Arntzen* völlig. Den Einsatz von Testmethoden begründet er mit einem Zitat: »Das Hauptargument für den Einsatz projektiver Verfahren liegt jedoch in ihrer speziellen Eignung für die familienrechtliche Kinderdiagnostik. Die direkte Befragung des fast immer durch einen Elternteil vor-instruierten Kindes (»Priming«) bildet für dieses eine konflikthaft zugespitzte, affektgeladene Situation, in der es für eine überlegte, begründete Entscheidung überfordert ist. Schuldgefühle gegenüber dem »geopferten« Elternteil, Verwirrung und Rückzug auf kurzschlüssige, vordergründige Lösungen unter Verdrängung latent vorhandener, lebensgeschichtlich älterer Bindungen werden bewußtseinsdominant. Durch harte, direkte Fragen wird eine »freie Willensentscheidung« nicht angebahnt, sondern erschwert oder verhindert. In vielen Fällen werden darüber hinaus durch bohrendes Nachfragen (über Begründungen der Bevorzugung eines Elternteils usw.) neue, bisher nicht wirksame, ambivalente Assoziationen evoziert, die weitere psychische Schäden nach sich ziehen können. Demgegenüber deckt der projektive Test als nicht direkte Exploration die Einstellungen des Kindes in der Regel ohne Bewußtmachen latenter Ängste und neue Irritationen auf. Die technische Schwierigkeit von Mißverständnissen wegen des sprachlichen Gefälles zwischen Untersucher und Kind wird ebenfalls minimiert (diese Fehlerquelle droht vor allem bei Kindern bis zum 12. Lebensjahre, die Psychisches nur schwer verbalisieren können). Schließlich verhindert der projektive Test die Regression des Kindes auf stereotype Wiederholungen »eingelernter« Antworten. Ein Verzicht auf projektive Tests würde für den

---

40   *Arntzen* 1980, a.a.O. (Fn. 11), S. 3.

Gutachter bedeuten, daß er ohne Schonung des Kindes härter und dringender direkt befragen müßte und sich dabei auf eine Informationsquelle beschränken würde, die fehlerhaft und durch die Eltern manipulierbar bleibt.«[41]

Dies ist, wie bereits gesagt, für die Begutachtung in der familiengerichtlichen Sorgerechtspraxis so jedenfalls nicht ohne weiteres nachvollziehbar. Umfangreiche Testuntersuchungen haben weniger etwas mit dem Untersuchungsgegenstand, den persönlichen Bindungen des Kindes, zu tun, als vielmehr mit Mutmaßungen des Sachverständigen über eine Verbesserung der Verwertbarkeit seines Gutachtens durch das Gericht. So schreibt *Arntzen* über den »Gewißheitsgrad psychologischer Untersuchungsergebnisse« (Kap. VI. 6.):»Mit Hilfe der geschilderten Methode lassen sich zahlreiche Feststellungen treffen, die hinsichtlich des Gewißheitsgrades durchaus naturwissenschaftlichen Arbeitsergebnissen (etwa der Biologie) gleichkommen.

Die gesicherten Feststellungen beziehen sich beispielsweise auf die Intensität der emotionalen Bindung der Kinder an einen Elternteil im Vergleich zur Bindung an den anderen Elternteil. Die Gewißheit wird hier dadurch erreicht, daß ein- und dasselbe Untersuchungsziel mit mehreren verschiedenartigen Verfahren angegangen wird (Exploration, explorative Tests, semi-projektive Tests, Verhaltensbeobachtung). Meist ergibt sich dann der gleiche Befund aus mehreren Verfahren und damit eine Sicherung der Befunde von verschiedenen Seiten her ...

Wir sind also der Auffassung, daß in zahlreichen (keineswegs in allen) Sektoren der heutigen Psychologie mit ihren sehr verfeinerten und differenzierten Untersuchungsverfahren und einem allmählich sehr umfangreichen Erfahrungsmaterial, das laufend systematisch ausgewertet wurde, jetzt schon Ergebnisse erzielt werden können, die nicht nur Wahrscheinlichkeitscharakter haben und auf subjektiver Deutung beruhen. Diese Auffassung wird offenbar weitgehend auch auf juristischer Seite vertreten, sonst wären in den letzten beiden Jahrzehnten kaum so zahlreiche psychologische Gutachten von Gerichten angefordert worden, wie es geschehen ist. Begutachtungsergebnisse mit bloßem Wahrscheinlichkeitscharakter hätten den Gerichten sicher nicht genügt und nicht zur Anforderung weiterer Gutachten geführt.«[42]

---

41 *Wegener, H.*: Anmerkungen zum Beschluß des OLG München (NJW 1979, 603). Über projektive Persönlichkeitstests. NJW 1979, S. 1253.
42 *Arntzen* 1980, a.a.O. (Fn. 11), S. 67f.

Spätestens hier wird deutlich, welches Anliegen *Arntzen* verfolgt. Er versucht ein neues Praxisfeld, das der Begutachtung in Fragen der elterlichen Sorge, für eigene Denk- und Arbeitsweisen zu gewinnen. Das ist einerseits verständlich und andererseits in der vorgetragenen Einseitigkeit zugleich auch ärgerlich, nämlich dort, wo er andere Gutachter und deren Methoden in unsachlicher Weise abqualifiziert und seine bzw. die Arbeitsweise des Bochumer Instituts für Gerichtspsychologie unkritisch als die allein »richtige« herausstellt.

Keineswegs unumstritten, stellt *Arntzens* Buch nach wie vor für viele Publikationen und für viele gerichtliche Beschlüsse eine häufig zitierte Quelle dar. Noch wichtiger erscheint jedoch die Tatsache, daß ein Drittel aller Sorgerechtsgutachten in der Bundesrepublik Deutschland aus dem Bochumer Institut für Gerichtspsychologie stammen. Alleiniger Inhaber dieses privaten Instituts ist Dr. Friedrich *Arntzen*. Bundesweit beschäftigt er 41 freiberufliche Psychologinnen, die er per Kleinanzeige in Zeitschriften anwirbt. Elf von neunzehn Oberlandesgerichten nehmen *Arntzens* sachverständige Hilfe in Anspruch. Es handelt sich bei diesem Unternehmen um eine (Gutachten-) Firma immensen Ausmaßes, die die gerichtliche Sorgerechtsbegutachtungspraxis in der BRD wesentlich mitprägt. Dies stellt eine Rarität in der deutschen Rechtspflege dar. Erstaunlicherweise haben lange Zeit weder Fachkreise noch die Öffentlichkeit daran Anstoß genommen. Eine kritische Auseinandersetzung mit *Arntzens* Positionen sowie mit seiner Praxis fand nicht statt. Jetzt, wo auch in der Öffentlichkeit erhebliche Bedenken gegen die Einhaltung von Verfahrensvorschriften bei der Hinzuziehung von Sachverständigen laut werden, erfährt man, daß der deutsche Richterbund dem Bochumer Institut für Gerichtspsychologie, »an dessen fachlicher Qualifikation zu zweifeln wir allerdings nicht den geringsten Anlaß haben«, mit Schreiben vom 23.12.1981 quasi einen »Freibrief« ausgestellt hat.

2. Kritische Auseinandersetzung mit *Arntzens* Positionen

Bei einer Untersuchung über »Scheidung und Sorgerecht«, die vom Land Nordrhein-Westfalen gefördert wurde, stieß der Bielefelder Psychologieprofessor Uwe-Jörg *Jopt* auf »Ungereimtheiten«. *Jopt* meldete Zweifel an *Arntzens* Arbeit an (»Amalgam von gesicherten Erkenntnissen, Halbwahrheiten, Vorurteilen und immer auch wieder schlichtem Unsinn ...«). Der Konflikt zwischen beiden entzündete sich an einem konkreten Fall. Eine Mitarbeiterin *Arntzens* war als Sachverständige in einem am Familiengericht in Neuss anhängigen »streitigen« Sorgerechtsverfahren mit der Erstellung eines Gutachtens beauftragt worden. In ihrer gutachterlichen Empfehlung hatte sie sich für eine »mindestens zweijährige« Fremdunterbringung des Kindes, das zuvor vier Jahre bei der Mutter und im

Anschluß daran zwei Jahre beim Vater gelebt hatte, ausgesprochen. Die Richterin folgte der Empfehlung der Sachverständigen. *Jopt* bezog gegen dieses Gutachten Stellung. Das zwischenzeitlich tätig gewordene OLG in Düsseldorf bestellte an anderer Stelle ein zweites Gutachten, in dem die Gutachterin dem Gericht empfahl, den Jungen in der Obhut des Vaters zu belassen.

In der Folgezeit nahm *Jopt* noch Einblick in weitere Sorgerechtsgutachten, die von Mitarbeiterinnen des Bochumer Instituts für Gerichtspsychologie verfaßt wurden. Er begann zu recherchieren und erhob schließlich Vorwürfe in Form von Beschwerdebriefen an die beiden Fachverbände der Deutschen Psychologen, in einer Dokumentation für den nordrhein-westfälischen Datenschutzbeauftragten und gegenüber den Präsidenten aller Oberlandesgerichte. Kernpunkt seiner Kritik war die Prozedur der Vergabe von Gutachtenaufträgen an das Bochumer Institut. Er vertrat die Auffassung, daß dabei regelmäßig gegen einschlägige Verfahrensbestimmungen verstoßen wurde, etwa gegen § 404 ZPO, der vorschreibt, daß »die Auswahl der zuzuziehenden Sachverständigen« durch »das Prozeßgericht« erfolgt. Dadurch, daß bei der Vergabe des Gutachtenauftrags an *Arntzen* und sein Institut vom Gericht keine konkrete Einzelperson zum Sachverständigen ernannt werde, treffe letztlich nicht der Richter, sondern der Leiter des Instituts die Auswahl. Die Mitarbeiterinnen seien finanziell und sachlich vom Institut abhängig. *Arntzen* selbst wickle die Honorarabrechnungen mit der Gerichtskasse ab und kassiere pro Gutachten bis zu 20 Prozent.

Zur Frage, ob eine private Organisation im Zivilprozeß Sachverständiger sein kann, bemerkte der nordrhein-westfälische Justizminister, daß »aufgrund der eindeutigen gesetzlichen Regelung in den §§ 402ff. ZPO ... ganz überwiegend vertreten (wird), daß private Organisationen nicht Sachverständige sein können«. Es sei Aufgabe des Gerichts, »von vornherein den Gutachter zu bestimmen. Dies darf nicht einer anderen Institution überlassen bleiben. Dies ist auch sinnvoll, damit die Parteien sich schon vor Tätigwerden des Gutachters über etwaige Ablehnungsgründe klarwerden können. Auch ist es unter praktischen Gesichtspunkten nicht überspannt zu fordern, daß das Gericht von vornherein im Beweisbeschluß einen bestimmten Gutachter statt eines privaten Instituts bestellen muß ... Will das Gericht ein Gutachten aus dem Bereich einer bestimmten Institution - wie zum Beispiel einer Klinik - einholen, so besteht einmal die Möglichkeit, den dortigen Leiter als Gutachter zu bestellen, der sich im Rahmen des rechtlich Möglichen Hilfspersonen bedienen kann. Die andere Möglichkeit wäre, daß das Gericht sich bei der Klinik vorab informiert, wer tatsächlich mit der Begutachtung befaßt würde. Diese Person könnte dann als Sachverständiger bestellt werden. Es ist nicht ersichtlich, warum im Fall des Instituts für Gerichtspsychologie nicht so entsprechend der Zivilprozeßordnung verfahren werden könnte.«[43]

Arntzen nahm zu den Vorwürfen wie folgt Stellung[44]: »Ebenso wie andere Institute, die sich mit Sachverständigentätigkeit befassen, erhält das hiesige Institut Akten mit Gutachtenaufträgen, in denen der gewünschte Gutachter entweder schon persönlich benannt ist, oder andere, in denen um Vorschlag eines Gutachters gebeten wird. Ist letzteres der Fall, enthält die Eingangsbestätigung des Instituts die Formulierung, daß dieser oder jener Gutachter vorgeschlagen wird. Dabei werden die zeitliche Verfügbarkeit sowie fachliche Besonderheiten der Sachverständigen berücksichtigt. Erst wenn das betreffende Gericht mit dem Vorschlag einverstanden ist, beginnt die gutachterliche Tätigkeit.«

Arntzen wies zurück, daß sein Institut überwiegend von wirtschaftlichen Interessen getragen werde. Zur Frage der Konsultation und des Korrekturlesens von Gutachten berief *Arntzen* sich auf folgende höchstrichterliche Entscheidung, die auch die Auffassung des Institutes wiedergebe: »Gerade im Rahmen wissenschaftlicher Tätigkeit gehört die Beratung mit Kollegen und die Analyse praktischer Fälle zum selbstverständlichen Arbeitsablauf, ohne den eine Fortentwicklung des eigenen und allgemeinen Wissensstandes nicht möglich wäre. (3 UF 240/87 OLG Düsseldorf).

Wenn erfahrene Gerichtspsychologen, die ein Gutachten zur Korrekturlektüre erhalten haben, anderer Ansicht als der Gutachter sind, wird letzterer, der völlig eigenverantwortlich ist, nie gedrängt, sein Gutachtenergebnis zu ändern, sondern die sehr seltene Abweichung im Ergebnis wurde bisher getrennt vom Gutachten in einem Begleitschreiben dem Gericht mitgeteilt, weil man diese Maßnahme als korrekt ansah. Eine solche Praxis wird jetzt jedoch unter juristischem Aspekt überprüft.«

Der juristische Laie wird hier auf Widersprüche aufmerksam. Es überrascht, wie wenig Richter in Erwägung gezogen haben, daß bei Beauftragungen mit Sachverständigengutachten an das Bochumer Institut Verfahrensmängel unterlaufen könnten. Mindestens ebenso überraschend ist es, wie wenig offenkundliche Verfahrensmängel oberster Richter zur Nachdenklichkeit anregen. Bei einer Vielzahl von Richterinnen und Richtern stießen diese Enthüllungen entweder auf

43 Schreiben des Justizministers des Landes Nordrhein-Westfalen vom 27.9.1988. Dazu auch *Koechel, R.*: Sorgerechtsverfahren - Rahmenbedingungen für die Zusammenarbeit von Richtern und Sachverständigen. Neuwied, Kriftel, Berlin 1995.
44 S. dazu *Arntzen, F.*: Stellungnahme zu einem Artikel von *Jopt* in der Zeitschrift »Betrifft JUSTIZ« und Gerichtspsychologische Mitteilungen, Dez. 1988/N.

Ignoranz oder sie waren Anlaß zur Rechtfertigung.[45] Der Präsident des OLG Celle war noch nicht einmal bereit, die Familienrichter seines Bezirks über *Jopts* Vorwürfe zu informieren, weil dies als Versuch einer unzulässigen »Einflußnahme auf die Auswahl von Sachverständigen gesehen werden« könnte. Demgegenüber erklärte der Präsident des OLG Braunschweig, die Richter sollten zumindest Bescheid wissen und dann »selbst ihre Schlüsse ziehen«. Er vermutete, daß die Hintergründe vielen Kollegen nicht bewußt seien. Sein Vorbehalt: Gutachter könne nur »eine bestimmte natürliche Einzelperson sein«. Die »Blankovollmacht an einen Makler« sei ebenso unstatthaft wie »ein Auftrag ins Blaue hinein«.

Es ist *Jopts* Verdienst, auf Mängel in der familiengerichtlichen Sorgerechtspraxis aufmerksam gemacht zu haben. Es ging *Jopt* jedoch nicht vorrangig um das Verfahren und die Einhaltung von Verfahrensvorschriften, sondern um die ersatzlose Streichung der heutigen Gestaltung psychologischer Sachverständigentätigkeit überhaupt. Neben *Fthenakis* (München) ist *Jopt* im deutschsprachigen Raum der prominenteste und engagierteste Psychologe, der sich, gestützt auf die »Systemsicht der Familie« für eine Anerkennung der gemeinsamen elterlichen Sorge einsetzt. *Jopt* spricht vom »anzustrebenden Regelfall«.[46] Er ist Mitglied der »Stiftung Gemeinsame Elternschaft und Kindeswohl« (Sitz: Osnabrück), deren Zweck laut Satzung die Förderung und Verbreitung der Idee des »gemeinsamen Sorgerechts« ist. Wiederholt ist *Jopt* als scharfer Kritiker der psychologischen Sachverständigen in der familiengerichtlichen Sorgerechtspraxis aufgetreten: »Die Sachverständigen müssen dringend zur Kenntnis nehmen, was Scheidungseltern sich letztendlich von ihnen wünschen - nämlich Hilfe bei der Befriedung ihres Erwachsenenkonfliktes. Dahin mitzuwirken, muß auch ihr vornehmstes Ziel sein. Mit ihrer heute noch üblichen Diagnostik haben sie jedoch - was vorhersagbar ist - kaum eine Chance, dieses Ziel auch zu erreichen. Weil Diagnostik kontraindiziert ist. ... Andernfalls bringt es der sorgerechtsstrittigen Scheidungsfamilie aber auch nicht den geringsten Nachteil, wenn wir zukünftig auf den Sachverständigen ersatzlos verzichten und stattdessen das Geschäft allein den Richterinnen und Richtern mit ihrem »gesunden Menschenverstand« überlassen. Dadurch würde für die Betroffenen zwar kaum etwas besser. Aber auch nichts schlechter.«[47]

45 S. dazu die auszugsweise Abschrift des Protokolls der Präsidentenkonferenz dreier Oberlandesgerichte vom 26. Oktober 1988 in Bochum (Az.: - 3132 I - 1. 27 -).

46 *Jopt, U.-J.*: Nacheheliche Elternschaft und Kindeswohl - Plädoyer für das gemeinsame Sorgerecht als anzustrebenden Regelfall. FamRZ 9, 1987, S. 875-885.

47 *Jopt, U.-J.*: Was ändert sich durch die gerichtliche Hinzuziehung eines psychologischen Sachverständigen im Scheidungsverfahren? - Eine empirische Untersuchung. Unveröffentlichtes Manuskript des Forschungsprojektes »Scheidung und Sorgerecht«. Bielefeld 1988(a), S. 20.

An anderer Stelle[48] führt *Jopt* dann aus, worin er die »höchste Aufgabe einer humanen Psychologie« sieht: »Solche Beziehungen (Eltern-Kind-Beziehungen) wollen vielmehr bewahrt werden .... Bewahrung des Gewesenen kann für Kinder jedoch nur bedeuten, ihnen ihre beiden Eltern zu erhalten, trotz Trennung des Paares. Dafür gibt es aber keine tauglichere Voraussetzung als die des gemeinsames Sorgerechts nach Scheidung .... Wenn sich alle Psychologischen Sachverständigen heute ebenso konsequent und engagiert für dieses Ziel einsetzen würden, wie sie seiner Zeit einer Selektion zwischen Eltern das Wort redeten, beständen durchaus gute Chancen, daß aus der heute noch so unheimlichen Allianz sehr rasch eine Solidargemeinschaft zwischen Justiz und Psychologie werden könnte, die dann für alle Scheidungsbetroffenen tatsächlich eine Hilfe wäre.«[49]

Um dorthin zu kommen, müßten die Psychologen allerdings zunächst »Abschied ... nehmen von einer rein diagnostisch ausgerichteten Methodologie, deren Untauglichkeit im Familienrecht außer Frage steht« und den Mut besitzen, »der Justiz gegenüber den früheren Fehler einzugestehen und ihr stattdessen ... heutiges familienpsychologisches Wissen zur Verfügung ... stellen ... .

Ich persönlich bin ohnehin der Überzeugung, daß Impulse seitens der Justiz, die lediglich auf ein anderes Vorgehen der Sachverständigen einfach bestehen müßte, rascher zu Veränderungen führen würden als das Warten auf neue Vorgaben durch die Psychologen ... . Erst wenn alle scheidungsbegleitenden Psychologen ihren festen Platz in außergerichtlichen Beratungsstellen haben werden, werden Justiz und Psychologie nicht länger mehr unheilvoll koalieren, sondern - zum tatsächlichen Wohl der Betroffenen - endlich kooperieren.«[50]

---

48 *Jopt, U.-J.*: Zur (un)heimlichen Allianz zwischen Justiz und Psychologie im Familien-recht. Bielefeld 1988(b). Vom Autor wurde das Erscheinen in »Betrifft Justiz« Sonderheft Oktober 1988 angekündigt.

49 *Jopt* 1988(b), a.a.O. (Fn. 48), S. 12.

50 *Jopt* 1988(b), a.a.O. (Fn. 48), S. 12-14.

C. Konzepte für neue Formen der Zusammenarbeit von Justiz und Psychologie in der familiengerichtlichen Sorgerechtspraxis

I. Die gemeinsame elterliche Sorge als »anzustrebender Regelfall«?

Aus empirischen Studien, in denen die familiale Entwicklung während und nach der Scheidung begleitend untersucht wurde, geht hervor, daß eine Trennung und Scheidung der Eltern das familiale Beziehungsnetz nicht auflöst. Eltern, die ihre Paarbeziehung beenden, müssen ihre Beziehungen auf der Elternebene unter veränderten Rahmenbedingungen neu organisieren, um die auch nach der Scheidung fortbestehende Elternverantwortung zum Wohle des Kindes wahrnehmen zu können. Daraus leitet sich die Frage ab, mit welcher Form der elterlichen Sorge die Wahrnehmung der elterlichen Verantwortung und die weitere Verfügbarkeit beider Eltern für Kinder nach der Scheidung am ehesten zu gewährleisten ist. Um diese Frage beantworten zu können, ist die Kenntnis der gegenwärtig zur Verfügung stehenden Sorgerechtsregelungen, insbesondere der gemeinsamen elterlichen Sorge, in ihren Möglichkeiten und Risiken notwendig. Die Vorteile für die Kinder bestehen darin, daß

1. beide Elternteile auch in der Nachscheidungssituation im kindlichen Leben präsent bleiben;
2. beide Eltern am Erziehungsprozeß des Kindes weiterhin beteiligt bleiben;
3. dem Kind die weiterbestehende Betreuung durch beide Elternteile gesichert – und damit ein Höchstmaß an Kontinuität garantiert wird;
4. beide Elternteile auch nach der Scheidung verantwortlich an die Familie gebunden werden;
5. die Belastung des Elternteils verringert wird, der die überwiegende Betreuung des Kindes übernommen hat;
6. beiden Elternteilen die Wahrnehmung ihrer elterlichen Verantwortung auch nach einer Scheidung ermöglicht wird;
7. die Eltern in gleichberechtigter Position belassen werden;
8. die Arbeit zwischen den Eltern sinnvoll aufgeteilt werden kann.

Diese Vorteile der gemeinsamen elterlichen Sorge haben die Gesetzgeber in den Vereinigten Staaten von Amerika und in fast allen westeuropäischen Ländern erkannt und die Möglichkeit dazu schon seit langem zum rechtspolitischen Instrumentarium bei der Regelung der elterlichen Pflichten und Rechte nach der Scheidung gemacht.[51]

---

51 Vgl. dazu Kap. II. 1, E.

Das Bundesverfassungsgericht hat mit seinem Urteil vom-3.11.1982 geschiedenen Ehepartnern die Möglichkeit des gemeinsamen Sorgerechts nach der Scheidung wieder zugänglich gemacht. Aus dieser Entscheidung ergibt sich, daß für die Beibehaltung des gemeinsamen Sorgerechts folgende Voraussetzungen erfüllt sein müssen.[52]

1. die Eltern sind gewillt, die gemeinschaftliche Elternverantwortung weiter zu tragen, also verantwortlich zusammenzuwirken bei der Pflege und Erziehung des Kindes;
2. beide Eltern sind nach der Scheidung voll erziehungsfähig;
3. es liegen keine Gründe vor, die die Übertragung des Sorgerechts auf einen Elternteil allein im Interesse des Kindeswohls angezeigt erscheinen lassen;
4. der Richter erlangt die Überzeugung, daß die Eltern in der Lage sind, auch nach der Scheidung die Pflege und Erziehung des Kindes weiterhin gemeinschaftlich wahrzunehmen, d.h. nicht etwa alternativ, je nach dem, bei welchem Elternteil das hin- und herpendelnde Kind gerade lebt. Das Kind muß einen Lebensmittelpunkt haben, an dem es schwerpunktmäßig von einem Elternteil betreut wird, jedoch müssen beide Eltern für ständig gemeinsame und einheitliche Willensbildung in allen Erziehungs- und Ausbildungsfragen sowie laufend für gemeinschaftliche Entscheidungen und deren Durchsetzung sorgen.

Zusammengefaßt: Für die Vergabe der gemeinsamen elterlichen Sorge wird ein Höchstmaß an Einigungsfähigkeit zwischen beiden Elternteilen vorausgesetzt. Kritiker dieses Konzepts erkennen zwar dessen Vorteile, halten dem Modell jedoch entgegen, daß es nur dort angewendet werden kann, wo das Konfliktpotential in Familien niedrig ist. Diese Voraussetzung liege aber gerade im Falle der Scheidungsfamilie nicht vor. Richter schätzen, daß das gemeinsame Sorgerecht nach der Scheidung nur in einer geringen Zahl von Fällen tatsächlich praktikabel ist, weil sich die Frage aufdrängt, »wie das Zerwürfnis beschaffen ist, das ja gemäß § 1565 Abs. 1 BGB gegeben sein muß, damit es überhaupt zu einer Scheidung der Eltern kommen kann, das einerseits die eheliche Lebensgemeinschaft zerbrechen läßt, andererseits aber soviel Gemeinsamkeit im Interesse des Kindes zu mobilisieren vermag?«[53] Die Vergabe des gemeinsamen Sorgerechts ist eigentlich nur dann möglich, wenn Eltern bewiesen haben, daß sie diese Voraussetzungen erfüllen und auch zum Wohle ihres Kindes praktizieren. Sonst könnte die richterliche Verordnung des gemeinsamen Sorgerechts dazu beitragen, Konflikte in der Familie zu

---

52 S. dazu *Puls, J.*: Das Recht zur Neuregelung der elterlichen Sorge in der Rechtsanwendung. In: Kinderpsychiatrie und Familienrecht. Stuttgart 1984, S. 18-27/24.
53 *Puls* 1984, a.a.O. (Fn. 52).

übergehen und das Kind dadurch einem permanenten Konfliktpotential der Eltern auszusetzen. Es ist möglich, daß der Anteil der in Scheidung befindlichen Familien, die willens und in der Lage sind, selbst einvernehmliche Regelungen im Sinne einer gemeinsamen elterlichen Sorge für die Kinder zu finden, zu niedrig eingeschätzt wird. *Fthenakis* gibt den Prozentsatz der Familien, für die die gemeinsame elterliche Sorge die Regel sein sollte, jedoch mit 80 Prozent an. Dies ist sicherlich zu hoch gegriffen. Bedenklich erscheint, daß hier aus psychologischer Sicht die gemeinsame elterliche Sorge verordnet wird. Sowohl *Fthenakis* als auch *Jopt* begründen ihre Auffassungen mit einer systemischen Sichtweise der Familie. Es ist deswegen notwendig, näher auf die Grundannahmen der systemischen Familientherapie einzugehen.

II. Grundannahmen der systemischen Familientherapie

Bertalannfy hat die allgemeine Systemtheorie mit seinem bekannten Aufsatz im »American Handbook of Psychiatry« in die Psychotherapie eingeführt.[54] Schwierig ist bereits eine anschauliche Definition des Begriffs System. Im allgemeinen spricht man von einem »dynamisch selbstorganisierten Ganzen, einer Zuordnung von Teilen (z.b. verschiedenen Mitgliedern einer Familie), die in ständigem Austausch, in Wechselwirkung miteinander und mit dem Umfeld stehen«. Ausgetauscht werden Informationen, nicht Energien. Die Art der Zuordnung und des Austausches werden durch verschiedene weiterführende Gesetze beschrieben:

1. Das Ganze ist mehr als die Summe seiner Teile. Gegenüber reduktionistischen Ansätzen geht es hier um die Erfassung und Erhaltung von Komplexität. Die Beziehungsgestalt und der Beziehungsprozeß innerhalb der Familie lassen sich demnach nicht aus den Einzeldarstellungen der verschiedenen Familienmitglieder erschließen, sondern nur bei der Betrachtung der Gesamtgestalt der Familie.
2. Gestört ist nicht nur der einzelne, sondern gestört sind zugleich auch immer die Beziehungen im System. In der Familientherapie werden die Symptome als sinnvolle (verstehbare) Beiträge zu einer bestimmten Beziehungssituation gesehen. Für die Praxis ergibt sich daraus: Ändern sich die Beziehungen zwischen den Menschen, so ändern sich auch bestimmte persönlichkeitsabhängige Merkmale und umgekehrt.
3. Kein Teil des Ganzen kann für das Verhalten der anderen verantwortlich gemacht werden, weil alle auf sinnvolle Weise zusammenwirken. Mit diesem

---

54 *von Bertalannfy, L.*: General systems theory and psychiatry. In: American handbook of psychiatry. Vol. III. New York 1966, S. 705-722.

Satz wird ein vertrautes, lineares Kausalitätsmodell mit seinen Ursache- und Wirkungsverknüpfungen aufgegeben. Man nähert sich einem zirkulären (oder einem dialektischen) Kausalbegriff an, wo Wirkung und Rückwirkung unlösbar miteinander verknüpft sind. Die Arbeit mit Familien zielt dann nicht darauf ab, die familiären Ursachen individueller Störungen herauszuarbeiten, sondern vielmehr soll der Sinn der Symptome in der jeweiligen Beziehungssituation verstanden werden.

4. Anfang und Ende von Transaktionsprozessen lassen sich nur durch bewußte Vereinbarung (Interpunktion) festlegen. Beziehungsprozesse in Familien schreiten im Prinzip unendlich auf spiralförmige Weise voran. D.h. selbst wenn sich ein Muster wiederholt, so entsteht aufgrund der inzwischen vergangenen Zeit kein geschlossener Kreis. Die Rückkehr zum Ausgangspunkt ist unmöglich. In der Praxis ist es zwar immer wieder nötig, bestimmte Sequenzen aus dem Gesamtprozeß herauszulösen, z.b. eine bestimmte Entwicklungsperiode in den Mittelpunkt zu stellen, dabei sollte aber nicht übersehen werden, daß selbst dramatische Familienereignisse meist nur ein weiteres Element in einer Kette vergleichbarer Ereignisse sind.

5. Der jeweilige Kontext bestimmt die Beziehung im System. Beobachtungen über Familien hängen wesentlich von den zugrundegelegten Theorien ab. Entscheidend ist darüber hinaus noch, in welcher Situation sich der Beobachter (Berater oder Therapeut) und die Familie begegnen. Einstellungen und Verhaltensweisen sind kontextabhängig, unterschiedliche Ziele und Wertvorstellungen bestimmen die Beziehung der Beteiligten. D.h., der Sinn der Symptome kann nur für den jeweiligen Kontext erschlossen werden.

Diese allgemeinen Gedanken stecken einen Rahmen ab, der für die systemische Arbeit mit Familien die gleiche Gültigkeit hat wie auch für andere ökologische Fragen.

1.   Grenzen und Probleme der systemischen Sichtweise

Man kann die Anwendung des Begriffs System auf die Familie als Ausdruck des Zeitgeistes interpretieren. Mit der Systemtheorie geht der Anspruch einher, für höchst komplizierte, schwer erträgliche, oft ausweglos erscheinende Situationen familialen Handelns technische Lösungen zu finden. Es handelt sich dabei um eine durchaus zeitgemäße Theorie, die zwar einerseits von familialen Beziehungen spricht, andererseits aber nur inhaltsleere vor allem auch geschichtslose Funktionsabläufe meint.[55]

Die systemische Sichtweise reduziert menschliche und soziale Beziehungen auf die Eigendynamik technischer Regelkreise. Die Frage nach dem Funktionieren des Ganzen ist wichtiger als die Suche nach den Inhalten der zugrundeliegenden Konflikte. Nicht deren Aufdeckung und bewußte Verarbeitung, sondern das gute Funktionieren trotz tiefgreifender Probleme steht im Vordergrund. Die systemische Sichtweise von der Familie läuft nicht nur Gefahr, der Familie den Raum für eine kritische Selbstreflexion zu nehmen, sondern sie auch in die Rolle des vom Systemfachmannes mit Verschreibungen bzw. Verordnungen manipulierten Objektes zu bringen.

Es muß ausdrücklich betont werden, daß es nicht darum geht, Beratungs- und Behandlungsmethoden, die aus der systemischen Familientherapie abgeleitet wurden, zu diskreditieren. Es gibt Familien, bei denen es grundsätzlich oder in bestimmten Phasen ihrer Entwicklung unmöglich ist, durch eine primär konfliktaufdeckende Vorgehensweise Hilfe zu leisten. Bei solchen oft hoffnungslos erscheinenden Konstellationen, zu denen auch streitige Sorgerechtfälle gezählt werden können, hat sich die systemische Familienberatung als methodische Vorgehensweise bewährt, um der Familie neue Entwicklungsalternativen zu öffnen. Grundvoraussetzung für solche Beratungsarbeit ist jedoch das Prinzip der Freiwilligkeit.

Bei den hier zur Diskussion stehenden Auseinandersetzungen um die Zusammenarbeit von Recht und Psychologie wird die Systemsicht der Familie aber in einen anderen Verwertungszusammenhang gestellt. Sie dient zur Durchsetzung eines für richtig gehaltenen Konzeptes familialen Handelns in der Scheidungs- bzw. Nachscheidungssituation. Bezeichnenderweise findet sich in den zahlreichen Abhandlungen von *Fthenakis* und von *Jopt* kein konkreter Fall, an dem die Tragfähigkeit der Behauptungen aufgezeigt wird.

---

55 *Wirsching, M.*: Zum Verhältnis von analytischer und systemischer Familientherapie. In: Psychiatrie-Plenum. Berlin, Heidelberg, New York, London, Paris, Tokyo 1987, S. 111-121/114.

III. Familienbezogene Begutachtung

Autoren wie *Cotroneo* und *Krasner*[56], *Hagner*[57] sowie *Fthenakis*[58] plädieren für eine »familienbezogene Begutachtung«. *Cotroneo* und *Krasner* stellten dafür Leitlinien auf. Sie wollen keine Bindungspräferenzen ermitteln bzw. zwischen der Eignung der Elternteile als Sorgeberechtigte(r) abwägen. Vielmehr nehmen sie an, daß »aus der Sicht des Kindes ... eine schlechte oder gestörte Beziehung zu den Eltern besser (ist) als überhaupt keine«.[59] Folglich richtet sich ihr Hauptaugenmerk in erster Linie auf den Erhalt dieses Beziehungsgefüges, ohne nach der Qualität der Mutter-Kind-bzw. Vater-Kind-Beziehung und die Bedeutung der Interaktion der Eltern für die psychische Entwicklung des Kindes zu fragen.

Als einer der wenigen unter den systemisch orientierten (psychologischen) Sachverständigen hat *Jopt*[60] Einblick in seine Praxis als Gutachter gegeben. Auch er geht davon aus, daß das Fortbestehen einer gemeinsamen nachehelichen Elternverantwortung dem Wohl der Kinder am besten entspricht. Den Beweis für die Richtigkeit seiner These findet er in den Antworten der Kinder, die auf die Frage, »Was möchtest Du im Hinblick auf die Beziehung zu Deinen beiden Eltern?«, fast regelmäßig antworteten, »Am liebsten möchte ich, daß Mami und Papi wieder zusammengehen«. Und wenn er dem Kind daraufhin erkläre, daß dies leider nicht gehe, weil beide sich nicht mehr gerne hätten, dann heiße es: »Dann möchte ich wenigstens keinen von beiden verlieren.«

Jopt hält es für unmöglich, durch eine juristische bzw. psychologische Intervention in die streitende Scheidungsfamilie einen Status herbeizuführen, der dem Kindeswohl maximal dient. Deswegen sei es »Scharlatanerie« bzw. »Humbug«, wenn Sachverständige sich auf die Suche nach dem angeblich wichtigeren Elternteil machten, zu dem das Kind die nachweisbar stärkeren Bindungen habe. »Dubiose

---

56 *Cotroneo, M., Krasner, B.R.*: Familie und Rechtsprechung - Die Überschneidung zweier Systeme in familienbezogenen Gerichtsgutachten. Familiendynamik 4, 1975, S. 355-361.

57 *Hagner, K.W.*: Zur Rolle des Familiengutachters und seinem Verhältnis zum Familienrichter im streitigen Sorgerechtsverfahren - Elemente einer systemischen Betrachtungs- und Vorgehensweise. Familiendynamik 4. 1984, S. 323-338.

58 *Fthenakis, W.E.*: Zum Stellenwert der Bindungen des Kindes als sorgerechtsrelevantes Kriterium gemäß § 1671 BGB - Eine Replik auf einen Beitrag von *Lempp*. In: FamRZ 1984, S. 741-744. FamRZ 7, 1985, S. 662-672.

59 *Cotroneo, Krasner* 1975, a.a.O. (Fn. 56), S. 356.

60 *Jopt, U.-J.*: Die Rolle der Psychologischen Gutachter in Sorgerechtssachen. In: Wohl des Kindes. Systemische Konfliktlösungen im Scheidungsverfahren. Berichte und Materialien aus der sozialen und kulturellen Arbeit. Bd. 2. Nürnberg 1990, S. 71-81.

Konzepte« von »bewußtseinsfremden Schichten« oder einer »Tiefenpersönlichkeit« dienten zur theoretischen Untermauerung eines »pseudomethodischen Unsinns« in der Begutachtungspraxis: »... nicht minder absurd wie das methodische Vorgehen bei der Suche nach dem Bindungssieger ist es, Eltern unter dem Gesichtspunkt von Erziehungsfähigkeit, von Kontinuität oder von Förderungsmöglichkeiten zu separieren«. Kolleginnen und Kollegen, die mit ihrer Begutachtung »dysfunktional« in das Beziehungsgefüge von Scheidungseltern und -kindern eingreifen, bezeichnet er als »Psychuristen«, deren Handeln mit der Zielsetzung eines am Kindeswohl orientierten Eingriffs unvereinbar sei. Das Kindeswohl ist in *Jopts* Augen »zuallererst ein Gestaltungsauftrag, eine Arbeitsanweisung«.

Wie nimmt er diesen Auftrag wahr? »Zumindest häufig unterlaufe ich einfach den Auftrag des Gerichtes, der natürlich auch bei mir meistens immer noch lautet: Welchem Elternteil ist im Interesse des Kindeswohls das alleinige Sorgerecht zu übertragen? Daraufhin rufe ich den Richter entweder an und bitte ihn um eine andere Fragestellung - wobei ich eventuell Formulierungshilfe leiste -, weil ich diese nicht beantworten kann. Oder ich halte mich einfach gar nicht daran, gehe vielmehr in die Familie rein und sitze bereits beim dritten Gespräch mit beiden Eltern an einem Tisch. Wobei ich ihnen klarmache, daß mein zentrales Anliegen darin besteht, ihnen die verlorengegangene Mündigkeit als Eltern ihrer Kinder wieder zurückzugeben.«

Jopt räumt zwar ein, »auch oft genug aufzulaufen«, bei seinen Anstrengungen »nicht weiterzukommen« und dann »keine andere Wahl« zu haben als die, wie auch die Mehrzahl seiner Sachverständigenkollegen, »dem Gericht eine Empfehlung vorlegen zu müssen«.[61] Trotzdem weiß er, daß er, »... solange ... in der Bundesrepublik Mediation, vermittelnde Beratung, nicht zum festen Bestandteil des Scheidungsverfahrens erklärt (worden sei)«, überhaupt keine andere Chance hat als die, im Rahmen des ihm zugewiesenen Platzes als Sachverständiger »zunächst immer wieder erst zu versuchen, die ge- bis zerstörte Kommunikation zwischen den Eltern wieder in Gang zu bringen«. Dazu holt er sie an einen Tisch. Sein allererstes Ziel ist es, das Vertrauen von beiden zu gewinnen, »denn alles weitere steht und fällt damit«, ob es gelingt, »ihr tiefsitzendes wechselseitiges Mißtrauen nicht auch auf (seine) Person übergreifen zu lassen«.

Jopt betont, er legt großen Wert darauf, in den Augen der Eltern nicht als Amtsautorität zu erscheinen, »die ich rein formal ja bin, sondern durch eine große Portion von Echtsein den Beteiligten zu zeigen, daß ich mich tatsächlich in erster

---

61 *Jopt* 1990, a.a.O. (Fn. 60), S. 78.

Linie als Helfer verstehe«. Dazu gehört auch der Hinweis, daß er selbst geschieden ist und Probleme im Umgang mit dem eigenen Kind sehr wohl auch aus eigener Erfahrung kennt. Dann versucht er, »die bei den Eltern regelmäßig vermengten Ebenen von Partnerschaft und Elternschaft zu entflechten«, indem er sich zunächst einmal »eine ganze Zeit« mit deren Partnerschaft beschäftigt. Ist es ihm so gelungen, die Eltern als Erwachsene ein Stück zu »restabilisieren« und zu »entkrampfen«, hat er damit bereits »sehr viel« für das Kindeswohl bewirkt. Der zweite Schritt besteht in der Entflechtung beider Ebenen. Dazu bedürfe es der Information und Aufklärung sowie eines »systemisch-therapeutischen Know how«. Anschließend stellt er bei den Eltern »Empathie« her, indem er deren Aufmerksamkeitsfokus auf die »tatsächlichen Bedürfnisse und Interessen ihres Kindes« lenkt.

Obwohl *Jopt* immer wieder betont, daß niemand außer den Eltern, in ihrer Verschiedenheit und Einzigartigkeit, besser wisse, was dem Wohl ihres Kindes diene und man sie deswegen auch nicht in ihren Elternrechten und -pflichten beschneiden dürfe, macht er sich dies jedoch als Sachverständiger nicht zu eigen: »Denn zwar sprechen sie - weil sie nichts anderes sagen dürfen - durchaus vom sogenannten Kindeswohl. In Wahrheit meinen sie damit jedoch nichts anderes als ihre eigene Sicht der Dinge, ihre eigene Perspektive, ihre eigenen Ängste, Sorgen und Bedürfnisse - ihr eigenes Wohl. Das jedoch beinhaltet häufig etwas völlig anderes als das Wohl des Kindes. Denn Kinder wollen in aller Regel den Erhalt der Beziehung zu beiden Eltern, am liebsten sogar vor dem Hintergrund ihrer Versöhnung und Wiederaufnahme der familialen Lebensgemeinschaft.« In diesem Sinne zeigt er den Eltern in einem letzten Schritt auf, daß zwischen Sorgerecht und Aufenthaltsort ein fundamentaler Unterschied bestehe. »Natürlich« müsse ein Scheidungskind zumindest für eine »bestimmte Zeit« seinen festen Wohnsitz bei einem Elternteil haben, »doch wer das sein soll, das ist im Grunde eine rein pragmatische Frage, die wenig mit Psychologie und Kindeswohl, umso mehr dagegen mit Vernunft zu tun hat: Was macht mehr Sinn - und zwar in dieser Phase der kindlichen Entwicklung?«

Folgerichtig kann er sich in diesem Zusammenhang »nichts Vernünftigeres« vorstellen, »als daß man den Wohnsitz von Scheidungskindern über das Kinderleben hinweg aufteilt, so daß sie eine Phase ihres Lebens bei dem einen und eine Phase beim anderen Elternteil wohnen - selbstverständlich jeweils mit offenen und intensiven Kontakten zu dem, bei dem sie nicht gerade leben«.

Im Prinzip liegt der Kern seiner gesamten Sachverständigenarbeit darin, bei den Eltern ein Bewußtsein dafür zu schaffen, daß die im Sorgerecht enthaltene Elternverantwortung nicht teilbar, richtiger, nicht aufkündbar sei. Das Kind habe

einen Anspruch auf Erziehung durch seine beiden Eltern, den es sicherlich nur
sehr selten freiwillig aufgeben würde. Wo immer es ihm gelingt, bei den Eltern
entsprechend einen Konsens zu erzielen – bezüglich des Wohnsitzes bei gleichzei-
tigem Fortbestand der gemeinsamen Elternverantwortung –, da gerate anschließend
der Familienrichter in eine »Hoheitsfunktion«, er werde zum »Notar«, der das mit
Rechtskraft versieht, »was zwei Eltern in bezug auf ihr Kind gemeinsam beschlossen
haben«. Und »natürlich« gibt er auch dem Ganzen noch seinen »psychologischen
Segen« als Sachverständiger: »Denn es kann im Regelfall wohl kaum etwas
Stabileres und Tragfähigeres und damit dem Kindeswohl Dienlicheres geben als
das, was Eltern übereinstimmend ausdrücklich wollen.«

1. Kritik an der systemischen Form der Begutachtung

Jopt spricht zwar von Konflikten zwischen den Eltern, die es zu lösen gilt, eigentlich
meint er aber nur Kommunikationsstörungen. Wenn es so einfach wäre, die
zugrunde liegenden Konflikte nach einer kurzen »Aufwärmphase« mit ein wenig
guten Willen durch »Entkrampfung« zu lösen, muß man annehmen, daß die
meisten Eltern wohl kaum in diese verzweifelte Lage gekommen wären. Dem
Schritt zur Trennung und Scheidung liegt nicht nur eine gestörte Kommunikation
zugrunde. Die Kommunikationsstörung weist lediglich auf darunterliegende Inhalte hin, die dem Bewußtsein entzogen sind und daher bewußt nicht kommuni-
ziert werden können.

In den sog. »streitigen« Sorge- und Besuchsrechtsfällen mangelt es einem oder
beiden Partnern an dem Bewußtsein, daß das Problem in ihnen selbst liegt. Wie
kann der Gutachter mit einem Elternteil umgehen, der der festen Überzeugung
ist, daß im wesentlichen der Ex-Partner schuld ist an den Schwierigkeiten, daß also
eine Lösung gefunden werden könnte, wenn der Partner endlich zur Einsicht
käme?

Jopt spricht dem Einfluß unbewußter Prozesse nicht nur jegliche Bedeutung ab,
sondern diffamiert ihn als »Humbug«. Zugleich erweckt er den Eindruck, im Besitz
einer unfehlbaren Methodik zu sein. Sie gibt ihm als Sachverständigen – auch wenn
er dies von sich weist – eine starke Machtposition.

Selbstverständlich kann der Sachverständige nach Erhebung der Befunde zu dem
Ergebnis kommen, daß das Kindeswohl mit der Übertragung des elterlichen
Sorgerechts auf beide Elternteile am besten gewährleistet ist. Die gesetzlichen
Rahmenbedingungen schreiben keine alternative Empfehlung mehr vor. Um sich
von den tatsächlichen Verhältnissen in der jeweiligen Familie und von der Situation

des einzelnen Kindes ein Bild machen zu können, bedarf es jedoch zunächst einer differenzierten diagnostischen Abklärung. Eine Befunderhebung ist für *Jopt* nicht erforderlich. Unabhängig davon, wie diese ausfiele, die Intervention steht von vornherein fest. Ob beabsichtigt oder nicht, rückt er in die Rolle des »Wunderheilers«, der suggeriert, alle Krankheiten mit einem Mittel kurieren zu können.

Seine Erfahrungen als Sachverständiger lehren ihm, daß Eltern vom Kindeswohl sprechen, »in Wahrheit ... damit jedoch nichts anderes als ihre eigene Sicht (meinen) ...«. In dieser Verallgemeinerung ist die Aussage falsch. Selbst wenn Eltern unter dem Eindruck persönlichen Kummers und Leids mehr an sich als an die Kinder denken, schließt das nicht gleichzeitig ein, daß ihre Sicht der Dinge dem Wohl des Kindes widersprechen muß. *Jopt* entmündigt vorab alle Eltern, um ihnen dann die »verlorengegangene Mündigkeit« wieder zurückgeben zu wollen. Er bringt Eltern in eine regressive Abhängigkeit. Im Gegensatz zu ihnen weiß er, was das Richtige für das Kind ist. *Jopt* handelt über die Köpfe der betroffenen Kinder hinweg, weil er sich eine Utopie zu eigen macht. Anstatt verschiedener »Wahrheiten« gibt es für ihn nur die Wahrheit einer Utopie. Diese Utopie kann nur unter Verleugnung tiefergehender Konflikte aufrechterhalten werden. Konflikte werden nur als Störungen (kommunikativen) Verhaltens registriert und, derart simplifiziert, einer rationalisierenden Konfliktsteuerung scheinbar zugänglich.

Kommunikationsforschern wie *Bateson, Jackson, Haley* und *Weakland*[62] sowie *Watzlawick, Beavin* und *Jackson*[63] kommt das Verdienst zu, durch ihre Arbeiten über Kommunikationsstrukturen bei Schizophrenen und ihren Familien wichtige Beiträge zum Verständnis dieser Prozesse geliefert zu haben. Sie zeigen vor allem die Dinghaftigkeit der Strukturen auf, die Beziehungsrealität, in der psychisch Kranke leben. Die manifesten Erkrankungen stellen nur einen Teil eines insgesamt gestörten Beziehungssystems dar. Parallelen zu streitigen Sorgerechtsauseinandersetzungen drängen sich auf.

Mittlerweile wird von vielen für alle gestörten Beziehungen als einzig relevanter Faktor das System der Kommunikationsregeln angenommen. Nur, dieser systemtheoretische Ansatz ist per se nicht in der Lage, Aussagen über Kommunikationsinhalte zu machen, da er sein Interesse auf die Kommunikationsregeln beschränkt. Vermutlich geht die einseitige Bewertung der Kommunikationsregeln darauf zurück, daß sie in der Arbeit mit psychisch schwer kranken Menschen

---

62   *Bateson, G., Jackson, D.D., Haley, J., Weakland, J.H.*: Auf dem Weg zu einer Schizophrenie-Theorie. In: Schizophrenie und Familie. Frankfurt/M. 1969, S. 11–43.
63   *Watzlawick, P., Beavin, J. H., Jackson, D. D.*: Menschliche Kommunikation. Bern 1972.

entwickelt wurden, Psychotikern, die am stärksten in Beziehungssystemen gefangen sind. Psychoanalytikerinnen und Psychoanalytiker wie *Klein, Fairbairn, Winnicott, Blanck* und *Blanck* haben aus ihrer Sicht Hinweise auf Bedingungen geliefert, in denen der formale Ablauf von Kommunikation das Inhaltliche dominiert. Interpersonelle Abwehr ist auf ein Gegenüber angewiesen. Sowohl bei Spaltungsvorgängen, projektiven Identifikationen als auch bei narzißtischen Erweiterungen des Selbst muß ein Objekt vorhanden sein, mit dem auf so narzißtische Weise verfahren werden kann. Repräsentiert es einen symbiotischen Partner oder einen Selbst-Anteil, ist es unverzichtbar, unabkömmlich in seiner speziellen Besetzung.

Guntern[64] hat in einem Art Grundsatzartikel »die kopernikanische Revolution in der Psychotherapie«, den »Wandel vom psychoanalytischen zum systemischen Paradigma« verkündet. Er nennt »Metadeterminanten«, übergreifende Regeln der Verhaltenssteuerung. Dazu gehören u.a. das Prinzip des strategischen Vorteils, eine potentiell gefährliche Haltung einnehmen, um erfolgreich interagieren zu können usw. In seinen Beispielen geht es einem Partner generell darum, zu siegen, einen Streit zu seinen eigenen Gunsten zu entscheiden. »Kämpfe«, »Sei kompetitiv«, »Prahle« sagen die Regeln, die die Transaktion steuern. Mit anderen Worten: Man muß gewinnen, und dazu ist jedes Mittel recht. Wenn jedermann Feind ist, dann muß man sich als Berater oder Therapeut außerhalb des emotionalen Geschehens stellen. Man muß sich Mittel und Strategien einfallen lassen, um immer Herr der Situation zu bleiben.

Es wäre falsch, systemisch orientierten Psychologen und Familiengutachtern die Fähigkeit absprechen zu wollen, sich in die Situation der Familienmitglieder einfühlen zu können. Gemeint ist damit auch nicht eine durchgängige bewußte Haltung der Systemtherapeuten. Sie haben beratende und therapeutische Motivation. Sicherlich wissen sie, was Leiden ist und kennen dessen emotionale Qualität. Sie stoßen jedoch nicht zum Kern einer Familienpathologie vor. Ihre Theorie und die daraus abgeleitete Praxis der Begutachtung haben in ihrer Verallgemeinerung Abwehr-Charakter. Die eigene Rolle innerhalb des Systems wird nicht reflektiert. Kritik verdient vor allem das technizistisch-mechanistische systemtheoretische Kommunikations- und Symptomverständnis.

---

64 *Guntern, G.*: Der Wandel vom psychoanalytischen zum systemischen Paradigma. Familiendynamik 5, 1980, S. 2–41 (a); ders.: Das syngenetische Programm und seine Rolle in der Verhaltenssteuerung. In: Der Familienmensch. Stuttgart 1980(b).

Annegret *Overbeck*[65] stellt dazu fest, daß in der Systemtheorie die therapeutische Kommunikation nicht mehr der Verständigung diene, sondern der Steuerung und der Kontrolle. Der Therapeut sei nicht mehr teilnehmender, sondern außenstehender Beobachter mit einer eindeutigen Machtposition. Sie wendet sich gegen ein Menschenbild, das unter Außerachtlassung situativer, sozialökonomischer und institutioneller Bedingungen gezeichnet wird, und in dem die Frage der Sinnhaftigkeit der Existenz nicht gestellt wird. *Bauriedl*[66] wirft Systemtherapeuten vor allem das Manipulative an deren Techniken vor. Man könne durchaus von Machtausübung und Bedrohung sprechen, deren Notwendigkeit in einer Beziehung durch Ängste und Unfreiheit der Partner begründet ist. *Schülein*[67] macht bei der Systemtheorie einen »Reduktionismus« aus, weil sie die Struktur eines Systems unabhängig von seiner Entstehung und seinem Inhalt verstehe und damit jeglichen historischen und raum-zeitlichen Bezug vernichte. Daraus abgeleitete Beratungs- und Behandlungsverfahren verkümmerten zur Pragmatik jenseits jeglichen Sinns. *Schulz*[68] führt zum Ansatz der allgemeinen Systemtheorie und der Sozialkybernetik unter anderem an: »... wenn Organismen, einzelne Menschen, Computer und Sozialsysteme systemtheoretisch untersucht werden, dann nicht als gleichgeartete Wirklichkeiten, sondern lediglich unter dem Gesichtspunkt der Funktionalität. Dies besagt für die Systeme der Sozialkybernetik: es handelt sich hier um Modelle, die auf rational-technologische Funktionsfähigkeit hin konstruiert werden. Diese Systeme sind also keine wirklichen Subjekte. Die wirklichen Subjekte sind die geschichtlich handelnden Menschen ... Überdenkt man diese Zusammenhänge, dann erkennt man, daß der sozialkybernetische Wissenschaftler dialektisch vorgehen muß. Ihm ist nicht nur aufgegeben, von den Modellen her die Realität zu »perfektionieren«, sondern auch umgekehrt von der Wirklichkeit her die Modelle zu beurteilen und zu bewerten, damit diese nicht zu quasiontologischen Subjekten hypostasiert werden, denen gegenüber keine Kritik, sondern nur noch Anpassung möglich ist.«

Für den Sachverständigen resultiert daraus die Notwendigkeit, die einzelne Familie bei der Erarbeitung eines ihr gemäßen Sorgerechtsmodells zu unterstützen. Dies kann aber muß nicht juristisch die gemeinsame elterliche Sorge sein. Systemisch orientierten Psychologen ist darin zuzustimmen, daß es Ziel jeder beratenden Tätigkeit sein sollte, so viel an gemeinsamer elterlicher Verantwortung zu erhalten

---

65 *Overbeck, A.*: Nachdenken über Ziele und Wertvorstellungen in familientheoretischen Konzepten. Kontext 3, 1980, S. 97-101.
66 *Bauriedl, T.*: Beziehungsanalyse. Frankfurt/M. 1980.
67 *Schülein, J.*: Psychotechnik als Politik. Frankfurt/M. 1976, S. 159.
68 *Schulz, W.*: Philosophie in der veränderten Welt. Pfullingen 1972, S. 245.

bzw. zu entwickeln wie irgend möglich. Die Grenze ist dort erreicht, wo Psychologen dies meinen verordnen zu müssen.

IV. Interventionsmodelle

Mit dem Versuch, möglichst viele Kontakte des Kindes zur Mutter einerseits und zum Vater andererseits zu erhalten, wird unterschätzt, welche Bedeutung die Beziehung der Eltern untereinander für die Beziehung des Kindes zu ihnen hat. Psychotherapeuten und Kinderpsychiater haben immer wieder auf die verheerenden Folgen hingewiesen, die sich für das Kind ergeben, wenn es einer permanenten Konfliktspannung zwischen den Eltern ausgesetzt bleibt. Die Kontroverse mit systemisch orientierten Psychologen betrifft letztlich ja nur solche Fälle, in denen die gemeinsame Sorge bzw. die Besuche des nichtsorgeberechtigten Elternteils gerichtlich festgelegt werden sollen, weil sie im einverständlichen Zusammenwirken der Eltern allein nicht ausreichend gesichert erscheinen.

1. Richtlinien für die Begutachtung

Wegen der praktischen Schwierigkeiten bei der Anwendung eines Gesetzes, das die Gefühlsbindungen von Kindern berücksichtigt wissen will, liegt es nahe, daß nach Richtlinien für die Begutachtung in Sorge- und Besuchregelungsverfahren gesucht wurde. Der Kinder- und Jugenpsychiater Reinhart *Lempp* sowie seine Mitarbeiterinnen und Mitarbeiter haben diesbezüglich richtungsweisende Beiträge geliefert. Für die Begutachtung zogen sie folgende Schlußfolgerungen:

1. Das Kindeswohl und damit das Kindesrecht geht immer vor dem Recht der Elternteile.
2. Das Kind ist nicht Objekt in einer Ehescheidung und darf nicht zur direkten oder indirekten Bestrafung eines Elternteils mißbraucht werden. Die Übertragung des Sorgerechts ist keine Belohnung für das Verhalten in der Ehe oder Ehescheidung.
3. Der Wille des Kindes, zumindest seine affektive Tendenz, sollte nach Möglichkeit in jedem Falle geklärt werden und womöglich Berücksichtigung finden.
4. Bei der Übertragung des Sorgerechts sind die frühen affektiven Beziehungen des Kindes entscheidend zu berücksichtigen.
5. Der dominierende, erziehende und psychisch prägende Einfluß des sorgeberechtigten Elternteils ist anzuerkennen als ein mit der Erziehung untrennbar verbundener Faktor.

6. Der Verkehr des nichtsorgeberechtigten Elterteils ist nur dort mit dem Wohl des Kindes vereinbar, wo die Auseinandersetzung der Elterteile zur Ruhe gekommen ist. Die Bejahung eines erzieherischen Einflusses des nichtsorgeberechtigten Elternteils bei sich noch streitenden Partnern würde bedeuten, daß die ehelichen Auseinandersetzungen über die Scheidung hinaus prolongiert werden. Streitende Eltern sind aber nicht erziehungsfähig und die Erziehungsfähigkeit wird nicht allein dadurch zurückerlangt, daß die Eltern sich scheiden lassen.

7. Eine Pflicht des Kindes zum Kontakt mit dem nichtsorgeberechtigten Elternteil als Komplement zum sogenannten Elternrecht kann aus kinder- und jugendpsychiatrischer Sicht nicht anerkannt werden.

8. Der besonderen Belastung des Wechsels der Situation beim Verkehrsrecht sollte bei kleineren Kindern dadurch Rechnung getragen werden, daß seltenere und längere Aufenthalte gegenüber häufigeren, kürzeren den Vorzug erhalten.

9. In Sorgerechtsverfahren und Verkehrsregelungsverfahren muß der Zeitfaktor berücksichtigt werden. Bei sich länger hinziehenden Verfahren muß ständig die Situation erneut überprüft wrden, wie weit die Voraussetzungen zum Wohle des Kindes sich inzwischen geändert haben.

10. Aus kinder- und jugenpsychiatrischer Sicht sollte gegenüber dem biologischen Elterbegriff der psychologische in den Vordergrund treten. Eltern im psychologischen Sinne sind männliche und weibliche Erwachsene, die sich in gemeinsamer Sorge um das Kind bemühen, mit ihm zusammenleben, untereinander und mit dem Kind eine affektive Beziehung einzugehen bereit sind und die sich auch als Identifikationsobjekte anbieten.[69]

2.   Die Bindungen des Kindes als sorgerechtsrelevantes Kriterium

Lempp und *Wagner*[70] sahen bei 60 früher an der Kinder- und Jugendpsychiatrie der Universität Tübingen nach diesen Richtlinien erstatteten Gutachten die Akten bei den Gerichten und Jugendämtern ein, um den weiteren Verlauf nach der Begutachtung zu verfolgen. Sie wollten wissen, welches Gewicht den Gutachten von den Gerichten beigemessen wurde, wie der weitere Verfahrensverlauf war und welche Lösungen sich ergaben. Es zeigte sich, daß

---

69 *Lempp, R., Röcker, D.*: Die kinder- und jugendpsychiatrische Problematik bei Kindern aus geschiedener Ehe. Z. Kinder-Jugendpsychiat. 1, 1973, S. 25–36/35f.

70 *Lempp, R., Wagner, E.-M.*: Untersuchungen über den weiteren Verlauf von Sorgerechts- und Verkehrsregelungsverfahren nach der Begutachtung. FamRZ 2, 1975, S. 70–72.

- kinderpsychiatrische Gutachten ganz überwiegend den Beschlüssen und den endgültigen Regelungen zugrundegelegt wurden;
- Eltern sich in acht von 42 Verfahren nach Eingang des Gutachtens einigten und die streitigen Auseinandersetzungen beilegten;
- die Verfahren sehr lange dauerten. Im Schnitt waren die Kinder dreieinhalb bis vier Jahre im Streit zwischen den Eltern hin- und hergerissen.

Sie zogen daraus den Schluß, daß die Hinzuziehung eines psychiatrischen bzw. psychologischen Sachverständigen sinnvoll und notwendig ist, gaben aber zu bedenken, ob es in vielen Fällen nicht günstiger wäre, die Beratungsarbeit, die auch im Rahmen einer Begutachtung geleistet wird, den Eltern schon vor Beginn eines streitigen Verfahrens anzubieten. Es wurde ausdrücklich auf die Notwendigkeit hingewiesen, die Verfahrensdauer zu verkürzen.

Im Rahmen einer breiter angelegten Studie untersuchte *Kaltenborn*[71] den weiteren Verlauf von Sorgerechtsfällen, bei denen zur Frage der Kindesunterbringung ein kinder- und jugendpsychiatrisches Gutachten erstellt worden war. Ausgewertet wurden 60 Gutachten, die zwischen 1964 und 1978 an der Kinder- und Jugendpsychiatrie der Universität Tübingen im Auftrag eines Gerichts zur Lösung der streitigen Auseinandersetzungen angefertigt worden waren. In Teilstudien ging er folgenden Fragen nach

- welche Entscheidungskriterien den gutachterlichen Empfehlungen zugrundelagen und wie der weitere Verlauf der Begutachtung war;
- wie sich die durch die Diagnostik des kindlichen Beziehungsgefüges gewonnenen Erkenntnisse in einen gutachterlichen Plazierungsvorschlag umsetzen ließen, d.h. in wie vielen Fällen die kindlichen Beziehungspräferenzen derart ausgebildet waren, daß der Gutachter seine Empfehlung vorrangig auf diese Tendenzen stützen konnte.[72]

Für die Beurteilung des weiteren Verlaufs der Sorgerechtsregelung nach der Begutachtung standen die entsprechenden Gerichtsakten zur Verfügung. Außerdem wurden die betroffenen Scheidungsfamilien größtenteils interviewt bzw.

---

71 *Kaltenborn, K.-F.*: Die personalen Beziehungen des Scheidungskindes als sorgerechtsrelevantes Entscheidungskriterium - Eine katamnestische Untersuchung nach kinder- und jugendpsychiatrischer Begutachtung zur Regelung der elterlichen Sorge. FamRZ 10, 1987, S. 990-1000.
72 *Kaltenborn, K.-F.*: Entscheidungskriterien im Rahmen der Sachverständigenbegutachtung zur Frage der elterlichen Sorge nach der Ehescheidung - Eine Analyse kinder- und jugendpsychiatrischer und psychologischer Gutachten. ZfJ 2, 1989, S. 60-69.

schriftlich befragt. Anhand der Verlaufsgeschichte kam *Kaltenborn* zu dem Ergebnis, daß die personalen Beziehungen des Kindes als sorgerechtsrelevantes Kriterium von hervorragender Bedeutung sind.

Die Zweckmäßigkeit der Gutachtenempfehlung bestätigten 42 Fälle, wo die Kinder kontinuierlich in dem vorgeschlagenen Haushalt lebten und der gutachterlich empfohlene Aufenthalt als die unter den gegebenen Umständen bestmögliche Regelung bewertet wurde. Die Verlaufsgeschichten, bei denen der Kenntnisstand unvollständig blieb oder ausschließlich vom Sorgeberechtigten stammte, ergaben keine verläßlichen Hinweise, die gegen eine Ausrichtung der Sorgerechtsentscheidung an den kindlichen Beziehungspräferenzen sprechen würden.

In dreizehn Fällen kam es im weiteren Verlauf zu einer Aufenthaltsänderung des Kindes. Der gutachterlich empfohlene Aufenthalt des Kindes war dabei zunächst als »angemessen« und »kindeswohlgemäß«« beurteilt worden. Bei einigen Fällen unterlagen die Beziehungspräferenzen des Kindes und damit die Aufenthaltswünsche aber einem Wandel, infolgedessen es zu einem Wechsel in einen anderen Haushalt kam. Aufgrund dieser Veränderungen hätte zwar die ursprüngliche Gutachtenaussage an Gültigkeit verloren, nicht jedoch - so *Kaltenborn* - das sie leitende Prinzip.

Lediglich in fünf Fällen wurde die gutachterliche Empfehlung nicht verwirklicht. Gerade sie würden aber mit Eindringlichkeit auf die zentrale Bedeutung der personalen Beziehung des Kindes als Basis der Sorgerechtsregelung hinweisen. So konnte durch einen rechtzeitigen Aufenthaltswechsel die Beziehung zum verlassenen Elternteil aufrechterhalten werden, während die fortgesetzte Nichtbeachtung der emotionalen Tendenzen bei der Kindesplazierung die sukzessive Verschlechterung einer ursprünglich positiven Beziehung zur Folge hatte und schließlich zu einem völligen Abbruch der Beziehung führte.

Der Gutachter soll sich demnach nicht ausschließlich an der Aufrechterhaltung eines bis dahin bestehenden »Status quo«, d.h. der bereits praktizierten Verteilung der elterlichen Sorge, orientieren, zumal dann nicht, wenn ersichtlich ist, daß sie den Interessen und Bedürfnissen des Kindes widerspricht.

Ebenso wenig sei eine Ausrichtung der Sorgerechtsempfehlung an der Geschlechtszugehörigkeit des Elternteils geeignet, das Wohl des Kindes zu gewährleisten. Im Verhältnis zur Bedeutung der inneren Bindungen des Kindes seien äußere Faktoren wie die Berufstätigkeit eines Elternteils oder dessen soziale Lage ebenfalls von nachrangiger Bedeutung. Psychische Erkrankungen bzw. eine verminderte Erziehungsfähigkeit eines Elternteils sprächen grundsätzlich nicht gegen eine Zuteilung der elterlichen Sorge. Eine Einigung zwischen den Elternteilen in der Sorgerechtsfrage sei zwar wünschenswert, diene dem Kindeswohl aber nur dann, wenn der vereinbarte Aufenthalt der kindlichen Beziehungsdisposition auch gerecht werde.

In einer weiteren Teilstudie analysierte *Kaltenborn*, wie sich aus der einzelfallspezifischen Ausprägung der kindlichen Beziehungssituation Entscheidungskriterien für den Gutachter ableiten und zu einer Sorgerechtsempfehlung verwenden ließen.[73] Insgesamt wurden in 60 Gutachten 81 Kinder untersucht. Bei 62 Kindern stützte der Gutachter seine Sorgerechtsempfehlung primär auf kindliche Beziehungspräferenzen. *Kaltenborn*, selbst nicht gutachterlich tätig, läßt allerdings die Frage unbeantwortet, wie diese Bindungspräferenzen von den Gutachtern jeweils ermittelt wurden. Bei 14 Kindern wurden sekundäre Entscheidungskriterien herangezogen. In fünf Fällen wurde kein Sorgerechtsvorschlag gemacht.

In den Fällen, wo die gutachterliche Sorgerechtsempfehlung auf Entscheidungskriterien beruhte, »die aus der einzelfallspezifischen Ausprägung des kindlichen Beziehungsgefüges gewonnen wurden«, war nicht allein die Mutter-Kind-Beziehung oder die Vater-Kind-Beziehung zur Entscheidungsfindung herangezogen worden, »sondern das komplexe Spektrum personaler Beziehungen, die das Kind zur mütterlichen bzw. väterlichen Lebensgemeinschaft unterhielt«.[74]

In einem Teil der Fälle beruhten die gutachterlichen Empfehlungen auf entscheidungsrelevanten Bindungsunterschieden, die sich zwischen einer positiven kindlichen Bindung, einer negativ ablehnenden, ambivalenten oder einer durch Gefühlsverdrängungen charakterisierten Beziehung des Kindes ergaben. Viele Kinder besaßen gleichzeitig zu ihren Eltern oder anderen Erwachsenen ihres Lebenskreises positive Beziehungen. In diesen Fällen wurden die emotionalen Tendenzen und Aufenthaltswünsche der Kinder im Rahmen der klinischen Untersuchung durch eine interpretativ verstehende Diagnostik ermittelt. Die Gutachter sprachen nicht nur bei Kindern mit deutlichen Bindungsdifferenzen mit Eindeutigkeit und Nachdruck eine Sorgerechtsempfehlung aus, sondern auch bei denjenigen Kindern, die den Wunsch und die Neigung hatten, bei einem Elternteil leben zu wollen, gleichzeitig aber ein gutes Verhältnis zum anderen Elternteil oder zu Personen aus dessen Familienkreis unterhielten. Die gutachterliche Ausrichtung der Sorgerechtsempfehlung an der aktuellen kindlichen (Beziehungs-)Situation

---

73 *Kaltenborn* 1989, a.a.O. (Fn. 72).
74 *Kaltenborn* 1989, a.a.O. (Fn. 72), S. 61.

und dem daraus resultierenden Aufenthaltswunsch des Kindes erfolgte unter der Prämisse, daß damit die günstigsten Voraussetzungen für die weitere psychische Entwicklung des Kindes geschaffen wurden.

Wo wegen fehlender Bindungsdifferenzen und unklarer Aufenthaltswünsche der Kinder keine primären Entscheidungskriterien gewonnen wurden, griffen die Sachverständigen auf sekundäre Entscheidungsrichtlinien zurück. *Kaltenborn* unterscheidet zwischen »vorteilhaften« und »nachteiligen« Entscheidungskriterien: »Vorteilhafte Zuteilungskriterien bieten nach Ansicht des Gutachters am ehesten die Gewähr für stabile Beziehungsverhältnisse und eine positive Entwicklung des Kindes und begünstigen insofern die damit einhergehende Sorgerechtszuteilung. Nachteilige Kriterien sind, soweit sich dies im voraus abschätzen läßt, einer positiven Entwicklung des Kindes eher abträglich oder für diese ein gewisses Risiko, so daß sie gegen die Übertragung der elterlichen Sorge sprechen.«[75] Es handelt sich dabei also um Wertungen, die auf klinischer Erfahrung beruhen. Sie sind statistisch abgesichert, können jedoch nicht vorbehaltlos auf den jeweiligen Fall übertragen werden. Ihr Einsatz wird damit begründet, daß sie dazu dienen sollen, »Risiken bei der Plazierung des Kindes zu vermeiden«.

An vorteilhaften sekundären Entscheidungskriterien nennt *Kaltenborn:*

- das Kontinuitätsprinzip;
- das gemeinsame Aufwachsen mit Geschwistern im Haushalt eines Elternteils;
- die Tatsache, daß ein Elternteil der Beziehung des Kindes zum anderen Elternteil besondere Aufmerksamkeit widmet.

Als nachteilig für die Übertragung der elterlichen Sorge werden eingestuft:

- die Fremdbetreuung des Kindes durch eine Pflegefamilie;
- die überwiegende Versorgung des Kindes durch Großeltern oder Großelternteile;
- die Berufstätigkeit eines Elternteils, wenn dadurch eine Fremdbetreuung des Kindes erforderlich wird;
- das Hinzutreten neuer Personen zur familiären Lebensgemeinschaft;
- eine instabile soziale Lage;
- der beabsichtigte Wechsel eines Elternteils ins Ausland;
- die reduzierte Erziehungsfähigkeit eines Elternteils;
- voraussehbare Verschärfungen der Konflikte in der Kind-Elternteil-Beziehung;

---

75 *Kaltenborn* 1989, a.a.O. (Fn. 72), S. 63.

- Spannungen zwischen Elternteil und Großeltern;
- das Aufwachsen des Kindes ohne vertraute mütterliche Person bzw. ein zu erwartender Wechsel der betreuenden weiblichen Person.

Lediglich in fünf Fällen verzichteten die Gutachter auf eine Sorgerechtsempfehlung, weil sich weder aus der kindlichen Beziehungssituation noch anhand sekundärer Entscheidungsrichtlinien eine Empfehlung ableiten ließ. In der Untersuchung von *Kaltenborn* wird diesen »Sonderfällen« besondere Beachtung geschenkt. Sie zeichnen sich vor allem dadurch aus, daß ein erheblicher Widerspruch zwischen den direkten Aussagen des Kindes und seinen tatsächlichen Emotionen bestand.[76] Es zeigte sich, daß die verbalen Äußerungen des Kindes jeweils das Resultat gezielter Fremdbeeinflussung und -steuerung durch einen Elternteil waren. Bei näherer Prüfung konnten sie nicht als Ausdruck der freien Willensäußerung des Kindes verstanden werden. Folgerichtig konnten die Angaben des Kindes in diesen Fällen auch nicht zur Grundlage der gutachterlichen Empfehlung gemacht werden. Für die Begutachtung waren sie insofern von Bedeutung, weil sie aufgrund ihrer Genese Einblick in die spezifische Familienproblematik und die daraus resultierenden Belastungen für das betreffende Kind gaben.

Zu diesen »Sonderfällen« gehörten auch jene Fälle, in denen ein Kind emotional zur Lebensgemeinschaft eines Elternteils tendierte, der in der Biographie eine behandlungsbedürftige psychische Erkrankung aufwies. Kamen die Gutachter zu der Erkenntnis, daß allein aus diesem Grund die Übertragung der elterlichen Sorge auszuschließen gewesen wäre, dann erfuhren solche Auffälligkeiten nur so weit Beachtung, als sie für die emotionalen Bedürfnisse des Kindes und deren Befriedigung von Bedeutung waren. Mit anderen Worten: Wollte ein Kind in Gemeinschaft mit einem in dieser Weise auffällig gewordenen Elternteil leben, dann wurde der Aufenthaltswunsch des Kindes von seiten des Gutachters als maßgeblich erachtet.

Da häufig der Vorwurf erhoben wird, Mütter wären Vätern bei der Sorgerechtsregelung gegenüber im Vorteil, ging *Kaltenborn* auch dieser Frage nach. In dem von ihm ausgewerteten Material wurde für 39 Kinder die Mutter als Sorgeberechtigte vorgeschlagen. Für 30 Kinder erhielten Väter das Sorgerecht.[77] Gemäß dem Vorschlag des Gutachters sollten sieben Kinder entweder bei den Großeltern, der

---

76 *Kaltenborn* 1989, a.a.O. (Fn. 72), S. 65.
77 S. dazu auch *Klar, W., Siefen, R.G.*: Vater-Mutter-Relation von Empfehlungen in Sorgerechtsgutachten. Fragmente 22, 1986, S. 167-179 und *Zenz, G., Salgo, L.*: Zur Diskriminierung der Frau im Recht der Eltern-Kind-Beziehung. Bd. 133. Schriftenreihe des Bundesministers für Jugend, Familie und Gesundheit. Berlin, Köln, Mainz 1983.

Stieffamilie oder in einer Pflegefamilie aufwachsen. Für fünf Kinder wurde, wie gesagt, kein Plazierungsvorschlag ausgesprochen.

In nahezu 70 Prozent der gutachterlichen Stellungnahmen wurde einer Kontinuität der bisherigen Lebensverhältnisse Rechnung getragen. Dabei ist zu berücksichtigen, daß sich in vielen Fällen die familiäre Situation des Vaters, aus der heraus das Sorgerecht beantragt wurde, von der Lebenssituation der Mutter dadurch unterschied, daß die Väter zum Zeitpunkt der Begutachtung bereits in einer zweiten Ehe lebten, während die Mütter nicht wieder geheiratet hatten.

Vergleich man die von *Kaltenborn* anhand einer Analyse von Gutachten herausgearbeiteten Entscheidungskriterien und die ihnen zugrundeliegenden theoretischen Grundannahmen mit den Beiträgen anderer Autoren wie z.b. *Klar*[78], *Biermann* und *Biermann*[79], *Remschmidt*[80], *Ell*[81], *Pöch*[82], *Böddeker*[83], von *Braunbehrens*[84], *Klar* und *Siefen*[85], *Remschmidt* und *Martin*[86], *Süss, Schwabe-Höllein* und *Scheuerer*[87], *Köhler-Weisker*[88], *Koechel*[89], *Lempp*[90] sowie von *Studnitz, Wachowitz* und *Wegener*[91], fällt

---

78 *Klar, W.*: Entscheidungsrelevante psychologisch-pädagogische Faktoren im Sorgerechtsverfahren von Scheidungskindern. Z. Kinder-Jugendpsychiat. 1, 1973, S. 37-42.

79 *Biermann, G., Biermann, R.*: Scheidungskinder. Prax. Kinderpsychol. Kinderpsychiat. 27, 1978, S. 221-234.

80 *Remschmidt, H.*: Das Wohl des Kindes aus ärztlicher Sicht. Z. Kinder-Jugendpsychiat. 6, 1978, S. 409-428.

81 *Ell, E.*: Anmerkungen aus psychologischer Sicht zur Regelung der Personensorge. ZBLJR 67, 1980, S. 319-325.

82 *Pöch, H.*: Zur Praxis gutachterlicher Entscheidungsfindung bei Fragen elterlichen Sorgerechts. Partnerberatung 17, 1980, S. 82-92.

83 *Böddeker, K.-W.*: Überlegungen zur alltäglichen Praxis der psychologischen Sachverständigen im Sorgerechtsverfahren. Fragmente 16, 1985, S. 39-52.

84 *von Braunbehrens, V.*: Aspekte zur gutachterlichen Untersuchung von Kindern in Familienrechtsverfahren. Fragmente 16, 1985, S. 54-63.

85 *Klar, Siefen* 1986, a.a.O. (Fn. 77).

86 *Remschmidt, H., Martin, M.*: Begutachtungsfragen bei Kindern und Jugendlichen. In: Medizinische Begutachtung. Grundlagen und Praxis. Stuttgart 1987, S. 593-611.

87 *Süss, G., Schwabe-Höllein, M., Scheuerer, H.*: Das Kindeswohl bei Sorgerechtsentscheidungen - Kriterien aus entwicklungspsychologischer Sicht. Prax. Kinderpsychol. Kinderpsychiat. 36, 1987, S. 22-27.

88 *Köhler-Weisker, A.*: Möglichkeiten und Grenzen der Hilfe durch den Gutachter im Sorge- und Besuchsrechtsstreit. In: Beratung und Therapie, vor, während und nach der Scheidung. (In Druck).

89 *Koechel, R.*: Zur Anwendung der Psychoanalyse in den Rechtswissenschaften. In: Herausforderungen für die Psychoanalyse: Diskurse und Perspektiven. München 1990, S. 199-214.

90 *Lempp, R.*: Die Ehescheidung und das Kind. Ein Ratgeber für Eltern. München 1976.

91 *Studnitz, A. v., Wachowitz, E., Wegener, H.*: Psychologische Grundlagen für die Begutachtung erzieherischer Kompetenzen von Vater und Mutter im Rahmen vor-

zunächst ein hohes Maß an Übereinstimmung hinsichtlich dessen auf, wie man im Konflikt zwischen den Eltern der psychischen Dimension des »Kindeswohls« Geltung verschaffen kann. Kennzeichnendes Merkmal ist das Bemühen, die Interessen und Bedürfnisse des Kindes von den Interessen der anderen am Sorgerechtsverfahren Beteiligten, insbesondere von den Eltern, abzuheben. Dabei wird vorausgesetzt, daß es möglich ist, die Interessen des Kindes tendenziell erkennen zu können. Dabei sind in zunehmend stärkerem Maße Bemühungen zu erkennen, nicht von einer vorgegebenen Verteilung der Rollen und Funktionen in der Familie auszugehen, sondern die Familien so zu sehen, wie sie sich im konkreten Fall präsentieren.

Unterschiede bestehen lediglich in der Methodik der Begutachtung: Das Spektrum der Methoden reicht von der klassischen psychiatrischen Exploration, ggf. unter Zuhilfenahme testpsychologischer Verfahren auf der einen Seite (*Lempp* und Mitarbeiter), bis hin zur psychoanalytischen Interviewtechnik auf der anderen Seite (*Koechel, Köhler-Weisker*). Verfolgt man die wissenschaftliche Diskussion um die Methodologie, ist eine zunehmende Bereitschaft festzustellen, nicht mehr nur einfache Abhängigkeitsbeziehungen zu ermitteln bzw. Erklärungen nach diesem Muster zu begründen, sondern mehr die Wechselwirkung der Interaktionen der Familienmitglieder und damit die Dynamik familiärer Prozesse und ihre Bedeutung für das heranwachsende Kind zu erfassen.

V. Zur beruflichen Haltung des Gutachters

Es geht bei der Sorgerechtsbegutachtung auch um die Frage, mit welchem Selbstverständnis der Sachverständige seine Tätigkeit wahrnimmt. Die berufliche Haltung schließt vor allem ein, daß der Sachverständige über eine ausreichende Selbstwahrnehmung verfügt, um seine eigenen Probleme von denen derer unterscheiden zu können, die seine Hilfe beanspruchen. Aus psychoanalytischer Sicht ist damit das Konzept der Gegenübertragung angesprochen. In einem verallgemeinerten Sinne ist die Gesamtheit der Gefühle und Einstellungen gemeint, die der Sachverständige gegenüber den Familienmitgliedern hat.

Balint kennzeichnete mit Gegenübertragung alle Einstellungen und Verhaltensweisen des Analytikers gegenüber seinem Patienten.[92] Im Unterschied zu *Freud* schließt

mundschaftlicher Maßregeln bei Kleinkindern. (§§ 1671, 1672, 1632 Abs. 2, 1634 Abs. 2 BGB). Z. Kinder-Jugendpsychiat. 6, 1978, S. 266-279.
92 *Balint, M.*: Primärer Narzißmus und primäre Liebe. In: Therapeutische Aspekte der Regression. Reinbek bei Hamburg 1973, S. 45-93.

diese Sichtweise auch die berufliche Haltung des Analytikers gegenüber seinem Patienten mit ein.

Der Begriff läßt sich ohne größere Schwierigkeiten über die psychoanalytische Behandlungssituation hinaus erweitern. So kann man die Thematik als solche sowie die Beziehungen zwischen den Familienmitgliedern, die in einen Sorgerechtsstreit involviert sind, und den Experten (Richtern, Anwälten, Sozialarbeitern, Psychologen, Ärzten u.a.) unter Berücksichtigung der Gegenübertragung nicht nur vollständiger beschreiben, sondern im Hinblick auf die Reaktionen der Experten auch besser verstehen. Im Folgenden wird unter Gegenübertragung eine spezifische Gefühlsreaktion des Experten, hier des psychologischen Sachverständigen, auf spezifische Qualitäten der zu begutachtenden Familienmitglieder verstanden. Diese Auffassung schließt die allgemeinen Merkmale der Persönlichkeit des Sachverständigen aus und meint,

1. daß es beim Sachverständigen Gegenübertragungs-Reaktionen gibt, und daß diese während der gesamten Begutachtung existieren;
2. daß Gegenübertragung zu Schwierigkeiten bei der Begutachtung oder zu unsachgemäßer Handhabung der Begutachtung führen kann;
3. daß ständige Selbstbeobachtung des Sachverständigen im Hinblick auf seine Gefühle und Einstellungen den zu untersuchenden Personen gegenüber zu vermehrten Einsichten in die Vorgänge führen kann, die im einzelnen, zwischen den Familienmitgliedern und in der Familie ablaufen;
4. daß die inneren Verhältnisse des differenzierten Feldes der psychologischen Sachverständigentätigkeit mit ihren Bezügen nach außen und den damit verbundenen Grenzen ständig reflektiert werden.

Diejenigen, die in spezieller beruflicher Funktion in Verfahren zur Regelung des Sorge- und Besuchsrechts tätig werden, berichten übereinstimmend, daß die emotionalen Belastungen, denen sie sich ausgesetzt fühlen, im Vergleich zu anderen beruflichen (Alltags-)Situationen, weitaus größer sind. Häufig erleben sie sich an der Grenze der seelischen Belastbarkeit.[93] Werden die meist unbewußten Gegenübertragungsreaktionen nicht mit Hilfe eines adäquaten Konzepts bearbeitet, lösen sie in der Regel Angst und Aggression aus, die häufig in Form von Feindbildern, die z.B. auf die streitenden Parteien projiziert werden, wieder auftauchen. Ein gewisses Maß an Selbsterfahrung ist demnach unabdingbare Voraussetzung, damit der Sachverständige nicht bewußt oder unbewußt die Befriedigung seiner eigenen

---

93 S. dazu u.a. *Wendl, P.*: Scheidung aus richterlicher Sicht. In: Partnerkrisen und Scheidung. München 1986, S. 106–271/122ff.

Bedürfnisse sucht. Es würde an dieser Stelle zu weit führen, die verschiedenen unbewußten Elemente zu diskutieren, die dafür verantwortlich sind, warum jemand Sachverständiger beim Familiengericht wird und wie die Tätigkeit dadurch beeinflußt wird. Das Thema Ehescheidung und Scheidungsfolgen weckt bei allen, die damit konfrontiert werden, unangenehme Einstellungen und Gefühle. Für den Sorgerechtsstreit gilt dies im Besonderen. Für eine große Zahl Sachverständiger kompliziert sich die Situation noch dadurch, daß sie bei ihnen Erfahrungen der eigenen und/oder Scheidung der Eltern reaktiviert.

Am konsequentesten hat *Devereux* die Bedeutung der Gegenübertragung gewürdigt: »Im Lichte der Einsteinschen Anschauungen, daß wir Ereignisse nur 'am' Beobachter beobachten können - d.h., daß wir lediglich wissen, was an dem experimentellen Apparat, dessen wichtigste Komponente der Beobachter ist, und mit ihm, geschieht - bin ich auf dem von *Freud* gewiesenen Weg einen Schritt weitergegangen. Ich behaupte, daß das entscheidende Datum jeglicher Verhaltenswissenschaft eher die Gegenübertragung denn die Übertragung ist.«[94] In seiner grundlegenden Kritik der Verhaltenswissenschaften vertritt er die Auffassung, daß die Überschneidung von Objekt und Beobachter Angst erregt und zu unbewußten Gegenübertragungsreaktionen seitens des Beobachters Anlaß gibt. Dies führe zu einer Methodologie, durch die die emotionale Verstrickung eines Beobachters in sein Feld verleugnet wird. Die kontrollierte Wahrnehmung der Gegenübertragung trägt vor allem dazu bei, sich angstfreier ungelösten familialen Konflikten stellen zu können.

VI. Zusammenfassung

Nur sehr langsam setzten sich in der Rechtswissenschaft und Rechtspraxis Vorstellungen durch, die eine Orientierung des Kinderrechtsschutzes an den Interessen und Bedürfnissen des Kindes selbst verlangten. Um eine solche inhaltliche Konkretisierung der Kindesrechte und die Möglichkeiten und Grenzen ihres Schutzes bemüht man sich heute überall. Auf den ersten Blick hat es den Anschein, als spiegelte sich in den Beiträgen der verschiedenen psychologischen Richtungen mehr Widersprüchliches als Gemeinsames. Macht man sich jedoch klar, daß die Möglichkeiten der gerichtlichen Sorgerechtspraxis von der Substitution der elterlichen Entscheidung (Gerichtsbeschluß) auf der einen Seite bis hin zur uneingeschränkten Fortführung der elterlichen Entscheidungsautonomie auf der anderen

---

94 *Devereux, G.*: Angst und Methode in den Verhaltenswissenschaften. München 1967, S. 17.

Seite reichen (gemeinsame elterliche Sorge), stellt man fest, daß die Gegensätze gar nicht so groß sind.

Das von der Kinderheilkunde, vor allem aber von den psychologischen Wissenschaften in den letzten Jahrzehnten zusammengetragene, über die Grenzen von Schulen und Richtungen hinausreichende, übereinstimmende Basiswissen über die kindlichen Lebens- und Entwicklungsbedingungen sowie über die Dynamik familiärer Konflikte und deren Auswirkungen auf Heranwachsende wird nicht kontrovers diskutiert. Die Gegensätze resultieren vielmehr aus den unterschiedlichen Auffassungen über die Bedeutung der Ehescheidung und die Erwartungen hinsichtlich ihres Ablaufs.

Verschiedene Ehemodelle können verschiedene Familienmodelle zugeordnet werden. Je nach Verhältnis von Ehe und Familie ist auch die Bedeutung des Kindes eine andere. Infolgedessen verändert sich auch die Rolle des Kindes bei der Scheidung. Die Veränderung in der Einstellung zum Kind als einer eigenständigen Person hat im Ausdruck »Kindeswohl« einen rechtlichen Niederschlag gefunden. Nun zeigt sich, daß das »Kindeswohl« keine feste, einmal fixierbare Größe ist. Der Entdeckung der Familienmitglieder als Individuen folgt die Neuentdeckung der Individuen als Familienmitglieder, allerdings nicht mehr im Sinne einer Unterordnung der einzelnen unter ein höherwertiges Ganzes – die Familie als vorgegebene Institution – sondern im Sinne einer Interdependenz individueller Entwicklungen in der Familie und ihrer Abhängigkeit von der jeweiligen Familienstruktur. Wenn die Familie demnach ein Beziehungsgefüge ist, dessen Bewegung und Struktur als Ganzes darüber entscheidet, wie dem einzelnen die Entwicklung und Behauptung seiner Autonomie gelingt, so ist leicht erkennbar, daß diese Balance durch einseitige Dominanz ebenso gefährdet wird wie durch einseitige Aufopferung. »Kindeswohl« und »eigennütziges Elternrecht« könnten sich in diesem Rahmen als flexible Korrelate durchaus vereinbar erweisen, nicht jedoch als starre Postulate. So wenig es ein Zurück zum undifferenzierten Respekt vor der Familienautonomie geben kann, die im Grunde nichts anderes bedeutet als die unbegrenzte Herrschaft des ökonomisch, sozial und physisch/psychisch Stärksten, so wenig ist es mit der isolierten Betrachtung und Durchsetzung individueller Rechte des Kindes getan. Jeder Eingriff zum Schutz des Kindes berührt auch die Identität der übrigen Familienmitglieder und ihre Beziehung zueinander. Welche Veränderungen auch immer notwendig sind, sie erfordern die Berücksichtigung aller Beteiligten. Es ist das Verdienst von *Fthenakis, Jopt* u.a., hierfür zunehmend ein Bewußtsein geschaffen zu haben.

In der Bundesrepublik ist nicht nur das elterliche Sorgerecht, sondern auch das Jugendhilferecht reformiert worden. Neben den Voraussetzungen und Verfahren gerichtlicher Interventionen wurde in zunehmendem Maße auch ein differenziertes Spektrum von Hilfeleistungen entwickelt und rechtlich gesichert. Zunächst hielten solche Überlegungen nur sehr langsam Einzug, weil man auf die Tradition von Eingriffsnormen bestand, die sich ihrer Realisierung nicht zu vergewissern brauchten. Am Beispiel der von *Arntzen* vertretenen inhaltlichen Positionen und seiner Praxis der Begutachtung läßt sich zeigen, daß Recht und Psychologie Gefahr laufen, »unheimliche Allianzen« miteinander zu schließen. Dies kann zum einen der Fall sein, wenn Psychologen ihr Wissen über psychische Zusammenhänge so aufbereiten, daß es in den Sog eines als objektiv verstandenen, vom Gesetzgeber festgelegten, logisch aufgebauten Gerüsts von Normen gerät, das vorgibt, zweifelsfrei bestimmen zu können, was dem »Wohle des Kindes« dient, und zum anderen, wenn pragmatische Zweckmäßigkeitserwägungen von Juristen auf verborgene unternehmerische Interessen von Psychologen treffen, also Motive, die mit der ursprünglichen Zielsetzung nichts zu tun haben.

Angesichts der wachsenden Einsicht in die Begrenztheit rechtlicher Mittel besteht aber auch die Gefahr, in das Gegenteil zu verfallen: das Recht wird zugunsten eines Beratungs- und Therapieoptimismus suspendiert. Verfolgt man die aktuelle Diskussion um die Einführung von Mediationskonzepten (Konfliktvermittlung), deren Möglichkeiten und Grenzen im Zusammenhang mit Sorgerechtsstreitigkeiten noch nicht einmal ausprobiert sind, fällt auf, daß es vor allem Juristen sind, die glauben, im Besitz dieses Wundermittels sämtlicher Sorgen und Nöte enthoben zu sein.

Will man jedoch nicht in selbstverschuldete Handlungsunfähigkeit verfallen, muß man die Möglichkeiten und Grenzen solcher Hilfsangebote deklarieren. Ohne solche Skepsis läuft jede Bemühung Gefahr, gefährdete Kinder und deren Eltern ihrem leidvollen Schicksal zu überlassen. Bevor diese Grenzen markiert werden können, bedarf es einer Auslotung der theoretischen und praktischen Möglichkeiten auf der Grundlage des vefügbaren Erfahrungswissens. Dies gilt für alle Formen der Beratung und Hilfestellung, also auch für die Begutachtung in streitigen Sorge- und Besuchsregelungsverfahren. Freilich geschieht dies im Wissen, daß der gerichtliche Sorgerechtsstreit unter Mitbeteiligung psychologischer Sachverständiger nicht »das Modell« für die Regelung der elterlichen Sorge ist, sondern nach dem bisher Gesagten eher die anzustrebende Ausnahme darstellt. Zunächst sollte vielmehr alles unternommen werden, was dazu beitragen kann, die Entscheidung bei den Eltern zu belassen. Erste evaluative Studien belegen, daß es eine Reihe von Gründen gibt, die für eine Mitbeteiligung psychologischer Sachverständiger in der gerichtlichen Sorgerechtspraxis sprechen.

Anlaß zur Euphorie gibt der interdisziplinäre Diskurs für sich allein genommen noch nicht.[95] Die Hoffnung, unter Einbeziehung der psychologischen Nachbardisziplinen, das »Kindeswohl« wieder zweifelsfrei definieren zu können, hat sich zerschlagen. Mehr als die jeweils am wenigsten schädliche Alternative läßt sich nicht aufspüren. Der Prozeß der Entscheidungsfindung wird dadurch keineswegs leichter. Im Gegenteil, der Druck, dennoch verläßliche Aussagen zu liefern, steigt. Wie am Beispiel des Konzepts der gemeinsamen elterlichen Sorge nach Scheidung gezeigt wurde, ist die Gefahr groß, den Familienmitgliedern ein für richtig gehaltenes Modell vorschreiben zu wollen.

Das »Kindeswohl« verbietet es, die zuständigen Disziplinen voneinander abzuschotten. Die wesentliche Bedeutung des interdisziplinären Ansatzes bei der Suche nach dem »Kindeswohl« bzw. der »am wenigsten schädlichen Alternative« liegt darin, daß die beteiligten Experten voneinander lernen. Vor einer immer weiter getriebenen Spezialisierung muß dagegen gewarnt werden, weil sie die ohnehin schon schwierige Verständigung zwischen den Professionen nur noch schwieriger macht und auch die von den professionellen Entscheidungen Betroffenen mehr oder weniger ihrem Schicksal überläßt.

Ein funktionales Sorgerechtsverfahren zeichnet sich dadurch aus, daß die professionell Beteiligten ihr Wissen, das sie aus einer anderen Disziplin als der eigenen gewonnen haben, bewußt, maßvoll, offen und jederzeit nachprüfbar einsetzen. D.h. sich vor der Gefahr hüten, ihre Kompetenz und Macht zu überschreiten. Dann sind Grenzen zwischen den Professionen gezogen, die das Tun für sich selbst durchsichtig und für andere anfechtbar machen.[96] Die Psychoanalyse kann hier einen wichtigen Beitrag leisten, indem sie dazu beiträgt, nicht vorab wissen zu müssen, was bei der Regelung oder Wiederherstellung von Eltern-Kind-Beziehungen herauskommen soll. Es gibt dafür keine feste Kategorie.

---

95 *Simitis, S.*: Das Kindeswohl als Entscheidungsziel: Von der Euphorie zur Skepsis. In: Das Wohl des Kindes: Grenzen professionellen Handelns. Frankfurt/M. 1988, S. 191-206/195f.

96 S. dazu *Goldstein, J., Freud, A., Solnit A.J., Goldstein, S.*: Das Wohl des Kindes: Grenzen professionellen Handelns. Frankfurt/M. 1988.

3. Kapitel

Katamnestische Untersuchung

A. Fragestellung

Bis heute liegen nur wenige Studien über den weiteren Verlauf und die Entwicklung der Kinder nach psychologischer Begutachtung in streitigen Sorgerechtsfällen vor.[1,2] Zum einen interessiert die Frage, wie sich die Mitbeteiligung psychologischer Sachverständiger auf den weiteren Verlauf des Sorgerechtsverfahrens auswirkt, zum anderen, welche konstruktiven Lösungsansätze sich dabei ergeben. Wie ist der weitere Verlauf der kindlichen Entwicklung und der Beziehung zwischen Kind und beiden Elternteilen jenseits der gerichtlichen Entscheidung?

B. Untersuchungsgut

1. Größe der Stichprobe

Für die vorliegende Untersuchung wurden 15 Sorgerechtsgutachten, die vom Verfasser in den Jahren 1981 bis 1987 für verschiedene Familiengerichte erstellt wurden mit dem Ziel ausgewertet, die gutachterlichen Sorgerechtsempfehlungen und die ihnen zugrundeliegenden Entscheidungskriterien herauszuarbeiten. Für die Beurteilung des weiteren Verlaufs nach der Begutachtung standen zunächst die entsprechenden Gerichtsakten zur Verfügung.

---

1   *Lempp, R., Wagner, E.-M.*: Untersuchungen über den weiteren Verlauf von Sorgerechts- und Verkehrsregelungsverfahren nach der Begutachtung. FamRZ 2, 1975, S. 70-72.

2   *Kaltenborn, K.-F.*: Die personalen Beziehungen des Scheidungskindes als sorgerechtsrelevantes Kriterium. Eine katamnestische Untersuchung nach kinder- und jugendpsychiatrischer Begutachtung zur Regelung der elterlichen Sorge. FamRZ 10, 1987, S. 990-1000.

Zur Zeit der Abfassung der Gutachten war eine katamnestische Erhebung noch nicht geplant. Es handelt sich also um eine ungeplante Längsschnittstudie, die strengeren statistischen Anforderungen nicht gerecht werden kann.

C. Methodische Vorgehensweise

Zunächst wurden sämtliche Gutachten eingesehen und die Adressen der Eltern sowie die Aktenzeichen entnommen. Nach Vorlage des Aktenzeichens konnten die Akten bei Gericht eingesehen werden. Allen Eltern wurde im Anschluß daran ein ausführlicher Brief geschrieben, in dem der Anlaß der erneuten Kontaktaufnahme erläutert wurde. Der Briefbogen war so gestaltet, daß ein Abschnitt abgetrennt werden konnte, mit dem die Elternteile ihr Einverständnis zu einer Nachuntersuchung und einen Terminwunsch mitteilen konnten. Für telefonische Rückfragen war die Rufnummer meiner Praxis angegeben. Aufgrund des ersten Briefes konnte mit elf Elternteilen (drei Elternpaare) ein Untersuchungstermin vereinbart werden. Die Gespräche fanden entweder in meiner Praxis oder in der Wohnung der Interviewten statt.

In einem zweiten Schritt wurden diejenigen, die nicht reagiert hatten, nochmals angeschrieben. Auf diese Weise war es möglich, mit weiteren zehn Eltern einen Gesprächstermin zu vereinbaren.

Die Eltern, mit denen auf diese Weise keine Kontaktaufnahme möglich war, schrieb ich erneut an und legte einen kurzen Fragebogen bei, den ich zu beantworten bat. An alle Elternteile, von denen ich wußte, daß sie in der Zwischenzeit diese Region verlassen hatten, schrieb ich von vornherein diesen Brief mit dem kurzen Fragebogen. Hierauf antworteten sechs Elternteile mit z.T. sehr ausführlichen Briefen.

Die restlichen Elternteile der ursprünglichen Zahl von 30 verteilten sich wie folgt: Sie waren mit unbekannter Adresse verzogen (ein Vater), lehnten jegliche erneute Kontaktaufnahme mit mir ab (eine Mutter) oder zeigten auf die mehrfachen Versuche hin keinerlei Reaktion (ein Vater).

Nach Möglichkeit wurden nicht nur der sorgeberechtigte Elternteil, sondern beide Eltern sowie das (die) Kind(er) interviewt. Auf diese Weise gelang es, mit 20 Kindern, für die ich einmal ein Sorgerechtsgutachten erstellt hatte, wieder Kontakt aufzunehmen.

Bei einer Information über mehr als 90 Prozent der ursprünglich Befragten, erscheinen die Zahlen ausreichend, um über die Gruppe streitiger Sorgerechtsfälle, die psychologisch begutachtet wurden, im Rahmen einer Nachuntersuchung Aussagen machen zu können.

I. Explorationsmethoden

Die Exploration der Eltern erfolgte in der Regel in mehreren Sitzungen. Sie nahm zwischen zwei und vier Stunden, in Extremfällen auch mehrere Stunden in Anspruch. Zunächst wurden die Elternteile einzeln interviewt. Bei einigen Familien fanden später auch Interviews statt, bei denen die Eltern gemeinsam anwesend waren. Die Kinder wurden immer in Abwesenheit ihrer Eltern interviewt. Das Kinderinterview dauerte im Durchschnitt eine Stunde.

Die Interviews wurden in Form eines halbstandardisierten Interviews mit einem Interviewleitfaden geführt, der folgende Punkte umfaßte:

1. Wurde das, was gerichtlich entschieden wurde, in der Folge auch tatsächlich praktiziert, und wie wirkte sich dies auf die weitere Entwicklung des Kindes und seine Beziehungen zu den Eltern aus?
2. Veränderte sich die soziale und ökonomische Situation der Nachscheidungsfamilie?
3. Wie wurde die Scheidung von den Betroffenen affektiv und kognitiv verarbeitet?

Die unter Punkt 1. und 2. zusammengefaßten Fragen konnten gezielt exploriert werden. Die unter Punkt 3. aufgeführte Frage berührte die qualitativen Aspekte der Ehescheidung. Sie sollte etwas darüber aussagen, ob die Scheidung überhaupt etwas hinterließ, das zu verarbeiten war, was meist als selbstverständlich vorausgesetzt wird. Um dies zu erfassen, mußten Kriterien entwickelt werden, die angeben, was »verarbeitet« bzw. »nicht-verarbeitet« bedeutet. Dafür mußte wiederum Material vorhanden sein, an das diese Kriterien angelegt werden konnten. Dabei wurde zugrundegelegt, daß zum einen die gegenüber dem Ex-Partner noch vorhandenen Gefühle solch ein Kriterium darstellen und zum anderen die nachträgliche Beurteilung der Ehescheidung. Es ging also um die Frage, was die Scheidung für den einzelnen persönlich bedeutet und eine Antwort darauf, wer die »Schuld« daran trug, daß es so kam. Um einen Zugang zu bekommen, war ursprünglich beabsichtigt, diese Gefühle direkt anzusprechen. In den ersten Interviews zeigte sich jedoch, daß die Geschiedenen und deren Kinder ganz von sich aus darauf zu sprechen kamen, so daß es nahe lag, die Form der Exploration im

Laufe des Interviews zu modifizieren. D.h. im Zuge der Untersuchung wurde das Interview »freier« und stützte sich im wesentlichen auf Informationen aus drei Quellen:

a) auf die objektiven, d.h. jederzeit nachprüfbaren Daten (z.b. biographische Daten);

b) auf die Angaben des Interviewten über die subjektive Bedeutung dessen, was er erlebt, und

c) auf die szenischen oder situativen Informationen, die der Interviewte verbal oder averbal in der Interviewsituation vermittelt.[3]

Die Exploration begann demnach problemzentriert und diente der Erweiterung der Informationen, speziell in bezug auf den Zeitraum zwischen Begutachtung und Nachuntersuchung. Besonders erfragt wurden Veränderungen in der Familiensituation, soziale Daten und vor allem der weitere Verlauf der kindlichen Entwicklung und der Eltern-Kind-Beziehungen. Diese Angaben wurden mit den Daten der ausgewerteten Gutachten und Gerichtsakten sowie den Informationen aus dem »freien Interview« in einem ausführlichen Bericht integriert, wobei besonders die Gesichtspunkte Beachtung fanden, die von der Fragestellung her relevant schienen.

D. Ergebnis der Gutachtenanalyse

In einzelnen Fällen waren mehrere Kinder von der elterlichen Sorgerechtsauseinandersetzung betroffen. In 15 Gutachten waren insgesamt 22 Kinder vom Sachverständigen untersucht worden. Anlaß für die Begutachtung bildete jeweils eine schwierige Entscheidungssituation in einer streitigen, gerichtsanhängigen Sorgerechtsauseinandersetzung. Die folgende Tabelle 1 gibt einen Überblick über die wichtigsten äußeren Daten der Untersuchungsgruppe. Die Fälle wurden nach dem Datum des gerichtlichen Auftrags zur Begutachtung chronologisch geordnet und in alphabetischer Reihenfolge gekennzeichnet.

Aus Tabelle 2 geht hervor, wann der Auftrag zur Begutachtung gegeben wurde, wo das Kind sich vor der Begutachtung aufhielt, wann das schriftliche Gutachten bei Gericht vorlag und wie die Empfehlung des Sachverständigen lautete.

---

3 *Argelander, H.*: Das Erstinterview in der Psychotherapie. Darmstadt 1970.

Fall	Eltern	(Alter)[1]	Heirat	Kinder	(Alter, Geschlecht)[2]	Trennung d. Eltern
A	Mutter	(41)	12/67	A 1	(13) m	9/78
	Vater	(47)				
B	Mutter	(30)	12/71	B 1	(8) m	8/81
	Vater	(32)		B 2	(4) w	
C	Mutter	(29)	10/70	C 1	(6) w	10/81
	Vater	(34)		C 2	(4) m	
D	Mutter	(28)	5/74	D 1	(5) m	4/80
	Vater	(32)				
E	Mutter	(25)	10/77	E 1	(5) m	11/80
	Vater	(29)				
F	Mutter	(33)	12/77	F 1	(4) w	6/81
	Vater	(43)				
G	Mutter	(23)	10/80	G 1	(3) m	7/84
	Vater	(26)				
H	Mutter	(32)	4/75	H 1	(8) w	4/83
	Vater	(33)				
I	Mutter	(27)	9/73	I 1	(10) w	5/83
	Vater	(34)		I 2	(5) m	
				J 3	(6) w	
J	Mutter	(33)	8/69	J 1	(12) w	11/81
	Vater	(34)		J 2	(9) w	
				J 3	(6) w	
K	Mutter	(40)	8/66	K 1	(10) m	1/84
	Vater	(43)				
L	Mutter	(35)	6/72	L 1	(10) m	3/85
	Vater	(37)		L 2	(8) m	
M	Mutter	(23)	3/84	M 1	(1) w	4/84
	Vater	(30)				
N	Mutter	(32)	2/75	N 1	(15) m	9/85
	Vater	(34)		N 2	(14) m	
O	Mutter	(38)	4/68	O 1	(14) m	2/81
	Vater	(42)				

Tabelle 1: Übersicht über die 15 Begutachtungsfälle, die nachuntersucht
            wurden

Anmerkungen: [1] die Altersangaben beziehen sich auf den Zeitpunkt der
             Begutachtung
             [2] m = männlich; w = weiblich

Fall	Auftrag zur Begutachtung	Aufenthalt des Kindes vor der Begutachtung 1	Abdagedatum des schriftlichen Gutachtens	Sachverständigen-empfehlung
A	1/81	A 1 (M)	8/81	M
B	11/81	B 1 (V)	2/82	M
		B 2 (V)		M
C	5/82	C 1 (V)	10/82	V
		C 2 (V)		V
D	5/82	D 1 (V)	10/82	M
E	12/82	E 1 (V)	3/83	V
F	1/84	F 1 (V)	4/84	M
G	9/84	G 1 (V)	11/84	V
H	10/84	H 1 (V)	12/84	V
I	11/84	I 1 (V)	12/84	V
		I 2 (M)		M
J	11/84	J 1 (M)	3/85	M
		J 2 (M)		M
		J 3 (M)		M
K	8/85	K 1 (M)	11/85	M
L	8/85	L 1 (M)	10/85	M
		L 2 (M)		M
M	3/86	M 1 (M)	6/86	M
N	10/86	N 1 (G)	4/87	G
		N 2 (G)		G
O	12/86	O 1 (M)	6/87	M

Tabelle 2: Übersicht über die Untersuchungsgruppe
(Dauer der Begutachtung und Plazierungsvorschlag)

Anmerkung: [1] M = Mutter
V = Vater
G = Großeltern

I.   Altersstruktur

Faßt man die Geburtsjahrgänge beider Ehegatten zusammen, ergeben sich folgende Gruppengrößen:

Geburtsjahrgänge	Frauen (n)	Männer (n)
1930-1935	1	1
1935-1940	1	3
1940-1945	2	
1945-1950	3	7
1950-1955	6	3
1955-1960	1	1
1960-1965	2	
	15	15

Tabelle 3:   Altersgruppen

Alle 15 Frauen waren jünger als ihre Männer, eine davon zehn Jahre. Im Durchschnitt betrug der Altersunterschied zwischen den Ehegatten vier Jahre.

II.   Ausbildung und Beruf

Untersucht man die Gruppe nach der zuletzt besuchten Schule, ergibt sich folgendes Bild:

Schulabschluß	Frauen (n)	Männer (n)
Ohne Volksschulabschluß	1	1
Volksschulabschluß	6	8
Mittlere Reife	6	4
Abitur	1	
Hochschulabschluß:		
ohne akademischen Grad		
mit akademischen Grad	1	2
	15	15

Tabelle 4:   Zuletzt besuchte Schule

Ein Bildungsgefälle zwischen den beiden Geschlechtern läßt sich anhand der untersuchten Gruppe nicht eindeutig feststellen.

Zum Zeitpunkt der Begutachtung ergaben die Angaben über den erlernten und zuletzt ausgeübten Beruf folgendes Bild: Vier Frauen hatten keine abgeschlossene Berufsausbildung. Während der Ehe waren sie keiner Erwerbstätigkeit nachgegangen. Eine dieser Frauen hatte vorübergehend als Aushilfe gearbeitet. Elf Frauen verfügten über eine abgeschlossene Berufsausbildung (sieben Sekretärinnen, eine Friseuse, eine technische Zeichnerin, eine Krankenschwester, eine Designerin und eine Verkäuferin). Lediglich zwei dieser Frauen mit abgeschlossener Berufsausbildung hatten ihre Erwerbstätigkeit während der Ehe ganz aufgegeben. Eine Frau arbeitete als Friseuse gelegentlich zu Hause. Die restlichen acht Frauen waren auch während der Ehe ihrer Berufstätigkeit weiter nachgegangen.

Bei den Männern stellte sich die Situation wie folgt dar: Drei Männer waren arbeitslos (ein Kfz-Mechaniker, ein technischer Zeichner und ein ungelernter Arbeiter). Die übrigen zwölf Männer waren erwerbstätig (zwei selbständige Handwerksmeister, ein Physiker, ein Versicherungsoberinspektor, zwei Soldaten, ein Polizist, ein Sozialpädagoge, drei kaufmännische Angestellte und ein Installateur).

Obwohl die Männer dieser Untersuchungsgruppe sich ausnahmslos für ein Modell der Arbeitsteilung in Ehe und Partnerschaft ausgesprochen hatten, das es der Frau gestattet hätte, voll oder teilweise berufstätig zu sein, bedarf es zur Erfassung dessen, was in den einzelnen Ehen tatsächlich praktiziert wurde, verschiedener Modelle.

Modell der Arbeitsteilung	Anzahl
1. Nur der Mann arbeitet, die Frau bleibt ganz zu Hause.	4
2. Der Mann arbeitet voll, die Frau teilzeitlich. Sie übernimmt den Großteil des Haushalts und der Erziehung.	7
3. Beide gehen einem vollen Beruf nach und teilen sich je zur Hälfte in Erziehung und Haushalt.	1
4. Keiner der Partner geht einer Erwerbstätigkeit nach. Die Frau übernimmt den Großteil des Haushalts und der Erziehung.	2
5. Die Frau arbeitet voll, der Mann bleibt ganz zu Hause. Sie übernimmt zusätzlich den Großteil des Haushalts und der Erziehung.	1

Tabelle 5: Modelle der Arbeitsteilung

Trotz veränderter Aufgaben praktizierten mehr als zwei Drittel aller Paare ein traditionelles Ehemodell. Weiter ist der Übersicht zu entnehmen, daß auch die anderen Paare die Aufgaben so verteilt hatten, daß sie insbesondere zu Lasten der Frauen gingen. Ein Paar praktizierte eine Ehe nach dem Partnerschaftsmodell. Dieses Paar war in besonders hohem Maße auf außerfamiliale Hilfen bei der Haushaltsführung und der Betreuung des Kindes angewiesen. Nach Ablauf des sechsmonatigen Mutterschutzes wurde die Tochter zunächst von den Großeltern väterlicherseits versorgt, die einige hundert Kilometer entfernt wohnten. Als die Tochter ein Jahr alt war, nahmen die Eltern sie wieder zu sich. Sie wurde dann von einer Kinderfrau versorgt, die sich ihrerseits von ihrem Mann trennte und am Ende des zweiten Lebensjahres des Mädchens verschwand. Die Versorgung des Kindes lag dann zu einem großen Teil bei den Eltern dieser Kinderfrau. Diese Beziehung wurde durch die Trennung der eigenen Eltern unterbrochen, so daß dieses Mädchen bis zum Ende seines dritten Lebensjahres insgesamt vier schwere Trennungstraumata hatte.

III. Herkunftsfamilien

Partnerwahl und Ehe können nicht nur als Begegnung zweier Individuen verstanden werden, aus der heraus sich eine Paardynamik entwickelt, sondern auch als Begegnung zweier Familiensysteme. Die familiäre Herkunft beeinflußt die Partnerwahl und die Ehe. Qualitative Angaben über die Herkunftsfamilie zu bekommen, erweist sich im Rahmen einer Begutachtung jedoch als außerordentlich schwierig. Zum einen sind sie der direkten Beobachtung und Befragung nicht mehr zugänglich, da die Angaben notgedrungen durch die Erinnerung gefiltert sind, zum anderen besteht die Tendenz, die eigene Herkunft in einem positiven Licht erscheinen zu lassen, um sich nicht als Sorgeberechtigte(r) zu disqualifizieren. Die entsprechenden Angaben sind also mit Vorsicht zu bewerten, zumal lebensgeschichtlich Vergangenes nicht als solches, sondern in Relation und z.T. auch in Funktion zum Hier und Jetzt der Begutachtungssituation bewertet wird.

Werden nur die objektivierbaren Daten herangezogen, haben alle Elternteile ihre Kindheit und Jugend hauptsächlich bei ihren Eltern bzw. in Einelternfamilien (s.u.) verbracht. Vier der untersuchten Männer wuchsen »vaterlos« auf. In einem Fall war der Vater nicht bekannt (»Ich hatte viele Väter ...«). In zwei Fällen war der Vater jeweils kurz nach der Geburt des Kindes gefallen. Die Kriegerwitwen hatten nicht wieder geheiratet. In einem weiteren Fall war die Mutter mit ihrem Sohn geflohen. Sieben Jahre nach Kriegsende kehrte der »Vater« aus der Gefangenschaft zurück. Erst kurz vor der eigenen Verheiratung hatte der untersuchte Mann erfahren, daß es sich nicht um den leiblichen Vater handelte.

Zwei der untersuchten Frauen waren in zusammengesetzten Familien aufgewachsen. Die Mutter war jeweils geschieden und hatte ältere Halbgeschwister mit in die zweite Ehe gebracht. Beide Frauen waren in der zweiten Ehe die Erstgeborenen.

Mehr als zwei Drittel der untersuchten Männer und Frauen gaben an, »eine schöne Kindheit und Jugend im eigenen Elternhaus« verbracht zu haben. Die übrigen beurteilten ihre erste Lebensphase als »mehr oder weniger glücklich« (vier Angaben), »nicht schlecht« bzw. »normal und ordentlich« (je zweimal genannt). Lediglich ein Mann, der in asozialen Verhältnissen aufgewachsen war (und wieder in asozialen Verhältnissen lebte), sprach rückblickend von einem »Chaos« und eine Frau, die unter der Strenge ihres Vaters gelitten hatte, von einer »schwierigen Zeit«.

Etwas über ein Drittel der Untersuchten war jedoch froh gewesen, durch die Heirat »aus dem Elternhaus rauszukommen«. In etwa gleich groß war die Gruppe, die mit Schuldgefühlen gegenüber den eigenen Eltern geheiratet hatte. Bei acht Paaren hatte zumindest einer der Partner zu den Eltern ein so gutes Verhältnis, daß sich durch die Heirat in der wechselseitigen Beziehung »nichts ändern konnte«. In diesen Fällen spielten die Eltern bzw. Schwiegereltern durchweg auch eine wichtige Rolle bei der Betreuung und Erziehung der Enkelkinder. Die Großeltern hatten vor allem bei jenen Familien eine besondere Bedeutung, wo vor der Trennung mehrere Generationen unter einem Dach gewohnt hatten. Hier hatten die Eltern in der Regel der Partnerwahl ihrer Tochter bzw. ihres Sohnes gegenüber größte Skepsis geäußert. Sie berichteten, auch schon vor der Heirat ihrer Kinder der Meinung gewesen zu sein, daß diese Ehen schwierig werden könnten, wobei nicht auszuschließen ist, daß das tatsächliche Scheitern damit im nachhinein teilweise erklärt werden sollte.

Nimmt man dagegen die Angaben der untersuchten Frauen und Männer zu der Frage, wie sie Mutter und Vater sowie deren Beziehung, etwaige Geschwister und die Atmosphäre im Elternhaus erlebt hätten, dann berichteten rund zwei Drittel (Männer und Frauen im ausgewogenen Verhältnis) Konflikte. Folgende Problemkreise kristallisierten sich dabei heraus: Eine bedrohliche Familienatmosphäre, geprägt durch Angst, Jähzorn und Gewalttätigkeit infolge eines launischen, mal gutmütig, mal aggressiven Vaters schilderten 13 Untersuchte. Drei der Befragten gaben zusätzlich ein Alkoholproblem eines Elternteils an. Wo der Vater gefehlt hatte, fühlten sich die Männer von ihren Müttern »emotional ausgebeutet«. Vier (zwei Männer und zwei Frauen) beschrieben enge, kontrollierende Beziehungen im eigenen Elternhaus bei gleichzeitiger innerer Distanzierung. Vor diesem Hintergrund erschien die Partnerwahl jeweils als Versuch, die unerledigten Konflikte aus der eigenen Herkunftsfamilie durch äußere Lösung bzw. durch ein »Kontrast-programm« zu lösen.

IV. Ehe und Familie bis zur Trennung und Scheidung

In diesem Abschnitt werden Verlauf der Ehe, Familiengröße und Ehedauer dargestellt.

1. Alter und Zivilstand bei der Heirat

Heiratsalter	Frauen	Männer
bis 19 Jahre	7	1
20-24 Jahre	6	10
25-29 Jahre	2	2
30-34 Jahre		1
35-39 Jahre		1
	15	15

Tabelle 6:   Heiratsalter

Für 14 Frauen und 15 Männer war es die erste Ehe. Eine Frau war 1974 verwitwet. Aus der ersten Ehe waren vier Kinder hervorgegangen. Acht Monate später heiratete sie zum zweitenmal. Aus der zweiten Ehe ging eine gemeinsame Tochter hervor, die nach der Trennung ihrer Eltern bei dem Vater lebte. Insgesamt zeichnete sich in der Untersuchungsgruppe eine Tendenz zur frühen Heirat ab.

2. Familiengröße

Von der Trennung bzw. Scheidung der 15 Elternpaare und damit einem Sorge-rechtsstreit waren 22 minderjährige Kinder betroffen. Ihrer Zahl nach verteilen sie sich auf die Ehen wie folgt:

Kind (er)	Anzahl
Ein Kind	9
Zwei Kinder	5
Drei Kinder	1
Gesamt	15

Tabelle 7: Familiengröße

Die Übersicht zeigt, daß in nahezu zwei Drittel der Fälle Familien mit Einzelkindern betroffen waren.

3. Ehedauer

Betrachtet man die Trennungs- bzw. Scheidungshäufigkeit in Abhängigkeit von der Ehedauer, fällt auf, daß vor allem Ehen mit längerer Dauer vertreten sind. Die kürzeste Ehedauer betrug zwar nur fünf Monate, die längste dagegen immerhin 18 Jahre.

Ehedauer in Jahren	Anzahl
0 - 5	4
5 - 10	2
10 - 15	8
15 Jahre und mehr	1
Gesamt	15

Tabelle 8: Ehedauer bis zur Trennung

4. Alter der Kinder bei Trennung der Eltern

Unterscheidet man nach dem Alter der Kinder bei der Trennung der Eltern, dann
ergibt sich folgende Verteilung:

Altersgruppe	Anzahl der Kinder z.Z. der Trennung
0 - 1	1
2 - 5	8
6 - 10	11
10 Jahre und älter	2
Gesamt	22

Tabelle 9: Alter der Kinder bei Trennung der Eltern

Wie Tabelle 9 zeigt, waren fast alle Kinder jünger als zehn Jahre als ihre Eltern sich
trennten bzw. scheiden ließen. Fast die Hälfte der Kinder war noch im Vorschulalter.

5. Reaktionen der Kinder in Abhängigkeit von
    Alter und Entwicklung auf die Trennung der Eltern

In der vorliegenden Untersuchung wurden folgende Reaktionsmuster der Kinder
auf die Trennung und Scheidung der Eltern festgestellt:

Anzahl der Kinder weibl.	männl.	Alter	Symptomatik	Mäd.	Jung.
1	-	0-1	-	1	-
2	3	2-3	Ängstlichkeit	2	2
			auffällige Regression	2	2
			Entwicklungsrückstand	-	2
			Rückzugstendenzen	2	2
			Überangepaßtsein	1	1
			agressive Durchbrüche	-	1
1	2	4-5	Ängstlichkeit	1	2
			auffällige Regression	1	1
			Rückzugstendenzen	1	2
			Schlafstörungen	-	1
			Einnässen	-	1
			Überangepaßtsein	1	1
3	4	6-8	Ängstlichkeit	3	1
			auffällige Regression	2	1
			Schulprobleme	1	3
			Schlafstörungen	-	1
1			psychosomatische Reaktionen (Asthma, Ekzeme, Eßstörungen)	-	1
			Kontaktprobleme	2	4
			motorische Unruhe	-	1
			aggressive Durchbrüche	-	3
			Überangepaßtsein	2	-
			Einnässen	1	1
			dissoziales Verhalten (Lügen, Diebstahl)	-	1
2	2	9-10	Ängstlichkeit	1	1
			psychosomatische Reaktionen (Erbrechen, Eßstörungen, Asthma)	1	2
			Schulprobleme	1	-
			Schlafstörungen	1	1
			aggressive Durchbrüche	-	1
			Pseudoerwachsensein	1	1
-	2	12-13	Schulprobleme	-	2
			Konzentrations- und Lernschwäche	-	2
			Nägelkauen	-	1
			Rückzugstendenzen	-	1

Tabelle 10: Reaktionsmuster der begutachteten Kinder auf die Trennung und Scheidung ihrer Eltern.

Ermittelt wurden die Störungen anhand der Angaben der Eltern, aus ärztlichen Attesten und Befundmitteilungen, Berichten der Jugendämter sowie mittels eigener Beobachtungen. Ein Teil der Kinder wurde im Rahmen der Begutachtung auch testpsychologisch untersucht (s.u.). Grundsätzlich fiel auf, wie wenig Eltern bereit- oder in der Lage waren, dem Verhalten ihrer Kinder Beachtung zu schenken. Verhaltensauffälligkeiten registrierten sie meistens erst dann, wenn sie im Zuge des Sorgerechtsstreits Gegenstand von Schriftsätzen der Anwälte geworden waren oder wenn Sozialarbeiter bzw. Familienrichter sie darauf angesprochen hatten.

Die Zahl der untersuchten Kinder ist relativ gering. Hinzu kommt, daß sich die Kinder hauptsächlich auf die Gruppe der Zwei- bis Zehnjährigen verteilen. Allgemeine Aussagen über die Reaktionsmuster von Kindern und Jugendlichen auf die Trennung und Scheidung ihrer Eltern lassen sich daraus nicht ableiten. Dennoch lohnt es sich, das Material deskriptiv auszuwerten und grundlegende Reaktionsmuster zu beschreiben.

Man sieht zunächst, daß das Spektrum der Reaktionen sehr breit ist. Bis auf ein kleines Mädchen, dessen Eltern sich schon vor ihrer Geburt wieder getrennt hatten, reagierten alle Kinder heftig auf die Trennung bzw. Scheidung ihrer Eltern. Unabhängig vom Alter und von der Geschlechtszugehörigkeit traten Ängste, Regressionen und Rückzugstendenzen am häufigsten auf, wobei Jungen im Alter von sechs bis zehn Jahren massiver zu reagieren schienen als Mädchen gleichen Alters.

Besonderen Belastungen schienen Mädchen dann ausgesetzt, wenn die Mutter sich vom Vater getrennt und das Kind bei ihm zurückgelassen hatte. Das Gleiche gilt für Jungen, die von ihren Vätern bei deren Müttern zurückgelassen wurden. Es spricht manches dafür, daß sich das Fehlen des gleichgeschlechtlichen Identifikationsobjekts auf diese Kinder stärker ausgewirkt hat, als die infolge des Scheiterns der Elternbeziehung auftretenden Probleme eines alleinerziehenden Elternteils und deren Auswirkung auf die Eltern-Kind-Beziehung.

Weiter traten besondere Belastungen für jene Kinder auf, bei denen die Trennung bzw. Scheidung der Eltern in Entwicklungsabschnitte fiel, in denen von ihnen ohnehin besondere psychosoziale Anpassungsleistungen erwartet wurden. Gemeint sind sog. Schwellensituationen, wie Eintritt in den Kindergarten, Einschulung und Pubertätsbeginn.

Die von *Wallerstein* und *Kelly*[4] in ihren umfangreichen Untersuchungen beschriebenen entwicklungsabhängigen Reaktionsmuster wurden in dieser Gruppe nicht beobachtet. D.h. jedoch nicht, daß die von ihnen beschriebenen Gefühle wie Angst, Schuld, Scham, Verzweiflung, Wut und Störungen in der Regulation des Selbstwertgefühls bei den hier untersuchten Kindern nicht aufgetreten wären, sie wurden psychodiagnostisch lediglich nicht erfaßt, weil es im Sorgerechtsstreit weniger um das Aufspüren von Störungen als vielmehr um Bindungspräferenzen geht. Deutlich wurde dies vor allem dort, wo Kinder im Rahmen der Begutachtung auch testpsychologisch untersucht worden waren.

Die Kategorien, die hier an die Reaktionen der Kinder angelegt wurden, weisen in erster Linie in Richtung einer »gestörten Anpassung« an die realen äußeren Verhältnisse. Anders formuliert: Offenbar lastete auf den Kindern ein enormer Anpassungsdruck. Die Erwachsenen wurden erst dann auf sie aufmerksam, wenn die Kinder diesem Druck nicht mehr standhielten und mit Störungen ihres Verhaltens reagierten.

Fast alle Kinder fühlten sich weiterhin beiden Elternteilen verbunden und hätten es am liebsten gehabt, wenn Mutter und Vater wieder zusammengewesen wären. Sie waren durchweg damit beschäftigt, ihren Beitrag dazu zu leisten. Demgegenüber waren die Eltern zwar getrennt, aber weiterhin in ihre ungelösten Paarkonflikte verstrickt. Von ihren Kindern nahmen sie entweder keine Notiz, oder nur so viel, wie es in ihre eigenen Vorstellungen und Pläne paßte. Unfähig auf die Sorgen und Nöte ihrer Kinder einzugehen, kämpften sie außerdem noch um sie und zogen sie damit in einen zusätzlichen Loyalitätskonflikt hinein. Die Kinder wurden nicht nur vernachlässigt, sondern auch noch im Elternstreit funktionalisiert und instrumentalisiert. Für die Kinder wurde dadurch die Kluft zwischen Wunsch und Wirklichkeit unüberbrückbar groß. Dabei waren zwei typische Reaktionsbildungen zu beobachten: Viele Kinder, die von ihren Eltern keine Hilfe erfahren hatten, bemühten sich in Umkehrung der Eltern-Kind-Beziehung, ihren Eltern das zu geben, was diese ihnen vorenthalten hatten. Selbst kleine Kinder waren bereit, insbesondere den Elternteil, den sie als »schwächer« und »hilfsbedürftiger« erlebten, zu schützen und helfen zu wollen. Sie erfüllten Wünsche und Erwartungen, die bewußt an sie herangetragen wurden, ebenso, wie unbewußte Vorstellungen und Phantasien, die der psychischen Selbsterhaltung eines oder beider Elternteile dienten. Dafür zwei Beispiele:

---

4 S. dazu Kap.1.

Das vier Jahre alte Mädchen (Fall F) lebte nach der Trennung der Eltern beim Vater. Er war schon früher psychisch labil gewesen. Für den Fall, daß man ihm das Kind wegnähme, hatte er mit Selbstmord gedroht. Während der Untersuchung wurde das Kind plötzlich unruhig: »Ich kann das Bild nicht mehr malen. Ich muß weg. Papa ist allein in der Wohnung. Er hat Angst ohne mich.«

Der dreizehnjährige Ludwig lebte nach der Scheidung seiner Eltern bei der Mutter. Die Besuche beim Vater hatten ihn »krank gemacht«. Weil er nicht ohne seine Mutter sein konnte, kam er in ihrer Begleitung zur Untersuchung. Eingehakt, Arm in Arm, standen sie da. Er trug ein Sakko und eine Krawatte. Unter dem anderen Arm hielt er eine Zeitung. Die Mutter eröffnete das Gespräch. Währenddessen blätterte er in der Zeitung. »Eigentlich möchte mein Sohn, daß sein Vater und ich zusammenleben. Wir passen aber nicht zusammen. Er hat sich um nichts gekümmert. Er machte immer, was er wollte. Ich fühlte mich alleine gelassen. Um mit jemanden sprechen zu können, ging ich zu meinen Eltern. Ludwig weiß das. Ich fände es ja auch gut, wenn er seinen Vater sähe. Soll ich aber um des Kindes Willen mit ihm gemeinsam die Wochenenden bei seinem Vater verbringen? Ich hab so schon genug Probleme mit ihm. Er sitzt nur alleine zu Hause rum und ißt. Ich habe überhaupt erst einmal ein anderes Kind bei uns gesehen.« Der Sohn legte die Zeitung beiseite und räusperte sich: »Manchmal klingelt doch einer bei uns. Der will mich zum Fahrradfahren abholen. Das ist doch schon ganz gut. Ich habe nur keine Zeit und keine Lust.« Die Mutter fiel ihm ins Wort: »Na ja. Immer dasselbe. Du hast doch gleich Streit.«

Ludwig wäre von Geburt an schwierig gewesen: »Er kam mit einem Schiefhals auf die Welt. 14 Tage habe ich ihn im Krankenhaus gestillt. Dann kamen wir nach Hause und es ging los. Er wollte nicht trinken und nicht schlafen. Ich wohnte bei meinen Eltern. Er hatte eine Nische in meinem Zimmer. Er hat die ersten Monate nur geschrien. Ich habe nach einigen Wochen wieder gearbeitet. Meine Mutter kam auch nicht mit ihm zurecht. Nach sechs Monaten gab ich deswegen meine Arbeit auf. Alle waren tyrannisiert. Viele Ärzte konnten uns auch nicht helfen. Ludwig war merkwürdig: Alles was flüssig war, nahm er. Milch aber nur dann, wenn sie nicht angedickt war. Erst als er drei war, aß er. Plötzlich aß er so viel, daß er gleich zu dick wurde.« Der fettleibige Sohn hörte strahlend zu: »Kinder können ja nicht sagen was sie wollen, sie können nur was tun. Ich bin eben anders wie andere Kinder. Ich bin sehr empfindlich. Ich werde schnell krank. Ich muß viel Schularbeiten machen. Vor anderen Kindern habe ich Angst. Sie sind scheinheilig. Eines Tages werden sie mich hintergehen und dann verhaun. In der neuen Schule war ich fünf Wochen. Dann wurde ich zum Klassensprecher gewählt. Ich wollte meine Klasse zur besten der Schule machen. Die anderen sind mir in den Rücken gefallen und haben mich abgewählt.« Die Mutter tröstete ihn, als er anfing zu weinen:

»Ist ja gut. Ich bin ja bei dir.« Zum Untersucher gewandt: »Ich möchte wissen, womit das zusammenhängt. Was hat er nur für einen Schaden davongetragen?«

Beide Elternteile waren in sehr strengen Elternhäusern aufgewachsen. Während der Vater als Ältester von drei Kindern sich »sehr früh selbständig« gemacht und »auf eigene Beine gestellt« hatte, war die Bindung der Mutter an ihre Eltern »sehr eng und herzlich« geblieben: »Ich bin Einzelkind. Die Ehe meiner Eltern ist vorbildlich. Jeder ist für jeden da. Man kann sich aufeinander verlassen. Alles ist bei uns harmonisch.« Dieses Glück wurde getrübt, nachdem ihre Tochter von einem »flüchtigen Bekannten« ein Kind erwartete. »Die Zustimmung meiner Eltern zur Heirat habe ich erkämpft. Nach der Hochzeit blieb ich bei meinen Eltern. Mein Mann war beruflich viel unterwegs und baute ein geerbtes Haus um. Wir sahen uns kaum.«

Die »Harmonie« in der Wohnung der Großeltern war gestört. Das Kind schrie weiter. Die Mutter war unsicher und überfordert. Ihre eigenen Erwartungen an das Mutter-Sein waren enttäuscht worden. Die Eltern machten ihr Vorwürfe (»Wir haben das ja geahnt. Jetzt mußt du härter durchgreifen!«) und mischten sich in die Versorgung und Pflege des Kindes ein. Mutter und Großeltern suchten im Vater des Kindes den Sündenbock: »Der kümmerte sich um nichts. Eigentlich störte ihn Ludwig nur bei seinen beruflichen Plänen und dem Hausbau. Ich fühlte mich von ihm im Stich gelassen.« Der Vater: »Das war doch kein Zustand. Ich wollte mit meiner Familie da raus und in die eigenen vier Wände. Schon möglich, daß ich mich zu wenig um die Familie gekümmert habe.«

In der Begutachtungssituation spiegelte sich der alte Konflikt zwischen Mutter und Sohn wider: Immer noch war sie zwischen dem Wunsch, passiv dem Jungen nachzugeben oder ihn aktiv zu führen, hin- und hergerissen. Aus Angst von ihm »unterworfen« zu werden, mußte sie ihn zum Gehorsam erziehen. Gleichzeitig schwächte sie seinen Willen, an den sie wiederholt mit den Worten appellierte: »Wenn er doch nur ein bißchen wollte.« Widerspruch wurde in dieser Beziehung jedoch nicht geduldet. Es schien, als fürchtete sie eine flexible Auseinandersetzung, die sie in ihrer eigenen Erziehung auch nicht kennengelernt hatte. Auseinandersetzungen auf verbaler Ebene endeten tatsächlich immer im Streit. Man könnte auch sagen, daß der Junge auf bestimmte Techniken der Auseinandersetzung konditioniert worden war. Er hatte frühzeitig gelernt, daß es darum geht, wer der Stärkere ist. Wer nicht unterworfen werden will, muß den anderen unterwerfen. Verstärkt durch die äußeren Einflüsse hatte sich dieser Interaktionszirkel zwischen Mutter und Kind schon sehr früh herausgebildet. Die Mutter erlebte sich in ihrem Verhalten so, weil das Kind »so schwierig« war, und vermutlich bildete sich bei dem Jungen schon recht bald die Vorstellung: »Ich bin so schwierig, weil die Mutter nicht weiß, was ich will und brauche.« Immer mehr in die

Isolation geraten, wollte sie es wenigstens nicht mit dem Kind verderben und »nun alles besonders gut machen«.

Nicht in dem Maße hochambivalent besetzt wie die Mutter, hätte der Vater in frühen Entwicklungsphasen des Jungen ein Schutz gegen das Zurücksinken in primärnarzißtische Positionen der unstrukturierten Identität mit der symbiotischen Mutter sein können. Als Repräsentant der Außenwelt, die das Kind neugierig erforscht, fehlte der Vater jedoch weitgehend, so daß die Loslösung des Jungen von der Mutter zu einer »Alles-oder-Nichts-Entscheidung« geworden wäre. Ludwig nahm keine anderen wichtigen Beziehungen auf. Neben seiner Bindung an die Mutter waren alle anderen Beziehungen schlecht und wurden dementsprechend entwertet. Die »guten« und hauptsächlich »bösen« Introjekte konnte er innerlich nicht zu Selbst- und Objektrepräsentanzen integrieren. Ständig war er davon bedroht, in Beziehungen zu anderen Menschen schon bei geringsten Kränkungen und Enttäuschungen von »fürchterlicher Wut« gepackt zu werden, die ihn überwältigte. In der Folge beschränkte er sich darauf, entweder keine oder nur schlechte Beziehungen zu anderen Menschen zu haben.

Mit diesem »Problemkind« ging seine Mutter von einem Arzt zum anderen. »Es gab so gut wie nichts, was er nicht hatte.« Er wurde wiederholt (unnötig) operiert. Die Schmerzen im Kopf und Bauch nahmen noch zu. Außer einer »hochgradigen Adipositas« ergaben die Untersuchungen nie einen auffälligen Befund. In der Kinder- und Jugendpsychiatrie sollte er ambulant untersucht werden. Beim Versuch, ihn in Abwesenheit seiner Mutter zu untersuchen, bekam er einen Tobsuchtsanfall und demolierte die Praxis.

Die Streitigkeiten zwischen seinen Eltern nahmen zu. Nachdem der Vater sich von der Mutter getrennt hatte - Ludwig war damals sechs Jahre alt -, schien es dem Jungen sogar besser gegangen zu sein. Zunächst besuchte er noch regelmäßig seinen Vater. Er soll gerne zu ihm gegangen sein. Seine Mutter wurde jedoch zunehmend unzufriedener und depressiver. Ludwig nahm mehr und mehr Züge seines Vaters an. Nun stritt die Mutter mit ihm. Sie klagte: »Du bist wie dein Vater.« Vor Besuchswochenenden wurde er daraufhin »krank«. Der Vater beharrte auf sein Umgangsrecht. Die Mutter erhob dagegen Klage vor Gericht. Ihre Klage wurde damit begründet, daß der Vater den Jungen sexuell mißbraucht hätte, indem er, wie Ludwig immer wieder bereit war zu Protokoll zu geben, versucht habe, ihn mit Pornofilmen aufzuklären. (Erst sehr viel später wurde offenkundig, daß ihm diese Aussage von seiner Mutter und seinen Großeltern »in den Mund gelegt« worden war.)

Wegen seines Auftretens und seines Aussehens stieß Ludwig, jedenfalls bei Gleichaltrigen, auf Ablehnung und wurde gehänselt. Um sich wichtig zu tun, erfand er Geschichten, in denen er Großes vollbrachte. Im Gegensatz dazu stand sein tatsächliches Leistungsvermögen. Testpsychologisch nur ansatzweise erfaßbar, bewegte er sich kognitiv auf unterdurchschnittlichem Niveau. In der Schule quälte er sich von Klasse zu Klasse.

Dieses Beispiel macht deutlich, wie groß die Gefahr ist, daß das Kind als einseitiger Bündnispartner in den Paarkonflikt einbezogen wird. Der Junge wurde nicht nur zum Verbündeten der Mutter, sondern kämpfte auch an ihrer Stelle gegen den Vater. Einerseits war er »Medium« im fortgesetzten Elternstreit, andererseits auch Partnersubstitut. Das Verhängnisvolle an dieser Entwicklung war, daß die elterliche Haltung wie der Schlüssel ins Schloß kindlicher Wünsche und Tendenzen paßte. Ludwig war nämlich der »festen Überzeugung«, für seine Mutter »lebenswichtig« zu sein. Diese Vorstellung vermittelte ihm ein grandioses Selbstgefühl (»Ich bin anders als die anderen Kinder.«) und entband ihn von einer Auseinandersetzung mit seiner eigenen Entwicklung. Die Ablösung von der Mutter war nicht nur mit Schuldgefühlen und Angst besetzt, sondern auch mit dem Verlust der Vorstellungen von der eigenen Identität, die er in der Übernahme seiner Funktion der Mutter und dem Vater gegenüber gefunden zu haben glaubte.

An diesem Beispiel wird jedoch auch deutlich, wie problematisch es ist, wenn Verhalten nur (objektiv) registriert und im unmittelbaren Bezug zur Situation in der es auftritt und in die es eingebettet ist, gesehen wird. Im Falle Ludwigs traten Verhaltensstörungen bereits in den ersten Lebensjahren auf, die sich in der Folge noch verstärkten und mit Symptombildungen kombinierten. Mit anderen Worten: die wesentlichen Traumatisierungen fanden zu einem Zeitpunkt statt, da die Familie zumindest nach außen hin noch intakt war. Betrachtet man die von der Trennung und Scheidung ihrer Eltern betroffenen Kinder unter diesem Gesichtspunkt, ist es von Interesse, danach zu fragen, ob bereits zu einem früheren Zeitpunkt Beschwerden und Symptome vorlagen.

6.   Symptome und Beschwerden der Kinder vor der Trennung und Scheidung der Eltern

Die folgende Tabelle 11 gibt einen Überblick über die Häufigkeit psychischer Symptome der untersuchten Kinder. Die Angaben beziehen sich auf den Zeitraum vor der Trennung und Scheidung der Eltern.

Symptomatik[1]	Häufigkeit des Auftretens
1. Dissoziales Verhalten (aggressive Durchbrüche, Schulschwänzen, Stören im Unterricht, Diebstahl, Sachbeschädigungen, Lügen, sexuelle Aufälligkeit	10
2. Kontaktarmut	19
3. Schulstörungen (Konzentrations- und Leistungsschwäche)	9
4. Depressive Verstimmungen	5
5. Psychosomatische Symptome (Kopf-, Magen- und Bauchschmerzen, Blasenentzündungen, Übelkeit, Erbrechen, asthmatische Beschwerden, Ekzeme)	10
6. Bettnässen	3
7. Schlafstörungen	4
8. Mißbrauch von Drogen	

Tabelle 11: Häufigkeit der Symptome aus der Vorgeschichte der
untersuchten Kinder

[1] Mehrfachnennungen möglich

In zwei Fällen war zu einem früheren Zeitpunkt eine »schwere Retardierung« diagnostiziert worden. In zwei anderen Fällen war es im Zusammenhang mit einer angeborenen Anomalie des Harnleiters, die zahlreiche chirurgische Eingriffe erforderte bzw. nach einem schweren Schädel-Hirn-Trauma mit nachfolgendem langen klinischen Aufenthalt, zu psychosomatischen Symptombildungen gekommen.

Lediglich sechs der 22 untersuchten Kinder hatten bis zur Trennung ihrer Eltern noch keine Symptome entwickelt. In der weit überwiegenden Mehrzahl der Fälle waren dagegen schon im Kleinkindesalter erstmals Beschwerden oder Symptome aufgetreten, wegen derer die Kinder Ärzten, Psychologen oder Sozialarbeitern vorgestellt worden waren. Vier Kinder hatten bereits eine längere psychiatrisch-psychotherapeutische Behandlung bzw. eine Beratung (z.T. unter Einbeziehung ihrer Eltern) hinter sich.

Werden diese Befunde mit der Literatur[5] verglichen, fällt auf, daß sich im Untersuchungsgut »dissoziale Verhaltensweisen« und »psychosomatische Symptombildungen« der Häufigkeit nach die Waage halten. Im allgemeinen besteht dagegen eine Übereinkunft dahingehend, daß dissoziale Verhaltensweisen bei Kindern aus Scheidungsfamilien gegenüber psychosomatischen Störungen überwiegen. Vermutlich erklärt sich diese Diskrepanz damit, daß hier die Symptome der Kinder vor der Trennung bzw. Scheidung der Eltern erfaßt wurden. Tatsächlich ließen sich Symptomverschiebungen in der untersuchten Klientel infolge der Scheidung der Eltern beobachten.

Hervorzuheben ist weiterhin, daß die Untersuchung von *Kächele* »Kontaktarmut« gar nicht erwähnt, während sie in dieser Studie das führende Symptom darstellt. *Kächele* wertete Krankenblätter der Jahre 1958 bis 1972 aus. Das älteste Kind der hier untersuchten Gruppe wurde dagegen erst 1968 geboren. Es ist denkbar, daß sich in diesem Befund Auswirkungen neuer Sozialisationsbedingungen bzw. Symptombildungen niederschlagen.

Sowohl das breite Spektrum der Symptome als auch deren Häufigkeit legen die Vermutung nahe, daß die Mehrzahl der Kinder schon vor der Trennung und Scheidung ihrer Eltern erheblichen psychischen Belastungen ausgesetzt war. Als Faustregel kann gelten: Waren die Kinder schon psychisch auffällig gewesen, führte die Trennung der Eltern zu einer Verschlechterung des Symptom- und Beschwerdebildes. Wo die psychische Entwicklung der Kinder »unauffällig« verlaufen war, traten infolge der Trennung bzw. Scheidung der Eltern erstmals psychische Auffälligkeiten auf. Da dies keineswegs für alle Kinder aus Scheidungsfamilien gilt, ist anzunehmen, daß es sich bei den sog. »Begutachtungsfällen« in der Tat um eine negative Auslese handelt.

V. Scheidungsgründe

Im Hinblick darauf, wie die Scheidung von den Betroffenen verarbeitet wurde, ist es von Interesse zu erfahren, welches die Gründe waren, die zur Scheidung geführt haben. Sämtliche Ehen wurden nach dem Zerrüttungsprinzip geschieden. Die folgende Übersicht faßt die Angaben zusammen, die die Ex-Partner auf die Frage, was zum Scheitern ihrer Ehe führte, anläßlich der gutachterlichen Untersuchung gemacht hatten.

---

5   Vgl. dazu *Kächele, S.*: Symptome bei Scheidungskindern in der Kinder- und Jugendpsychiatrie. Diss. Tübingen 1979.

Fall	Frau	Mann
M	»Geht sie nichts an.« Hatte im Suff einen anderen kennengelernt.«	»Die Trinkerei meiner Frau.
N	»Trunksucht meines Mannes«	»Während ich eine Entziehungskur machte, lernte meine Frau ihren jetzigen Mann kennen.«

Tabelle 12: Trennungs- bzw. Scheidungsgründe (die Angaben beziehen sich auf den Zeitpunkt der gutachterlichen Untersuchung)

Den Entschluß zur Trennung faßte in 14 Fällen die Frau und nur einmal der Mann. Sechsmal war der Partner mit der Trennung einverstanden. Acht Männer sahen zunächst keinen Grund zur Trennung. Sechs Frauen zogen aus dem gemeinsamen Haushalt aus und ließen ihre Kinder bei den Männern bzw. den Großeltern zurück. Von den betroffenen acht Kindern waren fünf im Alter von drei bis sechs Jahren. Eine Frau trennte sich bereits vor der Geburt ihres Kindes von ihrem Mann. Fünf Frauen (mit sieben Kindern im Alter von vier bis zehn Jahren) verließen zusammen mit ihren Kindern den ehelichen Hausstand. In zwei dieser Fälle »entführten« die Väter bald darauf ihre Kinder von den Müttern und nahmen sie zu sich. Ein Paar hatte die Kinder nach der Trennung untereinander »aufgeteilt« (die Mutter nahm den dreijährigen Sohn mit sich, die achtjährige Tochter blieb dagegen beim Vater). Ein Paar praktizierte zunächst für die Dauer des Getrenntlebens gemeinsame elterliche Sorge, indem die damals eineinhalb Jahre alte Tochter wochenweise beim Vater bzw. bei der Mutter lebte. In einem Fall, wo die Initiative zur Trennung vom Vater ausgegangen war, blieben die damals acht, sechs und zwei Jahre alten Töchter bei der Mutter. Ihre Eltern lebten zunächst drei Monate im gemeinsamen Haushalt getrennt. Der Vater hatte in dieser Zeit seine neue Lebensgefährtin und deren beide Töchter aus erster Ehe bei sich.

In zehn Ehen waren die Frauen mit dem gelebten Ehemodell und damit verbunden, der bestehenden Rollen- und Arbeitsteilung, unzufrieden gewesen. Sie gaben unterschiedliche Familienstile und Probleme bei der Rollen- und Arbeitsverteilung als Trennungsgrund an. Diese Frauen hatten schon die Verteilung der Rollen in den Ehen ihrer Eltern als »schlecht« beurteilt. Sie hatten ihre eigenen Mütter meistens als »unzufriedene, unglückliche, überlastete und überarbeitete Frauen«

erlebt, die sich ihren Männern »untergeordnet« hatten bzw. von ihnen »dominiert« worden waren. Als Töchter dieser Väter hatten sie selbst unter deren Strenge gelitten und waren in ambivalenter Weise an sie gebunden geblieben. Ihre Vorstellungen, es in der eigenen Ehe »ganz anders« machen zu wollen, hatten sie jedoch nicht verwirklichen können. In den meisten Fällen wuchs die Enttäuschung darüber allmählich an. In einigen Fällen setzte sie prompt und schlagartig ein, insbesondere dann, wenn sich keine Möglichkeiten auftaten, etwas zu verändern.

Die Männer schienen mit der Verteilung der Rollen und Aufgaben in diesen Ehen nicht unzufrieden gewesen zu sein. Schwierigkeiten hatten sie lediglich mit den von ihren Vorstellungen abweichenden Erwartungen der Frauen. War die Frau nicht mehr länger bereit, sich ihnen unterzuordnen, beharrten sie um so nachdrücklicher auf ihrem vom traditionellen Rollenverständnis geprägten Standpunkt. Häufig wurden sie in dieser Haltung von den Eltern und Schwiegereltern bestärkt.

Zusammenfassend kann man sagen, daß in der untersuchten Gruppe die meisten Ehen geschieden wurden, weil es zwischen dem Wunsch der Frau nach Veränderung und dem Bedürfnis des Mannes an tradierten Mustern festzuhalten, keine Annäherung gab.

Nur in drei Fällen spielten sexuelle Konflikte direkt oder indirekt eine Rolle. Genaue Angaben über Störungen in diesem Bereich oder konkrete Problembeschreibungen wurden von den Befragten nicht gegeben. Das Thema Sexualität war bei diesen Auseinandersetzungen ein Tabu. Im Sorgerechtsstreit kam es nur dann zur Sprache, wenn ein Elternteil wegen seines »abartigen sexuellen Verhaltens« und der damit verbundenen »schädlichen Auswirkungen auf das Kind« diskreditiert werden sollte.

In zwei Fällen war die Trunksucht eines Mannes bzw. die einer Frau der Scheidungsgrund. In einem Fall, wo der Mann »gelegentlich einen über den Durst trank«, trennte sich die Frau von ihm, weil er im Alkoholrausch wiederholt gewalttätig geworden war.

VI. Trennung, Scheidung und neue Partner

Nur in einem der 15 Fälle (Fall A) hatten weder die Mutter noch der Vater bis zur Scheidung eine neue Beziehung aufgenommen. Frau A hatte sich im Dezember 1973 von ihrem Mann getrennt und war zusammen mit dem damals sechs Jahre alten Sohn in ihr Elternhaus zurückgekehrt. Die Ehe der Eltern wurde im September 1978 geschieden. In allen anderen Fällen hatte zumindest ein Elternteil zum Zeitpunkt der Trennung schon wieder einen neuen Partner bzw. eine neue Partnerin. 14mal war die Initiative zur Trennung von der Frau ausgegangen. Zehn dieser Frauen verließen die eheliche Wohnung und zogen zu ihrem neuen Partner oder gründeten mit ihm einen neuen Hausstand. Acht der zehn von ihren Ehefrauen verlassenen Männer gingen bald darauf eine neue Beziehung ein. In einem Fall, in dem der Mann die Trennung wollte, blieb er zunächst im Haus der Eheleute und nahm seine neue Lebensgefährtin sowie deren Kinder zu sich.

20 der untersuchten Kinder mußten nicht nur mit der Trennung ihrer Eltern fertig werden, sondern wurden gleichzeitig oder unmittelbar danach auch noch mit der Tatsache konfrontiert, daß ihr Vater oder ihre Mutter damit beschäftigt waren, eine neue partnerschaftliche Beziehung aufzubauen. Für acht Kinder bedeutete die Trennung der Eltern zugleich den Verlust der vertrauten Umgebung.

Dies genügt, um feststellen zu können, daß die Kinder dieser Untersuchungsgruppe neben den schweren seelischen Belastungen, die der fortgesetzte elterliche Sorgerechtsstreit auf sie ausübte, mit einer Reihe zusätzlicher Probleme konfrontiert wurde, die nicht zuletzt aus den neuen Paarbeziehungen ihrer Eltern resultierten.

E. Der gerichtliche Sorgerechtsstreit

I. Regelung der elterlichen Sorge

1. Für die Dauer des Getrenntlebens

Bei den 15 nachuntersuchten Fällen handelte es sich zunächst fünfmal um sog. »isolierte Verfahren« vor der Scheidung. Einmal hatte ein Vater den Antrag gestellt, die Personensorge über das Kind für die Dauer des Getrenntlebens auf ihn zu übertragen, in den restlichen vier Fällen ging der Antrag jeweils von der Kindesmutter aus.

2. Streitige Sorgerechtsverfahren im Scheidungsverfahren

In sieben Fällen handelte es sich um streitige Sorgerechtsverfahren im Scheidungsverbund. Dreimal wurde das Verfahren mit Anträgen der Kindesmutter eingeleitet, viermal klagten Väter.

3. Isolierte Verfahren nach der Scheidung

Dreimal handelte es sich um isolierte Sorgerechtsverfahren nach der Scheidung.
In einem Fall beantragte der Vater die Abänderung der drei Jahre zuvor anläßlich
der Ehescheidung getroffenen Vereinbarung über die Verteilung der elterlichen
Sorge für den gemeinsamen inzwischen 13 Jahre alt gewordenen Sohn. Im zweiten
Fall war die Ehe der Eltern im März 1984 geschieden und das Sorgerecht über die
Kinder entsprechend dem gemeinsamen Vorschlag der Eltern auf die Mutter
übertragen worden. Ein halbes Jahr später beantragte der Vater wegen »mangelnder
Erziehungsfähigkeit der Mutter« die Übertragung des Sorgerechts auf sich.

Einen Sonderfall stellte das dritte Verfahren in dieser Gruppe dar: Die Kindesmutter
hatte aus erster Ehe vier z.t. erwachsene Kinder. Aus der 1975 eingegangenen
zweiten Ehe stammte eine Tochter. Von 1976 bis 1985 hatte die Frau mit ihrer
Familie in der Hälfte eines Doppelhauses gewohnt, das sie zusammen mit ihren
eigenen Eltern gekauft hatte, die die andere Hälfte bewohnten. Im September 1985
hatte sich die Frau von ihrem zweiten Ehemann getrennt und war ausgezogen.
Der Ehemann zog seinerseits im Juni 1986 mit der gemeinsamen Tochter fort. Der
Kontakt zwischen der Kindesmutter und ihren Kindern aus erster Ehe war in der
Zwischenzeit abgebrochen. Die Kinder wurden von den Großeltern mütterlicher-
seits versorgt. Die Kindesmutter hatte ihre eigenen Eltern auf Herausgabe der
Kinder verklagt. Im Zuge des Verfahrens hatten die Großeltern ihrerseits die
Übertragung der Personensorge für zwei minderjährige Kinder auf Dauer bean-
tragt.

II. Dauer des Verfahrens bis zur Begutachtung

Gemessen wurde der Zeitraum von der Eröffnung des Verfahrens bis zum Beschluß
des Gerichts, ein psychologisches Sachverständigengutachten einzuholen. Im
Durchschnitt vergingen zwischen dem Beginn des Verfahrens und der Hinzuziehung des psychologischen Sachverständigen fünf Monate. Die Zeitspannen reichen
von wenigen Tagen bis zu 12 Monaten. Die Tendenz seitens der Richter, um so
frühzeitiger einen Sachverständigen zu beauftragen, je jünger das (die) betroffe-
ne(n) Kind(er) ist (sind), läßt sich aus dem Untersuchungsgut nicht ablesen.
Vielmehr deutet einiges darauf hin, daß die Formen der elterlichen Auseinandersetzungen dafür ausschlaggebend waren. So wurde in einem Fall schon nach
neuntägiger Verfahrensdauer ein Sachverständigengutachten eingeholt (Fall L),
weil der Kindesvater handgreiflich geworden war und die Kinder, für die die
Mutter auf dem Wege einer einstweiligen Verfügung das Aufenthaltsbestimmungsrecht zugesprochen bekommen hatte, von ihm entführt worden waren.

III. Dauer der Begutachtung

Im Durchschnitt vergingen zwischen der gerichtlichen Beauftragung zur psychologischen Begutachtung und der Abgabe des schriftlichen Gutachtens 14 Wochen (3,4 Monate). Der kürzeste Zeitraum betrug vier Wochen, der längste sechs Monate. Dabei zeigte sich zum einen, daß mit zunehmender Erfahrung in der Begutachtung bei Sorgerechtsauseinandersetzungen die Dauer der Begutachtung kürzer wird und zum anderen, daß die Kooperationsbereitschaft der Elternteile – unabhängig von ihrem aktuellen Aufenthaltsort – wesentlich darüber mitentscheidet, wann das Gutachten bei Gericht vorliegt. Erstreckte sich die Dauer der Begutachtung über mehr als drei Monate, so war dies vor allem darauf zurückzuführen, daß Eltern getroffene Terminvereinbarungen nicht einhielten. Zusammenfassend ist festzustellen, daß die Einholung eines Sachverständigengutachtens zwar grundsätzlich zu einer Verlängerung der Verfahrensdauer führt, die sich jedoch in vertretbaren Grenzen hält, wenn Eltern zur Mitarbeit fähig und bereit sind.

IV. Aufenthalt der Kinder vor der Begutachtung

Vor der Trennung der Eltern hatten alle 22 Kinder vorwiegend bei ihren leiblichen Eltern gelebt. Zum Zeitpunkt der Begutachtung lebten

- zehn Kinder bei ihren Müttern (sechs Jungen im Alter von fünf bis dreizehn Jahren und vier Mädchen zwischen einem und zwölf Jahren);
- zehn Kinder bei ihren Vätern (fünf Jungen zwischen drei und acht Jahren sowie fünf Mädchen im Alter von vier bis zehn Jahren);
- zwei Jungen (14 und 15 Jahre alt) lebten bei ihren Großeltern.

Sieht man einmal von den beiden Jungen aus einer zusammengesetzten Familie ab, die nach der Trennung ihrer leiblichen Eltern von den Großeltern mütterlicherseits versorgt wurden, verteilten sich die 20 Kinder – unabhängig von Geschlecht und Alter – ziemlich gleich auf die getrennt lebenden Elternteile.

V. Gutachtervorschlag

In sämtlichen Fällen wurden die Bindungen des Kindes bzw. seine Aufenthaltswünsche der gutachterlichen Sorgerechtsempfehlung zugrundegelegt. Hierzu gehörten Kinder, bei denen im Rahmen der gutachterlichen Diagnostik eindeutige Bindungsunterschiede – etwa zwischen einer positiven Bindung und einer negativ-ablehnenden bzw. hochambivalenten Bindung – festzustellen waren. Zu dieser Gruppe gehört auch der Fall M:

Die Eltern hatten sich nach fünfmonatiger Ehe bereits vor der Geburt der gemeinsamen Tochter wieder getrennt. Während der ersten sechs Lebensmonate des Kindes hatte der Vater seine Tochter lediglich sporadisch einige Male für ein paar Stunden unter jeweils sehr ungünstigen äußeren Bedingungen gesehen, so daß von einer persönlichen Bindung des Kindes an ihn nicht die Rede sein konnte.

18 Kinder hatten zum Zeitpunkt der Begutachtung sowohl zu ihrer Mutter als auch zu ihrem Vater ein positives Verhältnis, was sich u.a. in einer regelmäßig praktizierten Regelung des Umgangsrechts mit dem Elternteil, bei dem sie sich nicht ständig aufhielten, ausdrückte. Sofern diese Kinder im Rahmen der Begutachtung nicht von sich aus entsprechende Aufenthaltswünsche äußerten bzw. zu erkennen gaben, die dann, nach kritischer Überprüfung, jeweils zur Grundlage der gutachterlichen Empfehlung genommen wurden, erhielten in diesen Fällen sekundäre Entscheidungskriterien wie z.B. Stabilität und Kontinuität der bestehenden Bindungen für den Plazierungsvorschlag besondere Bedeutung. Hervorzuheben sind aus dieser Gruppe die Fälle B und F: In beiden Fällen bestand kein Zweifel, daß die Väter, die von ihren Frauen verlassen worden waren, die Kinder (einen acht Jahre alten Jungen und ein vierjähriges Mädchen) bzw. das Kind (eine vierjährige Tochter) in krankhafter Weise an sich binden wollten. Der eine Vater hatte seine Kinder mit Brachialgewalt aus dem Haushalt der Mutter entführt. Bei dem Versuch, sie dort wieder herauszuholen, waren sowohl die Kindesmutter als auch Polizisten von ihm beschossen worden. Für den Fall, daß ihm die Kinder wieder genommen würden, drohte er damit, sich und ihnen das Leben zu nehmen. Der andere Vater band seine Tochter in selbstsüchtiger und ausbeuterischer Weise an sich, verhörte sie nach Besuchen bei der Mutter, fertigte Tonbandprotokolle an, in denen die Tochter über die Besuche bei der Mutter »aussagen« mußte usw.

Für alle Kinder wurde eine gutachterliche Sorgerechtsempfehlung ausgesprochen. In zwölf Fällen empfahl der Sachverständige die Regelung der Verteilung der elterlichen Sorge beizubehalten, die schon vor der Begutachtung praktiziert worden war. Dies bedeutete, daß siebenmal vorgeschlagen wurde, das Sorgerecht der Mutter zu belassen, fünfmal dem Vater und einmal den Großeltern das Sorgerecht über die beiden Enkel auf Dauer zu übertragen.

Insgesamt dreimal sprach sich der Gutachter für eine Änderung der bestehenden Verhältnsse aus. Es handelte sich um die Fälle B, D und F. Die Begründung lautete wie folgt:

Frau B ging die 1972 geschlossene Ehe mit der Vorstellung ein, einen »zuverlässigen und starken Partner« gefunden zu haben, der, im Gegensatz zu ihrem eigenen Vater,

»einem kränkelnden Lageristen, der nicht arbeitete, sondern trank und als Hausmann mit seinen Launen und seiner Willkür alle tyrannisierte«, eine Familie versorgen könnte.[6] Sie hatte befürchtet, wegen eines angeborenen Hüftleidens im Elternhaus zu »versauern«. Herr B, in asozialen Verhältnissen aufgewachsen, hatte seine spätere Frau (»die beste, die ich finden konnte«) auf Montage kennengelernt. Er war damals 22 Jahre alt, sie 18. Obwohl sich rückblickend keiner von beiden »mehr so richtig erinnern konnte, warum«, hatte man Gefallen aneinander gefunden. Drei Jahre später wurde geheiratet. Sie lebten in der Nähe ihrer Eltern. Er ärgerte sich, weil er den Eindruck hatte, daß sein Schwiegervater ihm in seine Ehe »hineinredete«. »Als meine Frau klein war, hat er sie vom Tisch fallen lassen, deswegen hat sie einen »Hinkefuß« bekommen. Wahrscheinlich wollte er wieder gut machen, was er damals verbockt hat«, lautete die Erklärung von Herrn B. Sie ärgerte sich, daß ihr Mann »Schulden mit in die Ehe gebracht« hatte, »nur kleinere Beträge, aber es läpperte sich immer mehr zusammen«. Da man es sich »schön machen wollte«, mußten Kredite aufgenommen werden. Obwohl sie eigentlich hatte zu Hause bleiben wollen«, mußte sie notgedrungen mitarbeiten, um dem finanziellen Druck standhalten zu können. Massive Probleme tauchten nach der Geburt des ersten Sohnes auf: Von Geburt an sei er »sehr aggressiv« gewesen. Sie habe sich bei der Erziehung überfordert und von ihrem Mann im Stich gelassen gefühlt, der immer häufiger »durch kleine Unregelmäßigkeiten« auffiel, dreizehnmal in zehn Jahren den Arbeitsplatz wechselte und schließlich keiner geregelten Arbeit mehr nachging. »Eigenbrödlerisch« schirmte er sich nach außen hin ab und hockte nur noch zu Hause rum.

Sexuell hätten sie in den ersten Jahren ihrer Ehe gut harmoniert. Allmählich machte sich auch hier der »graue Alltag« breit. »Von einer gefühlsmäßigen Leere« ergriffen, wollte sie »etwas in ihrem Leben verändern«, während er in seinem »Lebenswerk«, einem eigenen Haus, Zuflucht suchte. Zunächst kam jedoch das zweite Kind (eine Tochter), das sich als »völlig problemlos« erwies, dazwischen. Vorübergehend hatten die Eltern wieder eine »gemeinsame Aufgabe« gefunden, die sie kurzfristig von ihren eigenen Schwierigkeiten ablenkte. Bald darauf setzten die bekannten Streitereien zwischen den Eltern wieder ein. Sie war von ihm enttäuscht, weil er »so gar nicht dem entsprach«, was sie sich ursprünglich »vorgestellt« hatte und er fühlte sich von ihr »im Stich gelassen«, weil sie kein Haus wollte. Er fing trotzdem an zu bauen, was sie wie einen »zusätzlichen Klotz am Bein« erlebte. Im Sommer 1980 starb die Mutter von Herrn B. Frau B mußte aus gesundheitlichen Gründen im Frühjahr 1981 eine Schwangerschaft unterbrechen lassen.

Beide Partner fühlten sich unverstanden und »hängengelassen«. In ihrem Kummer suchte Frau B Zuflucht in einer Gruppe von Arbeitskolleginnen, die sich regelmäßig

---

6   Die Angaben der Untersuchten sind in Zitatform wiedergegeben.

traf und ab und zu auch mal ausging. An einem dieser Abende lernte sie einen anderen Mann kennen, der das zu haben schien, was sie bei ihrem Mann so sehr vermißte, Verständnis. Herr B sah in dem Verhalten seiner Frau eine »Riesenungerechtigkeit« und bestand auf Wiedergutmachung. Hatte er die Kinder bis zu diesem Zeitpunkt als »Angelegenheit« seiner Frau betrachtet, so wandte er sich ihnen jetzt mehr zu. Sie sollten sich mit ihm in der Opferrolle identifizieren. Er pochte auf sein Recht: »Mein Lebenswerk ist in die Brüche gegangen. Wenn ich schon untergehen muß, reiße ich die anderen mit.«

Nach dem Auszug seiner Frau im August 1981 hatte er die Kinder mit Gewalt zurückgeholt und sich mit ihnen im Rohbau verschanzt. Trotz eisiger Kälte konnte das Haus nicht beheizt werden. Türen fehlten, lediglich in der Küche und einem angrenzenden Aufenthaltsraum stand ein Heizkörper. Es herrschte ein heilloses Durcheinander. Alles war verdreckt, heruntergekommen und verwahrlost. Das Wasser war eingefroren. Die Fäkalien standen randhoch im Klo. Zumindest dem älteren Jungen schien dies alles nichts auszumachen. Im Gegenteil, er vermittelte den Eindruck, diese Freiheit zu genießen. Das Mädchen wirkte verängstigt und schreckhaft. Zum Schutze der Kinder übertrug das Familiengericht mit Beschluß vom 25.8.1982 das Aufenthaltsbestimmungsrecht vorläufig der Mutter. Im weiteren Verlauf geriet die Herausgabe der Kinder durch den Vater in den Mittelpunkt des Konflikts. Institutionen und deren Mitarbeiter wurden hineingezogen. Bei dem Versuch die Kinder zu holen, wurden Polizisten vom Kindesvater beschossen. In dieser Situation gab das Familiengericht ein psychologisches Gutachten in Auftrag.

Beide Kinder waren verwahrlost. Der neunjährige Junge wiederholte die zweite Volksschulklasse. Ein erneutes Sitzenbleiben drohte. Er war ein Abbild seines Vaters: mißtrauisch, abweisend und äußerst aggressiv. Seiner Mutter warf er vor, bei ihr immer ordentlich sein zu müssen. »Ich will nur eine Mutter, die hier lebt. Ich bleibe hier. Wenn Vater mal arbeiten muß, gehe ich zu meinem Freund.«

Die vierjährige Tochter wich einem Gespräch über ihre Situation aus. Sie überhörte jede auch noch so vorsichtig formulierte Frage in dieser Richtung. Bezüglich früher sprach sie nur vom Kindergarten: »Dort war es schön.« Im Spiel schuf sie ununterbrochen Mutter-Kind-Szenen, in denen sie (als Mutter) das traurige, verletzte und weinende Kind tröstete. Als das Spiel beendet werden mußte, reagierte sie wütend und weinte.

Die Beziehung der Kinder untereinander war höchst ambivalent. Auf sich alleine gestellt, verprügelte der Junge häufig seine Schwester, mit der er »nichts anfangen« könnte. Hatte sie Angst vor anderen Kindern, verprügelte er diese.

Während die Tochter offensichtlich unter der Trennung von der Mutter litt, wollte der Junge nichts mit ihr zu tun haben, so lange sie woanders lebte, wobei nicht zu übersehen war, daß er, weitgehend mit seinem Vater identifiziert, sich auch diese Haltung zu eigen gemacht hatte.

Die gutachterliche Empfehlung lautete schließlich, die elterliche Sorge für die Dauer des Getrenntlebens der Mutter zu übertragen und das Besuchsrecht, weil es in »Übergabesituationen« zu Gewalttätigkeiten zwischen den Eltern gekommen war, vorübergehend auszusetzen. Begründet wurde dies damit, daß der Vater vor dem Hintergrund seiner aktuellen Lebenssituation und seiner eigenen psychischen Verfassung nicht oder kaum in der Lage zu sein schien, die alleinige Sorge für seine Kinder zu übernehmen. Angesichts der offensichtlich gewordenen Mängel in der Grundversorgung der Kinder, erübrigten sich weiterführende Überlegungen zu anderen Aspekten des »Kindeswohls«. Hinzu kam, daß die Kindesmutter bis zur Trennung von ihrem Mann, nach der Entwicklungsgeschichte der Kinder, deren Hauptbezugsperson gewesen war, was vom Kindesvater auch nicht bestritten wurde. Im Zuge der Begutachtung war der Eindruck entstanden, daß Herr B zwar vorgab, im Interesse seiner Kinder zu handeln, im Grunde genommen jedoch sich selber meinte. Seinen Kindern widerfuhr das, was ihm als Kind widerfahren war. Als Kind war er im Objektstatus gewesen. Daß er jetzt einen subjektiven Anteil am Scheitern der Ehe trug, konnte er nicht erkennen. Infolge seiner emotionalen Verwobenheit war er zu einer rationalen Vorgehens- und Verhaltensweise nicht mehr in der Lage, mißachtete persönlich getroffene Vereinbarungen, gerichtliche Entscheidungen und kündigte mehrfach an, diese, wenn sie seinen persönlichen Maßstäben nicht entsprächen, auch in Zukunft zu mißachten.

Das Gericht schloß sich dieser Auffassung an und übertrug am 30.3.1982 das Sorgerecht über beide Kinder der Mutter. Herr B wurde zur Herausgabe der Kinder verpflichtet. Er weigerte sich weiterhin, die Kinder der Mutter zu übergeben. Unter Mithilfe eines Gerichtsvollziehers nahm die Mutter die Tochter dann doch mit, während der Sohn beim Vater blieb. Im Juni 1982 kehrte sie in das gemeinsame Haus zurück, weil sie »durch die Auseinandersetzungen um die Kinder außerordentlich belastet war«, und »keine Möglichkeit sah, hinsichtlich der Kinder mit ihrem Mann zu einer vernünftigen Lösung zu kommen«. Sie ging zu ihrem Mann in der Hoffnung zurück, »im Interesse der Kinder die Ehe doch noch aufrechterhalten zu können.«

Nach wenigen Wochen wurde ihr deutlich, daß ein weiteres Zusammenleben mit ihrem Mann für sie ausgeschlossen war. Von Anfang Juli bis Ende September 1982 war sie wegen ihres chronischen Hüftleidens im Krankenhaus. Sie kehrte dann noch einmal für 14 Tage ins gemeinsame Haus zurück, um danach eine Kur anzutreten. Nach Abschluß der Kur (Ende November 1982) suchte sie sich eine eigene Wohnung. »Um erneute

Auseinandersetzungen zu vermeiden«, hatte sie zunächst darauf verzichtet, die Kinder mitzunehmen. Im Zuge der Regelung der Scheidungsfolgen (Herr B hatte zwischenzeitlich einer Scheidung zugestimmt), beantragte sie dann noch einmal das Sorgerecht für beide Kinder, die weiterhin beim Vater lebten.

Herr und Frau D heirateten 1974. Sie war damals 20 Jahre, er 24 Jahre alt. Beide hatten sich kurz zuvor in einer Diskothek kennengelernt. Im Dezember 1976 wurde der gemeinsame Sohn geboren, der nach der Trennung der Eltern - Frau D war im April 1980 aus der gemeinsamen Wohnung ausgezogen - beim Vater bzw. den Großeltern väterlicherseits lebte. Die Begutachtung erfolgte im Sommer und Herbst 1982.

Die Vorgeschichte beider Elternteile wies große Ähnlichkeiten auf: Beide waren als Kinder und Jugendliche mit ihren Eltern und Großeltern aufgewachsen, wobei jeweils die Großeltern eine wichtige Rolle in der eigenen Entwicklung gespielt hatten. Sie hatten die gleiche schulische Entwicklung durchlaufen und den gleichen Beruf (Kaufmann bzw. Kauffrau) ergriffen. Als sie sich kennenlernten, lebten beide noch im Elternhaus. Er absolvierte gerade einen Lehrgang in einer Großstadt. Es stand in Aussicht, daß er beruflich viel herumkommen und Karriere machen würde. Beide Partner waren in auffälliger Weise an den jeweils gegengeschlechtlichen Elternteil gefühlsmäßig gebunden, wobei der gleichgeschlechtliche Elternteil gleichzeitig als »schlechtes Vorbild« erlebt worden war. D.h. Herr D wollte »mehr werden« als sein Vater und vor allem nicht so »engstirnig und kleinkariert« werden wie er. Sie wollte auf keinen Fall in die »weiblich unterprivilegierte Rolle in der Ehe« geraten, in der sie ihre eigene Mutter immer wahrgenommen hatte.

Nach der Heirat zog man in das Haus der Eltern von Herrn D. Sein Arbeitgeber hatte es sich zwischenzeitlich anders überlegt und ihm einen Arbeitsplatz gegeben, bei dem abzusehen war, daß er, wenn überhaupt, nur sehr langsam Karriere machen und auf lange Sicht an diesem Ort bleiben würde. Beide waren schon recht bald unzufrieden mit ihrem Leben. Belastend kam hinzu, daß sie sich »sexuell überhaupt nicht miteinander verstanden«. Im Alltag machten sich die Probleme zunächst daran fest, daß die Eltern von Herrn D, die für sie kochten und ihren Haushalt mitversorgten, auch sonst das Sagen haben wollten. Bei dem Versuch, sich von den Eltern bzw. Schwiegereltern abzugrenzen, unterstützte Herr D anfangs noch seine Frau. Nach der Geburt des Sohnes änderte sich dies schlagartig. Die Großeltern hatten ihre Vorstellungen darüber, was »für das Kind richtig sei«, die grundsätzlich mit denen von Frau D kontrovers waren. Hin- und Hergerissen zwischen seiner eigenen Rolle als Vater und Kind seiner Eltern, schlug sich Herr D immer mehr auf die Seite seiner Eltern. Frau D wollte über den gesetzlich garantierten Mutterschutz zu Hause bleiben, ihr Mann und ihre Schwiegereltern dagegen drängten auf eine Wiederaufnahme der Berufstätigkeit, damit sie sich recht

»bald mehr leisten könnten«. Frau D dagegen wollte »nicht immer nur sparen«, sondern sich auch mal »was gönnen«. Ging sie aus, saß er bei seinen Eltern, schaute mit ihnen fern und hörte sich ihre Vorwürfe an: »Du mußt ihr gegenüber härter durchgreifen. Verbiete ihr auszugehen!«

Sie behielten zumindest insofern Recht, als dadurch die ohnehin schon gefährdete Ehe ihres Sohnes in eine schwere Existenzkrise geriet, nachdem Frau D einen anderen Mann kennengelernt hatte. Im April 1980 zog sie zu ihm. Herr D reichte sofort die Scheidung ein, weil er »keine andere Möglichkeit mehr« sah. Seinen damals drei Jahre alten Sohn wollte er behalten. Frau D hatte seinem Verständnis nach »alles zerstört« und dem Kind den sicheren äußeren Bezugsrahmen genommen. Da er berufsbedingt nicht in der Lage war, die »entstandene Lücke« zu schließen, »mußten die Großeltern einspringen«. Seine Frau sollte das Kind nur noch so oft sehen dürfen, wie sie rechtlich einen Anspruch darauf hatte.

Seit Herbst 1980 gab es regelmäßig Besuchskontakte zwischen Mutter und Kind. In einem psychologischen Vorgutachten (April 1981) hatte der Sachverständige empfohlen, dem Vater das Sorgerecht für die Dauer des Getrenntlebens zu übertragen. Zur endgültigen Regelung des Sorgerechts wurde erneut ein Gutachten angefordert (Mai 1982). Hier wurde nun empfohlen, der Mutter das Sorgerecht zu übertragen. Ausschlaggebend für diese Empfehlung war,

- daß die Mutter für die Zeit des Zusammenlebens der Parteien die Hauptbezugsperson für den Sohn gewesen war;

- daß die Beziehung zwischen Mutter und Sohn nie abgerissen war;

- daß der Junge zum Ausdruck gebracht hatte, gerne zu seiner Mutter zu wollen[7];

- daß die Mutter emotional besser in der Lage zu sein schien, auf die Bedürfnisse des Kindes einzugehen;

---

7 Der Junge sagte es und brachte es im Spiel zum Ausdruck: Sonst spielte er nicht mit Stofftieren. Bei der Untersuchung ordnete er Stofftiere immer zu Dreiergruppen. Mütterliche Attribute ordnete er immer einer Figur zu. Väterliche Attribute erhielten mal ein großes mal ein kleines Tier. Bei diesem »Spiel« fiel er dann raus. Auf meine Frage, wo er bleibe, antwortete er: »Das muß anders gehen. Das eine große Tier ist Mama, das andere große Tier Papa. Papa muß dahin (rückte das väterliche Tier weg), dann kann er nicht das Kleine sein. Ich muß zur Mama, da kann ich dann größer werden.«

- daß bei einer Übertragung des Sorgerechts auf den Vater ein Großteil der Betreuung des Kindes den Großeltern zugekommen wäre. Bei der Wahl zwischen den Großeltern als Betreuungshilfe und einer vollen Betreuung durch die Mutter, wurde dem leiblichen Elternteil der Vorrang gegeben.

Auf die Trennung seiner Eltern hatte der Junge mit Rückzug und Symptombildungen reagiert. Einmal schlief er schlecht, zum anderen näßte er ein. Es galt zu bedenken, was eine erneute Trennung des Kindes, zweieinhalb Jahre nach dem Auszug der Mutter, für ihn bedeuten - und welche Auswirkungen sie haben könnte. Dabei wurde zugrundegelegt, daß ein Wechsel zur Mutter für ihn kein Umzug in eine fremde Umgebung wäre und der Vater umgekehrt die Möglichkeit hätte, die Beziehung zu seinem Sohn derart aufrechtzuerhalten, wie es die Mutter zuvor getan hatte.

Mit seiner Entscheidung vom 18. Januar 1983 schloß sich das Gericht dieser Auffassung an. Der Vater ging in die Revision. Im August 1983 bestätigte das OLG den vorgenannten Beschluß.

Fall F: Die beiden Partner hatten sich im Sommer 1969 kennengelernt. Er verbrachte einen Urlaub in ihrem Heimatland. Später half er ihr dabei, nach Deutschland zu kommen und hier die berufliche Ausbildung (Designerin) machen zu können. 1977 heirateten sie. Er war damals 37 Jahre alt, sie 27 Jahre. 1979 wurde Frau F ungewollt schwanger. Es gab Streit, der damit endete, daß die Schwangerschaft ausgetragen werden sollte. Herr F saß an seiner Promotionsarbeit, Frau F arbeitete ganztägig. Sie lebten von ihrem Einkommen. Nach komplikationsloser Schwangerschaft wurde die Tochter im Sommer 1979 geboren. Während der ersten beiden Lebensmonate wurde sie gestillt. Sie hatte jedoch »Trinkschwierigkeiten«. Beide Eltern erinnerten sie als »sehr braves Kind«, das schon früh durchschlief. Ein Umstand, der von besonderer Bedeutung war, weil man in beengten Verhältnissen wohnte, wo für die Tochter kein eigenes Zimmer zur Verfügung stand. Arbeiten konnte man erst dann, wenn die Tochter eingeschlafen war. Herr F geriet mit seiner Promotion in Verzug. Frau F mußte nach Ablauf des Mutterschutzes wieder arbeiten. Herr F sah sich nicht in der Lage, das Kind zu versorgen. Man suchte eine Fremdbetreuung. Schließlich gaben sie die Tochter zu den Großeltern väterlicherseits in eine weit entfernte Stadt.

Innerhalb eines halben Jahres wurde die Tochter nur einmal von ihren Eltern besucht. »Ich wollte ja gerne. Es ging nicht wegen der Krankheit meines Mannes. Er hatte Angst und konnte das Haus nicht mehr verlassen. Ich mußte immer bei ihm sein.« Gegen den Widerstand ihres Mannes (»Meine Mutter ging auch arbeiten. Mich hat quasi eine Tante großgezogen.«) wollte sie die Tochter zu sich holen. Das Kind weigerte sich jedoch mitzugehen. Nachdem die Eltern eine geeignete Fremdbetreuung in ihrer Nähe gefunden hatten, verbrachten sie gemeinsam mit ihrer Tochter Ferien und holten sie danach zu sich. Die Tagesmutter hatte ihrerseits zwei Kinder (vier Jahre alt und sechs Monate). Sie empfand die Betreuung als »äußerst schwierig«, weil das Mädchen so viel Zuwendung brauchte.

Im Juni 1981 und im Oktober 1981 wurde das Mädchen erneut mit zwei Trennungen konfrontiert: Zunächst zog ihre Mutter aus der gemeinsamen Wohnung aus, weil sie es »nicht mehr länger aushalten« konnte: »Ich fühlte mich von meinem Mann abhängig und unfähig, im Zusammenleben etwas daran zu verändern. Er bestimmte alles und hielt alles unter Kontrolle. An allem hatte er etwas auszusetzen. Nichts konnte ich ihm rechtmachen. Ich wollte erst einmal Abstand gewinnen und zu mir finden.« Herr F glaubte, daß seine Frau, die zuvor den Arbeitsplatz gewechselt hatte, »nur unter dem schlechten Einfluß ihrer Kollegen und Kolleginnen« stand und sicher bald zu ihm zurückkehren würde, wenn sie »wieder klarer« sähe. Ein dreiviertel Jahr lang praktizierten die Eltern ein »gemeinsames Sorgerecht«, indem ihre Tochter jeweils eine Woche beim Vater und eine bei der Mutter verbrachte. Der betreuende Elternteil brachte sie tagsüber zunächst zur Tagesmutter, ab Oktober 1981 zu deren Schwiegermutter. Die Tagesmutter war nämlich nicht aus den Herbstferien zurückgekehrt, sondern hatte sich von ihrem Mann getrennt und war mit den Kindern bei ihren eigenen Eltern geblieben. Die »neue Tagesmutter« hatte bestätigt, daß sich das Mädchen, das »so begabt« wäre, »nie streite und immer zufrieden« wäre, ganz schnell bei ihr eingelebt hätte.

»Problematisch« wurde es erst, nachdem Frau F im Mai 1982 für sich das Sorgerecht beantragte und dabei von Scheidung die Rede war. Herr F stellte einen Gegenantrag. Im Juni 1982 erklärten sich die Eltern vor Gericht bereit, durch Familienberatungsgespräche zu einer Lösung zu finden. Nach vier Beratungen wurde vereinbart, die Verweildauer bei jedem Elternteil von einer Woche auf zwei Wochen zu verlängern. Im Dezember 1982 teilte das Jugendamt mit, daß »eine Einigung im angedachten Sinne von den Eltern nicht erreicht werden konnte«.

Mit Beschluß vom 21. Dezember 1982 übertrug das Familiengericht die elterliche Sorge über das Kind für die Dauer des Getrenntlebens auf den Vater, weil »in Anbetracht der gleichguten äußeren Verhältnisse beider Elternteile und der gleichwertigen Beziehungen (des Kindes) zu seinen Eltern, die zugunsten des Vaters getroffene Entscheidung von der wertenden Annahme getragen wird, daß die Vorstellungen zugunsten des Vaters über das Leben und die Bedürfnisse des Kindes eher ihrem bisherigen Lebensschicksal gerecht werden.« Gegen diesen Beschluß wurde am 3. März 1983 Beschwerde eingelegt. Am 5. April 1983 beschloß das OLG die Beschwerde zurückzuweisen. Eine Woche später vereinbarten die Eltern vor Gericht, daß die Tochter im 14-tägigen Turnus von der Mutter zu Wochenendbesuchen beim Vater abgeholt und zur festgesetzten Zeit dorthin wieder zurückgebracht wird. Außerdem war man sich darüber einig, daß es »wünschenswert« wäre, wenn die Mutter zwischen zwei Besuchswochenenden nicht mehr als einmal mit der Tochter telefonierte. Über diese Besuchsregelung hinaus, sollte die Mutter Gelegenheit haben, einmal im Jahr mit dem Kind bis zu zweieinhalb Wochen im Urlaub zusammen sein zu können. Bereits nach acht Tagen beschwerte sich der Vater bei Gericht darüber, daß »seine Frau immer wieder Unruhe in das zur Zeit ohnehin belastete Verhältnis zu bringen versuche ...«. Die Tochter wäre völlig übermüdet und wiederum ohne Vorbereitung auf die Übergabe von der Mutter zurückgebracht worden. Es wäre deshalb nicht verwunderlich, wenn sie die Situation nicht erfassen könnte und dementsprechend reagierte: »... denn obwohl die Tochter weinte, gab ihr meine Frau keine Orientierungshilfe oder einen Hinweis, daß die Besuchszeit nun beendet ist; sie wiegte das Kind im Hausflur, ohne ein Wort zu sagen. Versuchte ich das Kind zu nehmen, entstand der Eindruck, ich wollte sie ihr wegnehmen. Erst nachdem ich meiner Frau sagte, daß ich solch eine Situation nicht mehr hinzunehmen gedenke, hörte sie auf, mich in dieser Hinsicht zu provozieren.« Im Januar 1984 erteilte das Familiengericht erneut einen Auftrag zur Begutachtung, nachdem das Besuchsrecht mehrere Monate lang nicht mehr praktiziert werden konnte, weil die Tochter sich geweigert hatte, ihre Mutter zu besuchen.

Bei den Untersuchungen wirkte das Kind sehr ängstlich und sehr ernst. Löste sich ihre Anspannung ein wenig, schaute sie sich gleich ängstlich um, so, als befürchtete sie, es könnte jemand von hinten kommen und dem ein Ende setzen wollen. Sie bemühte sich herauszufinden, was man von ihr erwartete. Sie verhielt sich so und sagte das, wovon sie glaubte, daß man es von ihr erwartete. In ihrem sprachlichen Ausdrucksverhalten älter als eine Viereinhalbjährige wirkend, wiederholte sie stereotyp Formulierungen, die den Akten entstammten. Anläßlich der Untersuchung war nichts von der Abneigung des Mädchens der Mutter gegenüber zu spüren. Sie begrüßte zwar ihre Mutter sehr zaghaft, lud sie aber sofort zum Spiel ein. Sie berührte dabei die roten Lippen ihrer Mutter mit der Hand und wollte auch »angemalt« werden. Offenbar hatte die Mutter eine neue Frisur. Sie wollte auch einen neuen Haarschnitt. Dann malte sie ein Bild: Ein Haus ohne Türen und Fenster. Auf die Frage, ob sie in dem Haus wäre, antwortete sie: »Ja, hier oben« und zeichnete ein rundes Fenster ins Dach. Sie malte es rot aus. »Damit jeder weiß, daß ich da oben drin wohne.« Dann malte sie die Mutter mit einem roten Kleid: »Ich hätte gerne ein rotes Kleid mit weißen Punkten. Keinen Trägerrock. Mama und ich gehen dann einkaufen.« Plötzlich hielt sie inne, weil ihr aufgefallen war, daß dies nicht so ohne weiteres ging. Sie malte erst ein Fenster, dann mehrere aneinandergereihte Fenster in das Haus. Zur Mutter gewandt: »Das ist eine Leiter. Da kann ich rauskrabbeln. Dann gehe ich mit dir einkaufen.« Die Mutter sollte ihr einen Baum malen und sie malte dann eine Tür ins Haus: »Wenn ich zurückkomme, kann ich da durch. Nur ich kann da rein.«

Bei der Untersuchung kam der Scenotest (ein projektives Testverfahren) zur Anwendung, der Objektbeziehungen und Konflikte sowohl auf der bewußten als auch auf der unbewußten Ebene erfaßt. Auf eine detaillierte Beschreibung der Testdurchführung der von dem Mädchen mit dem Testmaterial gestalteten Szene soll hier zugunsten einer ausführlichen Diskussion der Ergebnisse verzichtet werden. Die Interpretation des Tests war insofern schwierig, weil sich das Kind nicht auf ein gemeinsames Gespräch über ihr Bild und ihre Vorstellungen dazu einließ. Deutlich wurde jedoch das Bemühen, es besonders gut und schön machen zu wollen, was auf eine stark leistungsbezogene, fast perfektionistische Haltung schließen ließ. Z.B. brach sie die erste Szene unzufrieden vollständig ab, um sie in einem zweiten Versuch neu aufzubauen. Als ob sie auch dann noch nicht gut genug gewesen wäre, wurde sie nachträglich verschönert und vervollständigt. Ein Materialgriff erwies sich als Unterführung zu niedrig. Statt eines Kommentars wurde er weggelegt. Sie baute eine neue Unterführung, besonders hoch mit Zinnen geschmückt, die mehrmals hinunterfielen und akribisch wieder aufgestellt wurden.

Auf der Objektbeziehungsebene beschäftigte sie sich mit der Mutter. Auf der ödipalen Ebene identifizierte sie sich mit einer schönen Frau mit weiblichen Requisiten, z.B. einem Schirm. Bei der Puppenfigur handelte es sich um ein kleines Mädchen als Prinzessin. »Diese Frau« legte sie erst wie ein Kind in die Wiege, dann setzte sie sie in einen thronähnlichen Sessel. Währenddessen hielt sie ein Baby im Arm, mit dem sie sich identifizierte.

Geht man von der tiefenpsychologisch begründeten Hypothese aus, daß jede Figur der Szene immer auch einen Teil des Kindes und seiner Wünsche repräsentiert, konnte man annehmen, daß hier eine Tendenz zum Ausdruck kam, mütterlich versorgt werden zu wollen. (Das Baby wurde der Frau immer wieder in den Arm gelegt und mir später - warm eingepackt - »zur Aufbewahrung« gegeben.) In einer weiteren Szene tauschte sie mit mir die Puppenfiguren. Für sich wählte sie die vertraute Großmutterfigur (Tagesmutter), beanspruchte jedoch dann die Mutterfigur für sich. Der Vater fand in keiner Szene Platz. Auch unter Berücksichtigung der Tatsache, daß die Vaterfigur anfangs mit vielen Puppen kurz auf der Spielfläche erschien, dann aber weggeräumt wurde, ließ sich feststellen, daß er im Gesamtbild fehlte. Das konnte einerseits heißen, daß die Beziehung zu ihm für das Mädchen im Moment nicht so wichtig war, vielleicht weil sie selbstverständlicher war, andererseits konnte es bedeuten, daß er aus aktuellem Anlaß nicht auftauchen durfte. Der Test machte deutlich, daß bei dem Kind als Wunsch und Phantasie die Beschäftigung mit der Mutter zu jenem Zeitpunkt im Vordergrund stand - vielleicht, weil es in der Realität seit längerem dazu keine Möglichkeit mehr gab.

Wesentlicher schien jedoch, daß sie sich offensichtlich außerstande sah, in der Phantasie eine Beziehung zu beiden Elternteilen gleichzeitig herzustellen. Identifizierte sie sich mit der Mutter oder hatte sie Wünsche an sie, schloß das die Anwesenheit des Vaters, d.h. die Beziehung zu ihm aus, so wie sie in der Realität die Mutter nicht sehen durfte, wenn sie beim Vater war. Gerade dieser Schritt wäre jedoch in der Entwicklung einer Vierjährigen notwendig gewesen: Zu beiden Eltern gleichzeitig eine ausreichend gute und stabile Beziehung aufrecht erhalten zu können.

Mit der Übertragung des Sorgerechts für die Dauer des Getrenntlebens auf den Vater war in einem früheren Entwicklungsabschnitt dem Bedürfnis des Kindes nach Kontinuität der Beziehung Rechnung getragen worden. Anhand der Untersuchungsbefunde wurde der Schluß gezogen, daß das Kind in einen neuen Entwicklungsabschnitt eingetreten war, der wesentlich vom Wunsch nach Identifikation mit der eigenen Mutter geprägt wurde. Dementsprechend lautete die Empfehlung, der Mutter das Sorgerecht zu übertragen.

Am 26.4.1984 wurden die Eltern geschieden und der Mutter das Sorgerecht übertragen. Drei Monate später legte der Kindesvater gegen diese Entscheidung das zulässige Rechtsmittel ein. Das Kind lebte seit Mitte Mai 1984 im Haushalt der Mutter. Der Wechsel kam anläßlich eines Besuchswochenendes zustande. Das Kind äußerte von sich aus den Wunsch, nicht zum Vater zurückkehren zu müssen. Frau F setzte sich telefonisch mit Herrn F in Verbindung. Das Kind wurde vom Vater ans Telefon gebeten. Es wiederholte seinen Wunsch. Frau F behielt zunächst die vertraute Form der Betreuung - Kindergarten und Tagespflegemutter - bei. Besuchskontakte mit dem Vater fanden 14-tägig und in den dazwischenliegenden Wochen jeweils am Donnerstagnachmittag bis Freitagmorgen statt. Während der Sommerferien fuhr das Kind jeweils drei Wochen mit dem Vater und drei Wochen mit der Mutter in Urlaub.

Veränderungen traten erneut ein, nachdem Frau F im Oktober 1984 wegen einer schweren Operation an der Wirbelsäule für längere Zeit ins Krankenhaus mußte. Zunächst blieb das Kind in der Obhut des Lebensgefährten der Mutter. Ende Oktober 1984 wünschte sich das Kind, mehrere Tage bei der Pflegemutter bleiben zu können. Dabei wurde ein zwischen Frau F und ihrer Tochter verabredeter Termin für einen Krankenhausbesuch ignoriert und das Kind statt dessen zum Vater gebracht. In einem Schreiben des Anwalts von Herrn F hatte die Tagesmutter außerdem eine Reihe von Aussagen über Frau F gemacht, die die Fähigkeit von Frau F, ihr Kind zu versorgen, in Zweifel stellten. Frau F ließ sich daraufhin vorzeitig aus dem Krankenhaus entlassen und brach das Pflegeverhältnis bis zur endgültigen gerichtlichen Regelung ab. Am 18.3.1985 entschied der Familiensenat des OLG, das Sorgerecht dem Vater zu übertragen: »Auch wenn beide Elternteile gleichermaßen erziehungsfähig und am Wohlergehen des Kindes interessiert sind, können zunächst die ganz deutlich stärkeren gefühlsmäßigen Bindungen des Kindes zum Antragsteller nicht unberücksichtigt bleiben. Während der ca. 40-minütigen Anhörung der Parteien vor dem Senat klammerte sich das Kind unablässig an den Antragsteller und war auch nicht einmal bereit, zwischen den Eltern auf einem Stuhl Platz zu nehmen; dies erscheint umso auffallender, als sich das Kind seit etwa Mitte Mai 1984 im Haushalt der Antragsgegnerin befindet und mit dieser erst vor kurzem einen ca. einmonatigen Kuraufenthalt im Schwarzwald verbacht hat. Nach dem bei der Anhörung vom 15.2.1985 gezeigten Verhalten des Kindes kann daher nicht davon ausgegangen werden, daß die Antragsgegnerin zu ihm ein gleichermaßen enges Verhältnis, wie es zwischen dem Kind und dem Antragsteller besteht, aufgebaut hat ...«

Hier geht es zunächst nur darum zu zeigen, vor welchem Hintergrund vom Sachverständigen ein abweichender Plazierungsvorschlag gemacht worden war und wie sich dies auf den Verlauf des Verfahrens auswirkte. Darüber hinaus werden die Befunde im Zusammenhang mit den anderen Fällen später noch ausführlicher diskutiert.

VI. Gerichtsbeschlüsse

Die Durchsicht der Gerichtsakten ergab, daß in sämtlichen Verfahren in der betreffenden Instanz ein Gerichtsbeschluß gefaßt wurde. Das Gericht folgte mit seinem Beschluß jeweils der Empfehlung des Gutachters.

1. Isolierte Verfahren vor der Scheidung

In drei der fünf Fälle ergingen zwei und mehrere Beschlüsse (Fälle B, F und L). Nach Beschwerden der jeweils »unterlegenen« Elternteile gingen diese Verfahren bis zum OLG. Zweimal wurde dabei ein Beschluß gefaßt, der von der ursprünglichen gutachterlichen Empfehlung abwich, weil »neue Fakten zu berücksichtigen waren« (Fall B), bzw. »weil die stärkeren Bindungen des Kindes an seinen Vater nicht unberücksichtigt bleiben« durften (Fall F), der zudem »aufgrund seiner bestehenden Arbeitslosigkeit besser in der Lage« zu sein schien, »die Betreuung und Versorgung des Kindes sicherzustellen, als die überwiegend berufstätige Kindesmutter, die insbesondere im Falle einer eigenen Erkrankung oder einer solchen des Kindes auf die Hilfe ihres Lebensgefährten angewiesen« war.

Im Fall L wies das OLG schließlich die Beschwerde des Vaters zurück, weil »die Betreuung und Versorgung der Kinder bei der Mutter ... besser gewährleistet ist als durch den vollberufstätigen Vater. Auch wenn dieser ... seine Nachmittage nach seinen Behauptungen im wesentlichen zu Hause verbringen kann, ist fraglich, ob er auch in Zukunft weiter so verfahren kann, nachdem dies bereits ... von dem Dienstvorgesetzten beanstandet worden ist, müßten aber die Kinder im wesentlichen Umfang von der jetzigen Lebensgefährtin (des Vaters) ... betreut werden, die nunmehr mit ihrem Sohn ... in dem früher von den Parteien gemeinsam bewohnten Haus ... lebt, würde dies nicht nur nach Auffassung des Sachverständigen für die Kinder ... belastend wirken; vielmehr ist der Betreuung durch die leibliche Mutter auch grundsätzlich vor der Betreuung durch fremde Personen der Vorzug zu geben, da jene aufgrund ihrer grundrechtlich geschützten Stellung als Elternteil in erster Linie zur Pflege und Erziehung ihrer Kinder berufen ist (Artikel 6 Abs. 2 GG).« Darüber hinaus habe das bisherige Verhalten des Kindesvaters während des anhängigen Sorgerechtsverfahrens gezeigt, »daß er sehr viel weniger als die Kindesmutter in der Lage ist, diesen Streit sachlich auszufechten und zusätzliche Belastungen nach Möglichkeit von den Kindern fernzuhalten. So hat er nicht nur mindestens einmal die Kindesmutter in Anwesenheit der Kinder geschlagen; (er) hat auch während der Zeit, als (die Söhne) vor Erlaß der angefochtenen Entscheidung bei ihm lebten, durch Überlassung der gewechselten Schriftsätze an sie die Kinder in das vorliegende Verfahren hineingezogen und diese dabei in einer Weise gegenüber (der Kindesmutter) negativ beeinflußt, daß sie sowohl eigene Briefe an das Gericht geschrieben wie auch bei ihrer Anhörung ... eindeutig nicht eigene Äußerungen, sondern solche des (Kindesvaters) von sich gegeben haben ... Durch dieses Verhalten hat (er) gezeigt, daß er die Trennungsproblematik noch nicht verarbeitet hat und derzeit nicht fähig ist, von den Kindern zusätzliche, für ihre Entwicklung schädliche Belastungen fernzuhalten sowie einen vorurteilslosen Zugang zum anderen Elternteil zu ermöglichen ... .«

2.   Im Scheidungsverbund

Von den sieben streitigen Sorgerechtsverfahren im Scheidungsverbund kamen sechs nach der Begutachtung in derselben Instanz zum Abschluß. Lediglich ein Verfahren ging in die nächsthöhere Instanz. Das OLG schloß sich mit seinem Beschluß der bereits vom Familiengericht auf der Grundlage der Sachverständigenempfehlung getroffenen Regelung an (Fall H).

3.   Isolierte Verfahren nach der Scheidung

Ein Verfahren konnte infolge der Begutachtung eingestellt werden (Fall N). Die Kindesmutter, Alkoholikerin, erklärte schließlich:»Ich habe an der ganzen Sache kein Interesse mehr. Die Kinder wollen nicht zu mir. Ich finde das alles nicht richtig. Was soll der ganze Zirkus noch?« In bezug auf die Begutachtung hatte sie plötzlich den Eindruck, daß man ihr nur was »anhängen« wollte. Ihr Mann hätte nach der Scheidung »alles mitgehen« lassen, das dürfte sie wohl auch. Sie hätte jetzt »den Spieß nur umdrehen« wollen. Daß das »nichts einbringen würde«, sei ihr klar geworden.

Die beiden anderen Verfahren (die Fälle A und O) konnten nach der Begutachtung in derselben Instanz abgeschlossen werden.

4. Verfahrensdauer

Für die 15 Verfahren wurde eine durchschnittliche Dauer von 17,8 Monaten errechnet. D.h. die Verfahren dauerten im Schnitt rund eineinhalb Jahre. Zwei Verfahren konnten bereits nach zehn Monaten abgeschlossen werden (die Fälle G und M): dagegen zogen sich zwei andere immerhin über 28 Monate hin (Fall D und L). Daß die Dauer des gerichtlichen Verfahrens für sich genommen nur wenig über die tatsächlichen Belastungen aussagt, beweist Fall A. Die erneute gerichtliche Auseinandersetzung um das Sorge- und Besuchsrecht war zwar nach 16 Monaten beendet, die Scheidung der Eltern lag jedoch schon 44 Monate zurück, deren Trennung gar 100 Monate – mehr als acht Jahre kindliche Entwicklung, die von einem chronischen Streit zwischen den Eltern überschattet wurde.

VII. Diskussion

Eine Erhebung, die sich ausschließlich auf die Angaben aus den Sorgerechtsgutachten und aus den dazu gehörigen Gerichtsakten stützt, ist von vornherin von begrenztem Aussagewert. Diese methodische Vorgehensweise gibt z.b. keinen Aufschluß über den Kummer und das seelische Leid von Eltern, insbesondere von den Kindern, die sich hinter jedem einzelnen Fall verbergen. Sie waren nur über persönliche Gespräche zu erfassen. Will man dennoch nicht auf solches Datenmaterial verzichten, ergibt sich zusätzlich noch das Problem der relativ kleinen Fallzahl. Unter Berücksichtigung dieser einschränkenden Faktoren kann als Fazit dieses Teils der Untersuchung folgendes festgestellt werden:

1. Das Gutachten des psychologischen Sachverständigen wurde in allen Fällen den Beschlüssen des Gerichts zugrundegelegt. In 13 von 15 Fällen entsprach die Sachverständigenempfehlung der endgültig getroffenen gerichtlichen Regelung, die in der Folge auch praktiziert wurde.

In den Untersuchungen von *Lempp* und *Wagner*[8] sowie von *Kaltenborn*[9] wurde die gutachterliche Empfehlung in ca. 80 bis 90 Prozent der Fälle verwirklicht. Diese Ergebnisse sind mit den eigenen Befunden nahezu identisch.

Simitis[10] und *Zenz*[11] haben diese Verlagerung der Entscheidungskompetenz auf den Sachverständigen kritisch beurteilt, nicht zuletzt deswegen, weil die außerjuristischen Disziplinen ebenfalls »mit Aporien durchsetzt« seien[12] und außerdem die Gefahr bestünde, daß psychologische Sachverständige den Betroffenen »Wertmuster« überstülpen, die von eigenen »sozial- und lebensgeschichtlichen Standards« geprägt sind.[13] Diese Gefahren sind nicht ohne weiteres von der Hand zu weisen. Am deutlichsten wird dies am Fall B, wo der Vater einerseits in asozialen Verhältnissen lebte und andererseits sich dem Recht nur dort verpflichtet fühlte, wo es der Wahrung seiner Interessen diente. Der Verfahrensablauf macht jedoch umgekehrt auch deutlich, wo solche Standards auf persönlichen Widerstand stoßen und allein mit rechtlichen Mitteln nicht durchsetzbar sind.

Auf der anderen Seite belegen diese Zahlen, daß es »richtig« ist, einen psychologischen Sachverständigen zum »streitigen Sorgerechtsverfahren« hinzuzuziehen. Es kann kein Zweifel darüber bestehen, daß dem psychologischen Sachverständigen eine große Verantwortung übertragen wird, die die Forderung nachhaltig unterstreicht, daß diese Tätigkeit mit der bestmöglichen Kompetenz ausgeübt werden muß.

2. Andere Untersucher haben die »einigende Funktion« der Begutachtung hervorgehoben.[14] Im eigenen Untersuchungsmaterial läßt sich anhand der Aktenanalyse diese Funktion nicht eindeutig feststellen. Während sich bei den von *Lempp* und *Wagner* nachuntersuchten Fällen die Eltern in acht von 42 Verfahren nach Eingang des Gutachtens geeinigt hatten, so daß es dadurch zu einer raschen Beendigung des Verfahrens kam, konnte hier zwar in rund einem Drittel (sechs Fälle) das streitige Sorgerechtsverfahren nach der Begutachtung relativ schnell zu einem Abschluß gebracht werden, ohne daß jedoch von einem Konsens zwischen den Eltern hätte die Rede sein können. Es war vielmehr so, daß sie

8   *Lempp* und *Wagner* 1975, a.a.O. (Fn. 1), S. 71.
9   *Kaltenborn* 1987, a.a.O. (Fn. 2), S. 992.
10 *Simitis, S.*: Zur Situation des Familienrechts - Über einige Prämissen. In: Seminar: Familie und Familienrecht. Bd. 1, Frankfurt/M. 1975, S. 15-61.
11 *Zenz, G.*: Der Richter will die Kinder sehen - Warum? Elterliche Sorge aus familienrechtlicher Sicht. Fragmente 22, 1986, S. 115-134.
12 *Simitis* 1975, a.a.O. (Fn. 10), S. 56.
13 *Zenz* 1986, a.a.O. (Fn. 11), S. 122.
14 *Lempp* und *Wagner* 1975, a.a.O. (Fn. 1).

akzeptierten bzw. bereit schienen zu akzeptieren, was der Richter auf der Grundlage der Empfehlung des Sachverständigen entschied. Für die Kinder stellt es sicher die beste, weil am wenigsten belastende Lösung dar, wenn die Eltern sich vorab einigen können. Hier können nur Vermutungen über das Zustandekommen dieser Diskrepanz angestellt werden. Am nächsten liegt die Annahme, daß sich darin eine unterschiedliche Methodik und Vorgehensweise bei der psychologischen Begutachtung ausdrückt. Möglicherweise wurde der (kinderpsychiatrischen) Beratung beider Elternteile in der Kinder- und Jugendpsychiatrie der Universität Tübingen bei der Begutachtung eine größere Bedeutung beigemessen als in der eigenen Begutachtungspraxis. Es ist jedoch auch denkbar, daß ein Sorgerechtsgutachten, das in einer anerkannten universitären Fachklinik abgefaßt wurde, auf streitende Parteien und deren Anwälte eine größere pädagogische Wirkung hat. Wie dem auch sei, im Hinblick auf eine Verbesserung der Gutachtenmethodik verdient dieser Befund unter Einbeziehung von vergleichbarem Material dringend der weiteren Abklärung. Unabhängig davon kann festgestellt werden, daß jedes streitige Sorgerechtsverfahren indirekt auf einen Mangel adäquater Beratungsangebote im Vorfeld der gerichtlichen Scheidung aufmerksam macht.

3. Obwohl die Verfahren nicht zuletzt durch das reformierte Recht erheblich verkürzt werden konnten, dauern sie immer noch zu lange. Hier wurde eine durchschnittliche Verfahrensdauer von eineinhalb Jahren ermittelt. Die kürzeste Verfahrensdauer betrug zehn Monate, die längste immerhin 28 Monate. Berücksichtigt man das kindliche Zeitgefühl und die Ungewißheit, die ein Sorgerechtsstreit für das Kind mit sich bringt, dann ist allein schon die Dauer des rechtlichen Verfahrens mit dem »Wohl des Kindes« unvereinbar. Anders formuliert: Psychische Schäden sind für die Kinder bei dieser Verfahrenspraxis schon vorprogrammiert.
Die hier durchgeführte Analyse hat allerdings keine wesentlichen Mängel zutage gefördert, die es zu erkennen und zu beheben gilt. Es liefert sich kein Anhaltspunkt dafür, wie man z.B. durch eine Verbesserung der Verfahrenspraxis diese belastende Zeitspanne für die Kinder verkürzen könnte. Alle Beteiligten (Richter, Anwälte, Sozialarbeiter und Sachverständige) waren bemüht, durch rasche Erledigung ihrer Aufgaben dem wichtigen Faktor ›Zeit‹ Rechnung zu tragen.
Allenfalls läßt sich daraus die Empfehlung ableiten, alles zu tun, um den elterlichen Konflikt außergerichtlich lösen zu helfen.

4. Von großem Interesse ist in diesem Zusammenhang die Frage, ob sich die persönlichen Bindungen des Kindes als zentrales sorgerechtsrelevantes Kriterium in der familiengerichtlichen Sorgerechtsbegutachtungspraxis als tragfähig erwiesen haben oder nicht. Der tatsächliche Verlauf entsprach nicht in allen Fällen den aus den Akten zu entnehmenden Regelungen (s.u.). In den Begutachtungen wurde den persönlichen Bindungen des Kindes die größte Bedeutung beigemessen. In 13 von 15 Fällen hat sich diese Vorgehensweise als brauchbar herausgestellt. In zwei Fällen wurde von diesem Prinzip abgewichen. Interessanterweise handelt es sich dabei um zwei der drei Fälle, in denen der Gutachter mit seinem Vorschlag von der zuvor praktizierten Regelung abwich.Die Gerichte hatten sich zunächst der Sachverständigenempfehlung in ihren Beschlüssen angeschlossen, mußten sie dann jedoch revidieren. D.h. jedoch nicht, daß das Bindungsprinzip in diesen beiden Fällen keine Anwendung gefunden hätte. Im Gegenteil: in beiden Fällen zeigte sich, daß die Kinder sehr eng an ihre Väter gebunden waren. Diese Bindungen wurden jedoch von den Vätern - in unterschiedlicher Weise - benutzt, was sich schädlich auf die Kinder auswirkte. Dem standen Mütter gegenüber, die potentiell als Sorgeberechtigte »besser« in Frage zu kommen schienen als die Väter. In der Trennungs- bzw. Scheidungssituation waren sie jedoch - auf sich alleine gestellt - nicht in der Lage gewesen, eine stabile und tragfähige Beziehung zu ihrem Kind bzw.zu den beiden Kindern herzustellen und - unabhängig von den Vätern - auch aufrechtzuerhalten, so daß den Vätern schließlich die elterliche Sorge auf Dauer überlassen wurde.

F. Ergebnisse der Nachuntersuchung

Die Nachuntersuchung wurde im Jahr 1990 durchgeführt. Das längste Zeitintervall zwischen Begutachtung und Nachuntersuchung betrug somit fast neun Jahre, das kürzeste drei Jahre. Im Schnitt waren zwischen beiden Untersuchungsterminen rund fünfeinhalb Jahre vergangen. In den 15 analysierten Sorgerechtsverfahren mußten für insgesamt 22 betroffene Kinder Sorgerechtsentscheidungen gefällt werden. Die folgende Tabelle 13 zeigt die Altersstruktur der Kinder zum Zeitpunkt der Nachuntersuchung.

Alter der Kinder	6-12 Jahre	13-17 Jahre	18-22 Jahre
Anzahl der Kinder	6	11	5

Tabelle 13: Altersstruktur der Kinder zum Zeitpunkt der Nachuntersuchung

Anhand der Verteilung auf die verschiedenen Altersgruppen ist zu erkennen, daß sich die Hälfte der Kinder inzwischen im Pubertäts- bzw. Adoleszenzalter befand.

I. Gerichtlicher Sorgerechtsbeschluß und Aufenthalt der Kinder

Die Gerichte hatten siebenmal der Mutter (Fälle A, D, J, K, L, M und O) und sechsmal dem Vater (Fälle B, C, E, F, G und H) das Sorgerecht auf Dauer übertragen. Im Fall N erhielten die Großeltern mütterlicherseits das Sorgerecht für die beiden minderjährigen Enkelsöhne. Im Fall I behielt der Vater das Sorgerecht für die gemeinsame Tochter, während der Mutter das Sorgerecht für den gemeinsamen Sohn übertragen wurde. Es war der einzige Fall, in dem Geschwister per Sorgerechtsbeschluß getrennt wurden. In bezug auf die Altersstruktur der Kinder ergab sich zum Zeitpunkt der Nachuntersuchung folgende Verteilung:

Alter der Kinder	6-12 Jahre	13-17 Jahre	18-22 Jahre
Mutter	3	4	3
Vater	4	6	
Großeltern			2

Tabelle 14: Sorgeberechtigte und Altersstruktur der Kinder zum Zeitpunkt der Nachbefragung.

Die minderjährigen Kinder verteilten sich in etwa gleich auf beide Elternteile. Für die inzwischen volljährig gewordenen Kinder hatten die Mütter bzw. die Großeltern das Sorgerecht gehabt.

II. Kinder, die bei der Mutter leben

Acht Frauen war nach der Scheidung das Sorgerecht über die Kinder (sieben Jungen und vier Mädchen) übertragen worden. Nur drei dieser acht Frauen gingen nach der Scheidung keine neue partnerschaftliche Beziehung ein. Es handelte sich um die Fälle A, K und L. Im Fall L war zwar der Mutter das Sorgerecht über die beiden Söhne übertragen worden, diese Regelung erwies sich jedoch insofern als nicht praktikabel, als die Söhne wiederholt von ihrem Vater nach der Schule entführt wurden, bis die Mutter schließlich einer Regelung zustimmte, wonach beide Kinder beim Vater blieben, so daß zwei Fälle übrig blieben, über die ausführlicher berichtet werden soll, weil sie einander sehr ähneln.

1. Das Kind lebt bei der alleinstehenden Mutter, die sich nicht wieder verheiratet

In beiden Fällen handelte es sich um Einzelkinder (Söhne), die relativ spät geboren wurden. Die Geburten waren schwierig gewesen. Die frühkindliche Entwicklung wies jeweils Auffälligkeiten auf. In einem Fall (A) lag ein angeborener Schiefhals vor, im anderen Fall hatte der Junge im Alter von 13½ Monaten bei einem Sturz vom Küchenschrank ein schweres Schädel-Hirn-Trauma erlitten, in dessen Folge er längere Zeit in der Klinik verbringen mußte. Beide Jungen (»schlechte Trinker«) hatten in der oralen Entwicklungsphase einen Mangel erfahren, dagegen in der analen Entwicklungsphase eine Menge an Zufuhr bekommen, indem ihre Mütter bemüht waren, sie »schnell sauber« zu bekommen. Die Kinder wurden früh psychisch auffällig und entwickelten Symptome (Bettnässen bzw. Eßstörungen), wegen derer sie psychotherapeutisch behandelt wurden. Die Mütter, in ihrer geschlechtlichen Identität und in ihrem Mutter-Sein unsicher, hatten sich jeweils Männer gesucht, die in ihrem Verhalten und in ihrem Wesen sehr den Vätern dieser Frauen glichen. Selbst vaterlos aufgewachsen bzw. in einer hochambivalenten Beziehung an den eigenen Vater fixiert, orientierten sie sich an einem Ideal von Familie, in der die Frau den Haushalt und die Erziehung übernimmt und der Vater das Sagen hat. Ihr Erziehungsbeitrag bestand im wesentlichen im Aufstellen starrer moralischer Regeln und Prinzipien, die sie um so hartnäckiger aufrechtzuerhalten und durchzusetzen versuchten, je mehr gegen sie verstoßen wurde. Auf der Ebene der Paarbeziehung entwickelte sich jeweils ein Machtkampf, in bezug auf das Verhältnis Eltern-Kind ein Ringen um Besitzansprüche. Die Söhne waren symbiotisch an ihre Mütter fixiert.

Nachdem sich diese von ihren Männern getrennt und die Söhne mitgenommen hatten, kam es über das Umgangsrecht der Väter zum Sorgerechtsstreit. Die Mütter beobachteten bei ihren Söhnen Symptome wie Übelkeit, Erbrechen, Schlaflosigkeit usw. im Zusammenhang mit Besuchen beim Vater. Daraus leiteten sie ab, daß die Besuche beim Vater »schädlich« für ihre Kinder seien und wollten sie aussetzen. Die Väter fühlten sich ihrerseits ausgeschlossen und erlebten das Verhalten ihrer Frauen und Söhne als Angriff gegen sich. Aus dieser Position des »Unterlegenen« schlugen sie zurück und beantragten nicht nur die Aufrechterhaltung der Umgangsregelung, sondern eine Änderung des Sorgerechts. D.h. sie wollten die Söhne nun für sich. Die Kinder gerieten darüber in einen schweren Konflikt. Einerseits wäre es ihnen am liebsten gewesen, wenn ihre Eltern zusammen geblieben wären. Da dies jedoch nicht möglich war, bedeutete jeder Versuch, dennoch eine Beziehung zu beiden Elternteilen aufrechtzuerhalten, zugleich einen Verrat gegenüber dem jeweils anderen Elternteil. Diesen Konflikt lösten die Kinder jeweils regressiv mit Spaltungsvorgängen und anderen frühen Abwehrmechanismen. Im Fall A war die Beziehung zwischen Vater und Sohn quasi abgebrochen. Seit seinem siebten Lebensjahr hatte er seinen Vater nur noch einige Male für jeweils einige Stunden gesehen. Angesichts der Symptome und Beschwerden, die im Zusammenhang mit Besuchen beim Vater auftraten und des Widerstandes seitens der Kindesmutter schien eine Durchsetzung der Umgangsbefugnis mit dem »Kindeswohl« unvereinbar. Aus der Perspektive des Sachverständigen wurde deswegen die Empfehlung ausgesprochen, der Mutter das Sorgerecht auf Dauer zu übertragen und die Umgangsregelung auszusetzen. Es sollte dem Jungen überlassen bleiben, wann und wie lange er seinen Vater sehen möchte.

Im Fall K lagen die Verhältnisse anders. Hier hatte der Kindesvater seinen Sohn weiterhin regelmäßig gesehen. Kontroversen wegen des Umgangsrechts waren infolge der »unterschiedlichen Erziehungsstile« beider Elternteile aufgetreten. Hier lautete die Gutachterempfehlung, die bestehende Beziehung zwischen Vater und Sohn nicht zu unterbinden, weil sie für die weitere Entwicklung des damals sechs Jahre alten Jungen von eminenter Bedeutung war.

Die Nachuntersuchung fand neun (Fall A) bzw. fünf Jahre später statt (Fall K). In beiden Fällen war das, was der Sachverständige empfohlen hatte, von den Gerichten beschlossen und von den Eltern in der Folge auch praktiziert worden.

Der inzwischen 22 Jahre alte Ludwig[15] (Fall A) hatte die Beziehung zu seinem Vater nicht wieder aufgenommen (»Warum sollte ich denn?«). Er bewohnte mit seiner Mutter zusammen eine Zweizimmerwohnung. Ihren Lebensunterhalt bestritten sie von Unterhaltszahlungen des Vaters für den Sohn, Sozialhilfe für die Mutter und einer monatlichen Unterstützung seitens des Großvaters mütterlicherseits (Pensionär). Obwohl seine Mutter die Ansicht vertrat, daß es Ludwig nach der gerichtlichen Sorgerechtsentscheidung besser gegangen wäre, war er all die Jahre über weiter krank gewesen (Kopfschmerzen, Lern- und Konzentrationsschwäche, Gewichtsprobleme, häufige Infekte, unklare Bauchschmerzen). Zahlreiche Ärzte und Heilpraktiker hatte er vergeblich aufgesucht. Wegen seiner Beschwerden war er schon ein Jahr nicht mehr in der Schule gewesen. Die Mutter bemühte sich gerade um eine Sondergenehmigung, damit er »im nächsten Schuljahr in der 12. Klasse des Gymnasiums weitermachen« konnte. Bei einer Schadstoffmessung hatte man hohe Konzentrationen an Formaldehyd in seinem Zimmer gemessen. Die Mutter hatte daraufhin seinen Vater angeschrieben und gebeten, ihm ein neues Zimmer einzurichten. Als die Biomöbel geliefert wurden, war es zur einzigen Begegnung zwischen Vater, Mutter und Sohn gekommen. Ludwig hatte sich

---

15 Hier und im folgenden wurden die Vornamen geändert.

beim Vater bedankt und danach das Zimmer verlassen. Zwischen der Mutter und dem Vater war es darüber zu einem Streit gekommen. »Wie früher, es hat sich nichts verändert«, lautete übereinstimmend der Kommentar.

Der Vater hatte inzwischen ein »ziemliches Vermögen« angehäuft. Er fragte sich, was er damit soll, wenn er es nicht seinem Sohn vermachen könnte: »Vielleicht lege ich es auf ein Sperrkonto, bis seine Mutter mal nicht mehr da ist.« Einmal war Ludwig auf dem Heimweg von der Schule seinem Vater »zufällig« begegnet. Er soll fluchtartig die Straßenseite gewechselt haben.

Ludwig lebte weiterhin völlig isoliert, ohne jeden Kontakt zu Gleichaltrigen. »Insgesamt etwas langsam, jedoch sehr gründlich« (Angabe der Mutter), verbrachte er seine Zeit über den Schulbüchern. Ansonsten hörte er klassische Musik. »Sollte er das Abitur machen können«, wollte er versuchen, Beamter zu werden. Sein einziges Interesse darüber hinaus: »Ich möchte wieder gesund werden.«

Tobias' Eltern (Fall K) hatten die Begutachtung und die Gerichtsentscheidung in »guter Erinnerung« behalten, weil es danach zu einer »Beruhigung« zwischen ihnen gekommen war. Ihrem Sohn hätte das gut getan. Auffälligkeiten wie Stottern, Bettnässen, aggressives Verhalten, Phantasieren und Schlaflosigkeit, die in der Trennungs- und Scheidungsphase der Eltern aufgetreten waren, hatten sich bald gelegt. Tobias besuchte seinen Vater zunächst regelmäßig im Abstand von 14 Tagen. 1989 machte die Mutter eine Kur. Diese Zeit verbrachte er bei seinem Vater: »Er war richtig froh, daß er zu mir kommen konnte. Mit meiner Ex-Frau kann ich mich über Tobias verständigen. Das Verhältnis ist so normal, wie es nur möglich ist.« Die Mutter sprach davon, daß »inzwischen alles geglättet« sei. Tobias trug am Wochenende die Zeitung in dem Ort aus, wo der Vater lebte. »Er kommt jetzt häufiger mal spontan vorbei. Das mit der gesetzlichen Regelung handhaben wir jetzt nicht mehr so streng.«

Sorgen bereitete den Eltern die schulische Entwicklung ihres Sohnes. 1987 kam er auf eine Gesamtschule. Auf den Schulwechsel hätte er mit einer »Lernverweigerung« reagiert. Bei einer schulärztlichen Untersuchung wäre ein schwerer Hörschaden diagnostiziert worden. Tobias trug seit 1989 ein Hörgerät, das er schon zweimal zertrümmert hatte. Seit 1988 besuchte er eine Sonderschule und strebte den Volksschulabschluß an. Dieser Schulwechsel schien ihn entlastet zu haben.

Die Mutter, seit Tobias' zehntem Lebensjahr ganztags berufstätig (»Wir hatten unser Haus verkauft. Auf Unterhalt für mich und meinen Sohn habe ich verzichtet.«), war mit ihm in der Zwischenzeit dreimal umgezogen: »Es wäre schön, wenn er mehr Kontakt zu anderen Kindern und Jugendlichen hätte. Andererseits gibt es hier in der Gegend Kinder- und Jugendbanden. Da bin ich ganz froh, daß er sich nicht anschließt.

Kontakt hat er eigentlich nur noch zu Freunden in dem Ort, wo wir früher als Familie gewohnt haben. Tobias ist jetzt in der Pubertät. Hat schon einen ganz schönen Dickkopf. Das macht mir aber keine größeren Probleme. Probleme gibt's eigentlich nur mit dem Lernen. Er trinkt nicht. Er raucht nicht. Demnächst will er seinen Mofa-Führerschein machen. Mein Ex-Mann hat noch ein Mofa für ihn. Beruflich will er auch was mit Autos machen.«

Der Vater versicherte, daß er sich um eine Lehrstelle für Tobias bemühen werde:»Das liegt ihm. Wir basteln viel in meiner Werkstatt.« Wenige Tage nach dem Gespräch beim Vater, bei dem Tobias gerade zu Besuch gewesen war, erhielt ich einen Anruf:»Sie wissen doch, daß eine Kollegin aus B. bei mir zu Besuch gewesen war. Wir waren zusammen in der Stadt, wollten uns was ansehen. Als wir zurückkamen, hatte Tobias die ganze Garage und parkende Autos vollgesprüht. Das kann ich doch nicht einfach durchgehen lassen. Ich habe ihn zur Rede gestellt. Er sagt, daß er sich keiner Schuld bewußt sei. Können sie mir raten, was ich machen soll?«

Beide Elternteile berichteten, daß das Thema ihrer Scheidung für Tobias nach wie vor »ein rotes Tuch« sei. Er könnte sich einfach nicht damit abfinden, obwohl es für sie »sicherlich die beste Lösung« gewesen wäre. Das hatten sie ihm auch gesagt, wenn er nach dem Grund der Trennung seiner Eltern gefragt hatte. Er fand es »gut«, daß es nicht mehr so viel Streit gab. Dennoch vermittelte er den Eindruck, noch immer darauf zu hoffen, daß seine Eltern es »noch einmal miteinander probieren könnten«, weil »es doch gar nicht mehr so (sei) wie früher«. Er schien fest entschlossen, das Seinige dazu beitragen zu wollen, damit sie wieder eine »richtige Familie« wären. Was seine Hoffnungen zu zerstören drohte, bekämpfte er mit seinen Mitteln.

2.   Das Fehlen des Vaters

Welche Rolle spielt der abwesende Vater? Diese Frage wird von den meisten als gemeinsames und zentrales Problem der Kinder gesehen, die bei der alleinstehenden Mutter aufwachsen. Was macht das Fehlen des Vaters als Erziehungsperson aus? Welchen Einfluß übt er als Abwesender aus? Wie ist er psychologisch präsent, d.h. inwieweit beschäftigt er das Denken und Fühlen des Kindes und das der Mutter? Von einem Fehlen des Vaters konnte streng genommen nur im Fall A die Rede sein.

Immerhin kümmerte sich Herr A materiell um seinen Sohn. Ansonsten hatte die Verbindung mit ihm aufgehört. Im Denken und Fühlen der Mutter und des Sohnes war Herr A jedoch weiterhin präsent, und sei es als negative Projektionsfigur. Von entscheidender Bedeutung war dabei weniger die Trennung und Scheidung der Eltern, als vielmehr der chronische Paarkonflikt. Die Eltern waren in einer Art Haß-Liebe einander verbunden, in der sie sich gegenseitig daran hinderten, eine selbständige mütterliche bzw. väterliche Erziehungsposition einzunehmen und miteinander zu kooperieren. Statt dessen hatten sie sich von Anfang an bekämpft. Äußerlich geschieden, wurde der Kampf innerlich fortgeführt. Die Mutter ließ jede Bereitschaft und Fähigkeit vermissen, wenigstens dem Sohn zu einer sachlicheren Einstellung zum Vater zu verhelfen. Der Vater wiederum verhielt sich nicht wie ein Vater. Er sorgte zwar materiell für seinen Sohn, doch darüber hinaus hatte er sich, gekränkt wie ein älterer Bruder, schon früh aus der Familie zurückgezogen und war seine eigenen Wege gegangen.

Es darf angenommen werden, daß für Ludwigs ablehnende Haltung gegenüber dem Vater weniger dessen reales Verhalten ausschlaggebend war, als vielmehr die enge Bindung des Jungen an die Mutter und deren heftige Ablehnung und Diffamierung des Mannes. Er hatte eine einseitige durch die ungelösten psychischen Konflikte seiner Mutter geprägte Vater-Imago. Dieses psychische Bild des Vaters war so extrem, weil es keine Korrektur durch alltägliche Erfahrungen mit der realen Persönlichkeit des Vaters erfahren hatte. Als kleiner Junge hatte er die Einstellung der Mutter per Identifikation weitgehend übernommen. Auch ihm ging der »böse Vater« ständig durch den Kopf. Was die Mutter bei ihrem Sohn vermißte, Unternehmungsgeist, Kontaktfreudigkeit usw., das hatte der Vater. Dahinter stand jedoch auch die Drohung »Werde nur nicht wie dein Vater!« Sie lauerte geradezu auf das Erscheinen solcher Züge bei ihrem Sohn. Konsequent unterdrückte er alles bei sich, was ihn in die Nähe des Vaters hätte rücken können.

Ludwig war ein Einzelkind, das überbehütet und verzogen aufwuchs. Entwickelt hatte sich eine introvertierte narzißtische Persönlichkeit, die, hypochondrisch fixiert, nicht in der Lage war, sich sozial einzufügen. Die ohnehin schon problematische Situation des Einzelkindes wurde hier durch das Fehlen des Vater verschärft. Seine Bindung an die Mutter hatte Ausschließlichkeitscharakter. Umgekehrt band die Mutter das Kind, das ihr gleichzeitig den Partner ersetzte, nicht nur sehr stark an sich, sondern behandelte den Sohn viel zu früh wie einen Erwachsenen. Altklug und besserwisserisch wurde er vor allem zum Gespött der Gleichaltrigen. Angesichts der schweren Sexualhemmung hatte Ludwig »selbstverständlich« noch keine Freundin.

Im Fall K wirkte sich das »Fehlen des Vaters« in erster Linie auf die Erziehung des Kindes aus. Als die Eltern noch zusammen waren, hatte sich ihr Streit meist an den unterschiedlichen Auffassungen über Erziehung entzündet, woran weder Beratung noch Therapie etwas zu ändern vermochten. Herr K. bezeichnete sich selbst als »konservativ« und hielt »nur wenig« von der »liberalen« Einstellung seiner Ex-Frau. Sie meinte, sich früher den Vorstellungen ihres Mannes angepaßt und untergeordnet zu haben. Nachdem sie nicht mehr bereit war, dies zu tun, hätten die Probleme mit Tobias Erziehung angefangen. »An seiner Entwicklung habe ich erst gemerkt, wie mein Mann meine Bedürfnisse überging und mit mir verfuhr.« Tobias war bei der Trennung seiner Eltern achteinhalb Jahre alt. Er stand sehr unter dem Einfluß des strengen und religiösen Vaters. In einer Beratungssituation hatte der Junge mehrere Erwachsene gefragt, ob es einen Teufel gäbe. Alle versuchten, ihm eine kindgemäße Verneinung zu geben. Er war davon jedoch nicht zu überzeugen und bestand auf der Existenz des Teufels. »Mein Vater hat mir das gesagt. Es steht auch in der Bibel. Der Teufel ist bei euch im Keller.« Eine Mitarbeiterin ging mit ihm in den Keller. Tobias beharrte weiter auf seinem Standpunkt. Er legte den Kopf an die Wand, »hörte« den Teufel und sprach mit ihm. »Ihr seid schlechte Menschen. Wenn ihr nicht an den Teufel glaubt, glaubt ihr auch nicht an Gott. In der Bibel steht, daß es einen Teufel gibt und die Bibel ist Gottes Wort.« Der Junge ereiferte sich so, daß die Mutter versuchte, ihn zu beruhigen. Da fuhr er sie an: »Und es gibt doch einen Teufel - und du bist ein schlechter Mensch.« Dem war vorausgegangen, daß sein Vater die Bereitschaft, weiterhin an der Beratung teilzunehmen, gekündigt hatte. Es bestand kein Zweifel darüber, daß der Junge den »fehlenden Vater« auf diese Weise wieder in die Szene einführte. Er idealisierte ihn und versuchte nicht nur, ihm zu gefallen, sondern auch, ihn in der Familie zu halten.

Im Kindergarten und in der Schule war Tobias selbst der »kleine Teufel«, der in »unbeobachteten« Augenblicken andere Kinder schubste, schlug oder auch mal in den Keller sperrte. Konfrontierten andere die Eltern mit den Verhaltensauffälligkeiten ihres Sohnes, suchten sie die Ursachen dafür im Erziehungsverhalten des jeweils anderen Elternteils und machten Schuldzuschreibungen. Der Vater predigte hohe moralische, sittliche und ethische Werte. Als Vorbild war er nur bedingt tauglich. Hier und dort unterliefen ihm im Alltag »kleine Unregelmäßigkeiten«. Wie sein Sohn scheiterte er an den überspannten Sublimierungs- und Neutralisierungsforderungen und hatte im Dienst Probleme, seine »Aggressionen zu zügeln«. Die Mutter wiederum sah im Verhalten des Sohnes »das verständliche Aufbegehren gegen die Strenge des Vaters«. Beide trugen sie zu dem Mißverhältnis zwischen Gewährung und Versagung in der Erziehung bei und gerieten darüber in Streit. Jeder Elternteil legitimierte seine Erziehungshaltung als bloß ausgleichende Reaktion auf die Fehlhaltung des anderen Elternteiles. Beide nahmen Extremhaltungen ein und zwangen so den Partner zur Übernahme der ausgleichenden Gegenhaltung. Die Trennung und Scheidung der Eltern stellte hier einen Ausbruch aus dem verhängnisvollen Verstärkerkreis dar. Tobias entlastete dies zunächst. Er vermißte jedoch seinen Vater als Identifikationsobjekt sehr und litt unter schweren Störungen des Selbstwertgefühls.

3. Das Umgangsrecht des Vaters

Die Abwicklung der Besuche beim Vater gestaltete sich für die Dauer des Getrenntlebens der Ehegatten äußerst problematisch. Aus der Perspektive des Kindes trugen diese Erfahrungen zunächst nicht dazu bei, leichter über den Verlust der Lebensgemeinschaft mit dem Vater hinwegzukommen. Eher war das Gegenteil der Fall, zumal die Besuche z.T. gegen den Widerstand der Mutter durchgesetzt wurden. Es kam darüber jedoch zu keiner Entfremdung zwischen Vater und Sohn. Nach der endgültigen gerichtlichen Regelung des Sorge- und Umgangsrechts im Scheidungsverbund entspannte sich die Situation zwischen den Eltern. Den geschiedenen Ehegatten gelang es allmählich, nicht nur den gegenseitigen offenen Kampf zu beenden, sondern auch die innere Auseinandersetzung mit dem Ex-Partner zu einem Abschluß zu bringen. Damit war zugleich eine Minimalanforderung für eine Umgangsregelung »zum Wohle des Kindes« erfüllt. Tobias wünschte seinen Vater zu sehen und beide Elternteile unterstützten dies.

Die Verschiedenheit der Lebensauffassungen, die während der Ehezeit willentlich aufeinander abgestimmt waren, standen sich jetzt heterogen gegenüber. Für die weitere Entwicklung des Jungen bot sich erstmals die Chance, die unterschiedlichen Erwartungen, die an ihn gerichtet wurden, wahrzunehmen, und sich damit auseinanderzusetzen. Es öffnete jedoch auch Raum, um die Eltern gegeneinander auszuspielen. »Aus Erfahrungen klug« geworden, sprachen sie nach Besuchen des Jungen beim Vater »inzwischen regelmäßig« miteinander.

Problematisch gestaltete sich das Umgangsrecht jeweils dann, wenn der Vater eine Freundin bei sich hatte. Tobias reagierte abweisend und neigte zu aggressiven Durchbrüchen.

Beim Sorgerechtsstreit zwischen den Eltern richtet sich das Interesse der anderen Beteiligten schwerpunktmäßig auf die psychischen Auswirkungen für das Kind. Der Fall K macht jedoch deutlich, wie wichtig es ist, stets auch die physische Dimension des »Kindeswohls« mitzubeachten. Da die psychischen Belastungen offensichtlich sind, besteht die Gefahr, angeborene bzw. erworbene körperliche Behinderungen und Erkrankungen als solche nicht zu erkennen oder deren Auswirkungen falsch einzuschätzen. So lange die Eltern miteinander streiten und jeder die »Schuld« für Verhaltensauffälligkeiten des Kindes beim jeweils anderen sucht, entsteht nahezu zwangsläufig die Tendenz, daß Kind in der eigenen Obhut als »unproblematisch« und »beschwerdefrei« zu erleben. Diese Wahrnehmungsstörung kann bis zur Verleugnung schwerer oder gar lebensbedrohlicher psychischer und körperlicher Erkrankungen reichen, die unabhängig von den trennungsbedingten Konflikten der Eltern und des Kindes bestehen, mit diesen aber in eine Wechselwirkung treten können.[16] Den betroffenen Kindern wird nicht nur die notwendige Behandlung vorenthalten, sondern sie stehen auch noch - obwohl krank - unter dem Druck, besonders gut funktionieren zu müssen. Tobias z.B. »hörte nicht«. Sein Ungehorsam und seine Lern- und Konzentrationsstörungen waren zunächst ausschließlich als Folgen des Familienkonflikts diagnostiziert und behandelt worden. Erst nachdem es seinen Eltern gelang, verständnisvoller miteinander umzugehen, konnten sie auch mehr Verständnis für die Situation ihres Sohnes zeigen und es zulassen, daß er eine Schule besuchte, in der er gemäß seiner Fähigkeiten und Möglichkeiten gefördert wurde.

III. Das Kind lebt in einer Stiefvaterfamilie

Fünf sorgeberechtigte Mütter hatten bereits zum Zeitpunkt der Scheidung einen neuen Partner, den sie bald darauf heirateten. Acht Kinder, drei Jungen und fünf Mädchen, die bei der Scheidung ihrer Eltern zwischen einem Jahr und zwölf Jahren alt waren, lebten inzwischen in einer Stiefvaterfamilie. Im Fall I hatte die Tochter zunächst beim Vater gelebt. Nachdem dessen zweite Ehe 1986 in die Brüche gegangen war, hatte die Stiefmutter die leibliche Mutter gebeten, das mittlerweile 12-jährige Mädchen zu sich zu nehmen.

Zwischen der Begutachtung und der Nachuntersuchung waren im Schnitt fünf Jahre vergangen. Der größte Zeitabstand betrug acht Jahre, der kürzeste drei Jahre. Als die Kinder bzw. Jugendlichen nachuntersucht wurden, waren sie zwischen fünf und 18 Jahren alt. Keines der Kinder hatte den neuen Familienverband vorzeitig verlassen.

Die Möglichkeiten der Mütter zur Wiederheirat waren gut. Dabei ist zu berücksichtigen, daß keine der Frauen bei der zweiten Eheschließung älter als 28 Jahre war. Sie wählten Männer, die sozial höher standen als ihre Ex-Gatten. In vier Fällen wirkte sich die zweite Eheschließung eindeutig sozial vorteilhaft aus (D, I, M und O). Im Fall J bedeutete sie zumindest keine Verschlechterung. Es war jedoch nicht so, daß die Frauen Versorgungsaspekte den Liebesansprüchen vorangestellt hätten. Sie hatten vielmehr den Eindruck, »die Liebe« ihres Lebens gefunden zu haben bzw. erst jetzt »dem Richtigen« begegnet zu sein. Daß das Scheitern einer Beziehung und die Nichtverarbeitung des Verlustes ihre Gefühle und ihr Selbst-

---

16   Vgl. dazu *Koechel, R., Heider, C.*: Scheidungsforschung an der Gesamthochschule Kassel: Erste Ergebnisse einer Längsschnittstudie über die Situation Geschiedener und von der Scheidung ihrer Eltern betroffener Kinder. Fragmente 22, 1986, S. 7-28/26.

verständnis bei der neuen Partnerwahl mitbestimmten, nahmen sie nicht wahr. Sie wollten sich schnell wieder gefühlsmäßig binden. Die Angst, erneut einen Verlust zu erleiden, wurde verdrängt. Schwierigkeiten in der neuen Paarbeziehung wurden verleugnet. Indem sie »Knall auf Fall« mit ihren alten Partnern gebrochen hatten, kam es zu einem Überengagement in der neuen Beziehung. Für jeweils kurze Zeit wurde bewußt zwischen neuer Partnerschaft und Familienbeziehungen unterschieden. Keines der Paare hatte bedacht, was es für die Paarbeziehung bedeutete, von Anfang an mit dem »Eltern-Sein« gekoppelt zu werden. Die Mütter präsentierten ihren Kindern einfach »neue Väter«. Daß es kein Zurück mehr geben würde, besprachen sie mit den Kindern ebensowenig, wie das Für und Wider einer neuen Partnerschaft.

Als die Sorgerechtsgutachten erstellt wurden, war in drei Fällen (D, I und M) bekannt, daß sofort nach der Scheidung eine Stieffamilie entstehen würde. Frau O hatte zwei Jahre vor der gutachterlichen Untersuchung eine Stieffamilie gegründet. In den Empfehlungen des Sachverständigen fand dies insofern Berücksichtigung, als der Mutter jeweils eine Schlüsselrolle zugesprochen wurde. Mit anderen Worten: Wo die Bindung des Kindes an seine Mutter das ausschlaggebende Kriterium für den gutachterlichen Plazierungsvorschlag war, wurde dieser Beziehung auch für die Stiefvaterfamilie die zentrale Bedeutung beigemessen. Der neue Partner der Mutter kam in mehr oder weniger enger Bindung hinzu. Er hatte die Aufgabe, im bisherigen Mutter-Kind(er)-Teilfamilienverband eine Position zu finden, während der leibliche Vater mit dem Problem konfrontiert wurde, die Beziehung zum Kind vor dem Hintergrund der neu entstehenden Familie zu definieren, weil er seine Vaterrolle nicht mehr unabhängig von ihr verwirklichen konnte.

Weder von den Betroffenen noch von den anderen Beteiligten wurden allzu hohe Erwartungen an die Stiefväter gerichtet, was weniger mit Vorurteilen gegenüber Stiefvätern als vielmehr mit der weitverbreiteten Auffassung zusammenhing, daß Stiefväter in Stieffamilien eine nur untergeordnete Rolle spielen.[17] In den Begründungen der Gerichtsbeschlüsse richtete sich die Aufmerksamkeit darauf, daß wieder eine »vollständige Familie« vorhanden war (« ... findet das Kind wieder eine vollständige Familie vor. Die Antragsgegnerin wird für eine nicht absehbare Zeit nicht mehr berufstätig sein. Sie kann sich somit dem Sohn intensiver widmen als der Antragsteller, der durch seine Berufstätigkeit in starkem Maße bei der

---

17 Vgl. dazu *Haffter, C.*: Kinder aus geschiedenen Ehen. 3. Aufl. Bern, Stuttgart, Wien 1979 sowie *Krähenbühl, V., Jellouschek, H., Kohaus-Jellouschek, M., Weber, R.*: Stieffamilien: Struktur - Entwicklung - Therapie. 2. verbesserte Aufl. Freiburg 1987.

Betreuung und Versorgung des Kindes auf die Mithilfe seiner Eltern angewiesen ist, die beide das Rentenalter erreicht haben. Durch die ständige Betreuung durch die Antragsgegnerin kann sich dabei die emotionale Bindung des Kindes an einen Elternteil stärker entwickeln als dies beim Antragssteller der Fall ist ... Das Kind ist aufgrund seiner häufigen Besuche mit den häuslichen Verhältnissen der Antragsgegnerin ... vertraut, akzeptiert insbesondere den jetzigen Ehemann der Antragsgegnerin und besitzt in der Nachbarschaft bereits einen gleichaltrigen Jungen als Freund.«). Die Gerichte gingen weder auf den Entstehungsprozeß der Stieffamilien und seine Bedeutung für die Kinder ein, noch berücksichtigten sie die Unterschiede zwischen Stief- und Kernfamilie. Um die Probleme und Schwierigkeiten dieses besonderen Typus von Stieffamilie besser verstehen und die Auswirkungen auf die Kinder erfassen zu können, ist es zunächst notwendig, die Strukturen dieser Familien und deren Entwicklungsprozeß kennenzulernen.

1.   Merkmale der Stiefvaterfamilie

Von einer Stiefvaterfamilie kann dann gesprochen werden, wenn ein Mann zu einer Frau mit ihrem(n) leiblichen Kind(ern) kommt. Für das betreffende Kind stellt das wesentlichste Merkmal der Siefvaterfamilie die Tatsache dar, daß sein leiblicher Vater außerhalb der Familie lebt. Das Kind hat eine wichtige Beziehung zu einer Person, die dem neuen Familienverband nicht angehört. Im Gegensatz zur Kernfamilie, bestehend aus Mutter, Vater und Kind, die in zwei Subsysteme, nämlich die Paar- und die Eltern-Kind-Beziehung unterschieden werden kann, stellt sich die Situation von Stieffamilien komplexer dar. Der Vater, der nicht mehr mit der ursprünglichen Familie zusammenlebt, spielt im neuen Familienverband weiterhin eine wichtige Rolle. Er steht durch seine Funktion als Vater mit der neuen Familie in Verbindung. Als umgangsberechtigter Elternteil muß er zwar eine Reihe von Einflußmöglichkeiten an den sorgeberechtigten Elternteil abtreten, er bleibt jedoch weiter mitverantwortlich. Die Bedeutung des außerhalb des Familienverbandes lebenden Vaters erfuhr in den hier dargestellten Fällen insofern seine Bestätigung, als nur im Fall M das Umgangsrecht des Vaters per Gerichtsbeschluß ausgesetzt wurde. Da sich in der Stieffamilie die Eltern- und Paarebene nicht auf dieselben Personen beziehen, lebt also mindestens ein Kind im Familienverband, das einen Elternteil außerhalb der Familie hat. Hat das neue Paar gemeinsame Kinder, was bei den hier erfaßten Stiefvaterfamilien dreimal der Fall war (D, J und M), ergeben sich weitere familiäre Subsysteme. Als relativ »offener Familienverband« ist die Stieffamilie weder nach außen, noch nach innen hin eindeutig abgegrenzt. Weder biologisch noch rechtlich und räumlich ist die Mitgliedschaft zur Stieffamilie klar definiert. Streng genommen gibt es, juristisch gesehen, überhaupt keine Beziehung zwischen dem Stiefvater und dem Kind der Partnerin und zwischen Stiefgeschwistern kein Verwandtschaftsverhältnis.

Während in der Kernfamilie die Rollen biologisch und genetisch festgelegt sind und deren Ausgestaltung sozial stark normiert ist, existieren in der Stieffamilie neben den biologisch vorgegebenen Rollen sog. »Erwerbsrollen« - z.b. die für den Stiefvater - für die es, sieht man einmal vom prägenden Einfluß der Märchen und Mythen ab, keine Modelle gibt. Wird die Großelternebene miteinbezogen, stößt man nicht nur auf weitere Erwerbsrollen - Stiefkinder haben mindestens drei Großeltern -, sondern auch auf zusätzliche Faktoren, die das Zusammengehörigkeitsgefühl in Stieffamilien wesentlich mitbestimmen. Gewöhnlich werden Kernfamilien durch die Mitglieder der Herkunftsfamilien unterstützt. Für Stieffamilien ist dies keineswegs selbstverständlich. In der Regel stoßen die Scheidung und das Eingehen einer neuen Verbindung bei den Herkunftsfamilien eher auf Skepsis und Kritik.

Die wesentlichen Strukturmerkmale der Stiefvaterfamilie machen auf Probleme aufmerksam, die sich der Kernfamilie nicht stellen. Der leibliche Vater des Kindes lebt außerhalb des neuen Familienverbandes. Welche emotionelle, ideelle und praktische Rolle spielt er? Diese Frage berührt einerseits die Grenzen des neuen Familiensystems nach außen, andererseits die Position des Stiefvaters innerhalb der neuen Familie. Wie verteilen sich die Loyalitäten der verschiedenen Erwachsenen gegenüber dem Kind? Wie loyal verhält sich das Kind gegenüber den Erwachsenen? Wie wirkt es sich auf die Stieffamilie aus, daß mindestens zwei Mitglieder des neuen Familienverbandes eine wichtige Bezugsperson verloren und diesen Verlust in den meisten Fällen noch nicht verarbeitet haben? Welche Organisation bildet sich in Stieffamilien heraus? Wo und wie verlaufen die Familiengrenzen und wer gehört zur Familie?

Versucht man diese Fragen anhand der Stiefvaterfamilien der Untersuchungsgruppe zu beantworten, stellt man ein hohes Maß an Übereinstimmung in den Entwicklungen der einzelnen Familien fest.

2.   Entwicklungsphasen der Stiefvaterfamilien

In der Entwicklung von Stieffamilien können drei typische Phasen unterschieden werden, die für die Bildung des neuen Familienverbandes konstitutiv sind:

1. die Phase des Abschieds von der bisherigen Partnerschaft und der bisherigen Familienform;

2. die Phase der Teilfamilie;
3. die Phase der neuen Partnerschaft und der Stieffamilienbildung.

Stieffamilien, die nicht durch den Tod eines Ehepartners bzw. Elternteils zustandekommen, geht die Scheidung der Partner und damit die Auflösung der bisherigen Familie als einschneidendstes Lebensereignis und als tiefe Krise voraus. Trotz individueller Unterschiede und Besonderheiten wiesen die hier erfaßten Paarbeziehungen, die schließlich in Scheidung endeten und zur Gründung einer Stiefvaterfamilie führten, viel Gemeinsames auf. Die Männer waren in einer sehr engen Bindung an die Mutter aufgewachsen. Ihre Mütter schilderten sie überwiegend als »starke« und »besitzergreifende« Frauen. Drei der Männer waren vaterlos aufgewachsen. In den beiden anderen Fällen waren die Väter neben den Müttern auffallend blaß und unscheinbar geblieben; sie spielten eine untergeordnete Rolle.

Die Atmosphäre im Elternhaus war von Strenge, Kühle und Triebfeindlichkeit gekennzeichnet. Expansive Regungen wurden unterdrückt. Gefordert wurden statt dessen Anpassung, Gehorsam und Gefügigkeit. Fehlte der Vater, rückten die Söhne an seine Stelle. Mit ihren eigenen Vätern hatten sie nicht rivalisiert, weil es Schuldgefühle erzeugt hätte. Ihre Mütter unterstützten eine betont dienend-ritterliche Haltung Frauen gegenüber. Sie waren in einer passiven Abhängigkeitshaltung an die Mutter fixiert.

Einige versuchten dieses Gebunden-Sein durch Beweise besonderer Männlichkeit abzuwehren. So war z.B. einer von ihnen Gewichtheber, ein anderer Schütze. Drei Männer lebten vor und während der Ehe noch im eigenen Elternhaus (D, M, O). Wegen ihres mangelnden Durchsetzungsvermögens hatten sie beruflich Schwierigkeiten (D, I, M). Zwei Männer waren schon seit langem arbeitslos (J, O). Herr I und Herr J hatten Alkoholprobleme. Herr O machte nach der Scheidung eine Entziehungskur und war seitdem »trocken«.

Diese Männer waren mit ihren eigenen Müttern identifiziert und hatten sich Frauen gesucht, die sie »bemuttern« konnten, wie sie selbst von ihren Müttern behandelt zu werden wünschen«. Sie wollten sich in der Ehe aufopfern, um dafür Dankbarkeit und Achtung zu ernten. Zum Zeitpunkt der ersten Begegnung befanden sich die Frauen sämtlich in einer unglücklichen Situation (Konflikte mit den Eltern, das Ende einer Beziehung), in der sie dringend der rettenden Unterstützung eines Mannes bedurften. Dazu paßte, daß sich Herr I, Herr J und Herr O auch im nachhinein ihren Frauen immer noch »deutlich überlegen« fühlten. Herr M sagte, man brauche seine Frau nur zu sehen, dann wisse man, warum er geheiratet habe. Herr D genoß nach der Heirat einer schönen Frau den »Neid anderer Männer«. Außerdem beeindruckte ihn der großzügige Lebensstil seiner Frau.

Aus ihrer Selbstwertproblematik heraus hatten diese Männer in Ehe und Familie Bestätigung gesucht und - so lange diese Beziehungen idealisiert wurden - auch gefunden. Allmählich ging dieser Zustand jedoch in Enttäuschung über. Bei den Männern machten sich die alten Selbstzweifel wieder bemerkbar. In den meisten Ehen wirkte sich die Geburt der Kinder konfliktverschärfend aus. Ihren Kindern gegenüber verhielten sich die Väter eher wie ältere Geschwister. In den Beziehungen zu ihren Frauen meldeten sie Bedürfnisse nach passiver Geborgenheit an. Die Frauen lehnten es durchweg ab, ihren Männern gegenüber »mütterliche Funktionen« wahrzunehmen. Entweder verdrängten die Männer ihre regressiven Ansprüche, oder sie wurden unter Einbeziehung Dritter -vor allem der eigenen Eltern (Mütter) - bzw. in süchtigen Verhaltensweisen ausagiert.

Die Männer brachen unter ihren Ansprüchen nach »männlicher Größe« zusammen. Für die Frauen war dies Anlaß zu Spott und zorniger Verachtung. Sie waren enttäuscht und überschütteten ihre Männer mit Vorhaltungen. Die Männer setzten sich dagegen jedoch nicht zur Wehr, sondern nahmen eine kindlich abhängige Position ein. Sie verfielen in Passivität. Auseinandersetzungen wurden vermieden. Die Frauen wandten sich in dieser Situation jeweils neuen Partnern zu und begannen Zuwendung, Halt und Beachtung außerhalb der Ehe zu suchen.

Das auslösende Ereignis der »Abschiedsphase« war jeweils der Entschluß der Frau, die Ehe aufzulösen. Zwei Frauen verließen zusammen mit ihren Kindern die Ex-Gatten (J, O). Eine zog sofort zum neuen Partner (J), eine andere nahm sich vorübergehend eine eigene Wohnung (O). In den Fällen I und M ging der Entschluß zur Scheidung zwar von den Frauen aus, es waren jedoch die Männer, die aus der gemeinsamen Wohnung auszogen. Frau D ging alleine fort und ließ Mann und Sohn zurück. Sie nahm sich eine eigene Wohnung und führte dort mit dem neuen Partner eine »Wochenendehe«.

Die neuen Partner der Frauen waren z.T. nicht nur erheblich älter, sondern in ihrer Erscheinung und in ihrem Auftreten auch betont männlicher. Die Frauen berichteten übereinstimmend, glücklicher zu sein. Sexuelle Probleme waren verflogen. Frau D: »Erst in der neuen Beziehung ist mir aufgegangen, was leben und lieben heißt.« Bei den Frauen, die eine Stiefvaterfamilie gründeten, fiel die ambivalente Bindung an den Vater auf. In ihren Schilderungen waren die Väter faszinierend und widersprüchlich: einerseits impulsiv und triebhaft, dabei jedoch ihren Töchtern gegenüber sehr streng, andererseits erschienen sie weich, kindlich hilflos und mitleiderregend. Die Verführung, die von den Vätern ausging, erschwerte ihren Töchtern die Lösung des ödipalen Konflikts. Ihre Mütter eigneten sich meist nicht als Identifikationsfigur, weil sie selber mit ihrer Weiblichkeit unzureichend identifiziert waren. Entweder fühlten sie sich minderwertig, oder sie wurden von ihren Männern so behandelt, als ob sie es wären. Ihre Töchter traten entweder in Rivalität zu den Männern, oder unterdrückten bewußt alle Bedürfnisse nach Entfaltung männlicher Aktivität, indem sie sich verstärkt mit weiblicher Passivität beschieden. Unabhängig von der Verarbeitungsmodalität dieses Konflikts suchten sie einen Partner, der sich überall als Mann ausweisen und gegenüber der schwachen Frau bewähren konnte. Ihre Ex-Gatten hatten in eben diesen Funktionen versagt. So war es nur konsequent, daß sie ihr Glück aufs Neue suchten.

Die verlassenen Ehemänner pochten ihrerseits auf ihre Rechte und versuchten die Frauen auch noch in der Trennungs- und Scheidungsphase zu belehren. Sie klagten das moralisch verwerfliche Verhalten der Frauen an und erzeugten Schuldgefühle. Die Umgebung, Verwandte, Freunde und Bekannte, aber auch die am Sorgerechtsstreit beteiligten Professionellen, stellten sich häufig auf die Seite des Mannes, den sie wegen seines schweren Schicksals, das ihm von seiner Frau bereitet wurde, bemitleideten. Behauptungen der Frauen, unter dem heuchlerischen und verkappt sadistischen Verhalten des Mannes gelitten zu haben, wurden dagegen meist mit ungläubigem Kopfschütteln zur Kenntnis genommen.

Indem sofort mit dem Rechtsanwalt ein nichtfamiliäres System ins Spiel gebracht wurde, beschleunigte sich einerseits der Gang der Ereignisse, andererseits wurde die familiäre Atmosphäre dadurch zusätzlich verändert. Von Anfang an waren die Kinder voll in das Geschehen miteinbezogen. Sowohl die elterliche Sorge und das Umgangsrecht, als auch die Regelung der materiellen Scheidungsfolgen waren strittig. Für alle Kinder dieser Gruppe war das Mißlingen des Auflösungsprozesses der Paarbeziehung ihrer Eltern eine sehr schmerzvolle Erfahrung, auf die sie mit zahlreichen Beschwerden und Symptombildungen reagierten. Sie wurden vor allem von Ängsten geplagt und wußten nicht, wie es weitergehen könnte. Einige suchten die Schuld für das Scheitern der elterlichen Beziehung bei sich, andere klagten die Eltern offen an. Da unklar war, wer weiter mit den Kindern leben und die hauptsächlichen Erziehungsaufgaben im Alltag wahrnehmen würde, konnten auch die Elternbeziehungen nicht neu definiert werden. Dritte verfügten über Fragen, die die Zukunft aller Familienmitglieder betrafen. Regelungen wurden einseitig aufgezwungen, was dazu führte, daß die rechtlich nur scheinbar geklärten Fragen in drei von fünf Fällen weiterhin strittig waren und die Partner über den ungelösten Konflikt miteinander verbunden blieben.

Es fehlte jedoch in der Entwicklung dieser Stiefvaterfamilien nicht nur die Phase des Abschieds, sondern weitgehend auch die der Teilfamilie, da die sorgeberechtigten Frauen kurz nach der Scheidung eine neue Familie gründeten. Die Chance, neue Erfahrungen im Umgang mit sich selbst, mit den Kindern und mit anderen Erwachsenen zu machen, um eine neue Selbständigkeit zu erlernen, wurde nicht wahrgenommen. Durch das Eingehen einer neuen, auf Dauer angelegten Partnerschaft, waren die Familien vorrangig mit der Aufgabe konfrontiert, dieses neue System organisieren zu müssen. Dieser Prozeß wurde dadurch erschwert, daß die bisherigen Positionen und Funktionen zwischen den Geschiedenen unklar blieben.

Bereits in der Begutachtungssituation war zu erkennen, daß die Stiefväter wie Karikaturen der leiblichen Väter waren. Die Neudefinition der Elternbeziehung mit den Ex-Partnern war mißlungen. Die Frauen hatten sich wieder Partner gesucht, von denen sie sich bewußt führen lassen wollten. Die bekannte Beziehungsdynamik entfaltete sich aufs Neue. In ihrer Hilflosigkeit hielten die Mütter Ausschau nach einem starken Mann und signalisierten, er möge sich als Retter bewähren und Ordnung in die verfahrene Situation bringen.

3.   Die Beziehungen zum außerhalb lebenden Vater

In den Scheidungsurteilen wurde der Kontakt des außerhalb der Stieffamilie lebenden leiblichen Vaters zu den Kindern von den Gerichten sehr genau geregelt. Über die Umgangsregelung blieben die leiblichen Väter bis auf einen (Fall M) in den Stieffamilien präsent. Damit waren Kontakte zur Ex-Partnerin und zum Stiefelternteil unvermeidlich. Wegen der ungelösten Beziehungen der Ex-Gatten zueinander und der zusätzlichen Schwierigkeiten, die die forcierte Bildung der Stiefvaterfamilien mit sich brachte, wurde die Gestaltung der Beziehungen zum außerhalb der Familie lebenden Vater das zentrale Problem der Stiefvaterfamilien.

Aufgrund der bereits beschriebenen Beziehungsdynamik versuchten alle Stiefväter, nicht nur die besseren Väter zu sein, sondern traten auch ausgesprochen autoritär auf. Zum einen ließ sich dieses Verhalten darauf zurückführen, daß die Stiefväter ihre eigene Rollenunsicherheit überspielen wollten, insbesondere diejenigen, die bisher selbst keine Familie hatten (C, J, M). Teilweise war es Folge der besonderen Familiensituation; alle Stiefvaterfamilien standen mehr oder minder unter dem Druck, schnell eine Familie sein zu müssen. In zwei Fällen (C und J) erwarteten die Mütter von ihren neuen Partnern Kinder und wollten geordnete Verhältnisse. Zweimal waren es die Kinder, die an den Stiefvater die Hoffnung richteten, er möge wieder Ruhe und Ordnung in ihr Leben bringen.

Indem der Stiefelternteil sich dazu eingeladen oder aufgefordert fühlte, die Rolle des besseren Vaters zu übernehmen, gerieten jedoch die Kinder unter den Einfluß übertriebener Grenzsetzungen. Selbst die Kinder, die dies ausdrücklich gewünscht hatten, erlebten dieses Überengagement des Stiefvaters bald als störend oder gar als Aggression (O). Der für sie fremde Vater schien sich einzudrängen und damit in ihren Augen zu beabsichtigen, den leiblichen Vater ersetzen zu wollen.

Während für die Mutter und den Stiefvater die Beziehungssituation zwar emotional belastend und schwierig, aber grundsätzlich klar war, war sie für die Kinder alles andere als das. Obwohl sie beide Eltern liebten, durften sie nur mit einem zusammenleben. Mit dem Partner des anwesenden Elternteils mußten sie zusammenleben, obwohl sie von sich aus nichts mit ihm zu tun hatten. Als Konkurrenten in der Elternrolle zum leiblichen Vater lehnten die Kinder den überengagierten Stiefvater jedenfalls ab. In ihrem Bewußtsein besetzte nach wie vor der leibliche Vater den Platz an der Seite der Mutter.

Die Stiefväter steigerten ihr Bemühen, auf die Kinder Einfluß zu nehmen, worauf die Kinder mit verstärktem Widerstand reagierten. Die Mütter bekamen Schuldgefühle und hatten mit ihren Kindern Mitleid. Anfangs noch zögernd, ergriffen sie bald immer offener Partei für ihre Kinder und machten schließlich dem Stiefelternteil Vorwürfe. Die Stiefväter fühlten sich verkannt, verraten, im Stich gelassen und in ihrer Stiefelternrolle in Frage gestellt. Die meisten versuchten ihre Verunsicherung dadurch zu überwinden, daß sie ihre Anstrengungen weiter verstärkten.

Darüber kam es in den Stiefvaterfamilien zu Koalitionsbildungen zwischen den Müttern und ihren Kindern. Der Anschluß der Stiefväter an das Teilfamiliensystem wurde verhindert oder erheblich erschwert. Um so problematischer gestaltete sich die Beziehung zum außerhalb lebenden Elternteil.

Die Väter fühlten sich durch die massiv eindringenden Stiefväter bedroht und ausgeschlossen. Obwohl es von Seiten der Stiefvaterfamilien Tendenzen gab, den außerhalb lebenden leiblichen Elternteil auszugrenzen, um die Schwierigkeiten bei der Gestaltung dieser Beziehung endgültig zu beseitigen, nahmen diejenigen Väter, die schon vor der Trennung von ihrer Frau an der Erziehung ihrer Kinder teilgenommen hatten, die Elternrolle weiterhin wahr (D, I, J, O). Sie engagierten sich in der Trennungs- und Scheidungsphase sowie in den Anfängen der Nachscheidungsphase sogar ganz besonders stark.

Dadurch waren für die Kinder Loyalitätskonflikte an der Tagesordnung. So lange der Sorgerechtsstreit herrschte, wurden sie als Informanten oder Übermittler benutzt. Doch auch nachdem eine verbindliche Regelung getroffen wurde und die Eltern den Kontakt hielten, der erforderlich war, um die Umgangsregelung praktizieren zu können, gab es für die Kinder weiterhin Probleme: Kamen sie z.b. nach einem Besuch beim Vater von diesem begeistert nach Hause, verletzten sie unter Umständen den Stiefvater, der sich wieder einmal ins zweite Glied gestellt sah, oder sie verletzten die Mutter, die gerade das, was die Kinder so begeisterte, an ihrem früheren Partner mißbilligte. Alle Kinder waren den Vätern gegenüber befangen, wenn es darum ging, etwas aus ihrer neuen Familie zu berichten. Insbesondere den Söhnen (Fall D und O) bereitete es Schwierigkeiten, in Gegenwart des Vaters etwas Anerkennendes vom Stiefvater zu berichten, weil sie befürchteten, ihn damit zu verletzen.

Trotz dieser Schwierigkeiten erwiesen sich die Beziehungen zum außerhalb der Familie lebenden Vater in den Stiefvaterfamilien dieser Untersuchungsgruppe als außerordentlich stabil:

> Im Fall I lebte die ältere Tochter nach der Scheidung ihrer Eltern zunächst beim Vater in einer Stiefmutterfamilie, der jüngere Bruder dagegen bei der Mutter in einer Stiefvaterfamilie. Nachdem die zweite Ehe des Vaters zerbrach, kam auch sie zur Mutter. Sowohl der Junge als auch das Mädchen besuchten weiterhin regelmäßig ihren Vater, der wieder eine neue Beziehung aufgenommen hatte. Herr J war vor der Scheidung mit seiner neuen Ehefrau, deren Kindern und seiner ältesten (volljährigen) Tochter ausgezogen. Frau J präsentierte den drei jüngeren Mädchen noch vor der Scheidung den Stiefvater (einen Ausländer). Herr J wollte mit dem neuen Partner seiner Frau nichts zu tun haben und zog sich verärgert zurück. Seine jüngeren Töchter, die in der Stiefvaterfamilie seiner Ex-Gattin lebten, hatten sich während der Trennungszeit ihrer leiblichen Eltern, die der Vater zusammen mit seiner neuen Partnerin und deren Kinder im ehelichen Haushalt verbracht hatte, mit den Kindern der Stiefmutter angefreundet. Nachdem zwei Stieffamilien gegründet waren, hielten die Kinder die Freundschaft weiterhin aufrecht. Darüber kam es im Laufe der Zeit zu einer Wiederaufnahme der Beziehung zum leiblichen Vater, die sich in der Folgezeit als recht stabil erwies.

4.   Anpassungs- und Konfliktbewältigungsversuche in Stiefvaterfamilien

Die Unklarheit der biologisch nicht festgelegten Rollen erwies sich für drei der fünf Stiefvaterfamilien als ein weiteres wichtiges Problem. Es handelte sich um die Fälle I, J und O. Die Unsicherheit über die Rolleninhalte führte zunächst dazu, daß auf bekannte Rollenbilder zurückgegriffen wurde. Das grundlegende Muster im Aufbau dieser Stiefvaterfamilien lautete: »Wir sind eine ganz normale Familie.« Dabei wurde jeweils die traditionelle Familie als Vorbild genommen. Dieses familiale Selbstbild entsprach jedoch nicht der tatsächlichen Situation und erschwerte die Aufgabe erheblich, ein neues Ganzes zu organisieren. Vor allem die Stiefväter taten sich schwer damit, die alltäglichen Verpflichtungen in wichtigen, die Kinder betreffenden Fragen zu erfüllen, letztlich jedoch nichts entscheiden zu können. Die Söhne bzw. Töchter redeten sie nicht mit Vater an, sondern mit dem Vornamen. In den Familien I und O forderten die Stiefväter mit Vater angeredet zu werden. Die Kinder beharrten jedoch auf ihrem Standpunkt. Der Stiefvater war für sie kein Vater, sondern ein Mann der Mutter. Am ehesten konnten sie sich noch vorstellen, mit ihm befreundet zu sein. Dem stand jedoch entgegen, daß die Siefväter zu streng waren und zu viel forderten.

Mit der Anrede wurde zugleich an einem Tabu gerüttelt, das die Stieffamilien zumindest in der Phase ihrer Gründung errichteten, um ihre Andersartigkeit zu verdecken. Dahinter verbarg sich das Fehlen einer angemessenen Definition der Rollen und Beziehungen. Die Realität der Stiefvaterfamilien wurde zumindest teilweise einfach verleugnet. Dazu gehörte auch die Tatsache, daß Frau M aus allen Wolken fiel, als ihr Ex-Mann nicht so ohne weiteres einer Adoption der gemeinsamen Tochter durch den Stiefvater zustimmte.

In drei Stiefvaterfamilien lebten gemeinsame Kinder. Frau D hatte noch zwei Töchter, Frau J und Frau M bekamen jeweils einen Sohn. Durch die Geburt des gemeinsamen Kindes entstand ein neues familiäres Subsystem - eine Kernfamilie innerhalb der Stieffamilie. Die Eltern sprachen erst jetzt von einer vollständigen Familie. Das gemeinsame Kind befand sich somit in einer Schlüsselposition. Es hatte die Funktion, die beiden Familienteile zu einer Einheit zu machen.

Der neue Partner von Frau J hielt nicht viel von Töchtern, schon gar nicht von den dreien seiner Frau aus erster Ehe. Für ihn mußte ein Sohn her. Insgesamt gesehen war in den Stiefvaterfamilien stärker als in Kernfamilien die Tendenz spürbar, die gemeinsamen Kinder zu funktionalisieren. Sie waren so etwas wie der Sonnenschein in der Familie. Ihre Eltern beschrieben die Jüngsten als brav, zufrieden, ausgeglichen, immer guter Laune usw. Zumindest drängte sich der Verdacht auf, daß sich die gemeinsamen Kinder stark den Wünschen ihrer Eltern anpaßten. Frau D und Frau J reagierten auf die neue Situation jeweils mit Schuldgefühlen. Sie befürchteten, ihre Kinder aus erster Ehe könnten zu kurz kommen. Um dies auszugleichen, fingen sie an, sich besonders viel um die älteren Kinder zu kümmern. Dies wiederum verärgerte ihre Männer, die ihnen vorwarfen, sich zu wenig um das gemeinsame Kind zu sorgen.

Da bereits kurz nach der Trennung bzw. Scheidung eine neue Familie gegründet wurde, resultierten die meisten Probleme der Stiefvaterfamilien, die hier aufgezeigt wurden, aus dem Fehlen der Abschiedsphase. Wichtige Entwicklungsschritte im Leben der Beteiligten wurden nicht vollzogen. Die früheren Ehepartner hatten die Trennung und Scheidung nicht verarbeitet. Man hatte vielmehr den Eindruck, daß die Frauen sich fluchtartig in die zweite Ehe hineinbegeben hatten in der Hoffnung, damit die erste Ehe vergessen zu können. Die Entwicklungsdynamik lautete meistens: Durch Flucht in die erste Ehe sollte eine nicht gelöste Abhängigkeit von den Eltern gelöst werden. Eine nicht gelöste Abhängigkeit vom Ehepartner sollte wiederum durch die zweite Ehe gelöst werden. Damit bestand die Gefahr, in der zweiten Ehe genau die gleichen Fehler zu begehen wie in der ersten. Oder es war gerade das krampfhafte Bemühen, diese Fehler zu vermeiden, das in dieselben Fehlhaltungen hineintrieb.

Auf jeden Fall erschwerte die Präsenz der Kinder die Auflösung der Erstehe. Die Verlaufsbeobachtung zeigte, daß die Scheidungsfolgen, insbesondere das Sorgerecht und der elterliche Umgang erst dann befriedigend geregelt und verantwortungsbewußt gehandhabt wurden, wenn die früheren Partner aus dem verhängnisvollen Verlierer-Gewinner-Schema herausfanden. Aus naheliegenden Gründen waren es in dieser Gruppe zunächst die verlassenen Männer, die sich in der Rolle der Verlierer sahen. Der Entzug der elterlichen Sorge wirkte sich bei ihnen wie eine zusätzliche Bestrafung aus, die sie in ihren elterlichen Ansprüchen und Bedürfnissen beschnitt. Tatsächlich hielten die sorgeberechtigten Frauen ein Machtmittel in der Hand, das sie auch gegen den früheren Partner einsetzen konnten.

In dem Maße, in dem es den Vätern gelang, wieder Ordnung in ihr Leben zu bringen und eine Lebenssituation zu schaffen, aus der heraus sie ihrer Ex-Partnerin selbstbewußter und gleichberechtigter begegnen konnten, wurden die projektiven Abwehrmechanismen aufgegeben. Das hieß freilich nicht, daß die Gestaltung der Beziehungen zum früheren Partner bzw. zum außerhalb lebenden Vater deswegen auf einmal problemloser verlaufen wäre. Es schuf lediglich die Voraussetzung dafür, die Realität angemessener wahrnehmen und Zusammenhänge erkennen zu können. In Anbetracht der erfahrenen Kränkungen und Verletzungen drohten alte Wunden immer wieder aufzureißen. Dies war regelmäßig der Fall, wenn das labile (neue) Gleichgewicht zwischen den Ex-Gatten gestört wurde. So berichtete Frau D, daß ihr Sohn aus erster Ehe Konfirmation feiern wollte. Mit ihrem Ex-Mann konnte sie sich inzwischen gut über den gemeinsamen Sohn verständigen. Man einigte sich auf eine große Feier im Haus von Frau D. Sowohl der neue Ehemann von Frau D als auch die neue Partnerin von Herrn D, der bald wieder heiraten

wollte, beteiligten sich an den Vorbereitungen. Alles wäre sehr harmonisch
verlaufen. Wenige Tage vor der Konfirmation trennte sich die neue Lebensgefährtin von Herrn D. Plötzlich stand die Konfirmation in Frage. Herr D machte seiner
Ex-Frau Vorwürfe:»Alles zu groß und zu aufwendig!« Er und seine Verwandtschaft
bestanden auf ein eigenes Fest. Schließlich wurde doch gemeinsam gefeiert:»Eine
einzige Katastrophe. Die einen saßen rechts, die anderen links, dazwischen die
Kinder. Peinlich verkrampfte Stimmung. Keiner sprach ein Wort mit dem anderen.
Die Kinder wurden dabei immer aufgestachelter und tobten zwischen uns rum.
Als ich mit meinem früheren Mann sprechen wollte, um retten zu können, was
noch zu retten war, sagte er nur, daß ich es ja nicht anders gewollt habe. Es war
wie ein Alptraum.«

Die Nachuntersuchung zeigte jedoch, daß solche Erfahrungen Jahre nach der
Trennung eher die Ausnahme als die Regel darstellten. Für die Stieffamilien waren
die Belastungen von innen und außen in der Aufbauphase am größten. Wegen der
Tabuisierung des Stieffamilien-Seins entstand ein besonderer Anpassungsdruck, der
vor allem zu einem Überengagement der Stiefväter führte. Vorübergehend versuchten sich die meisten Stiefvaterfamilien durch die Ausgrenzung des außerhalb
lebenden Vaters und/oder durch Funktionalisierung des gemeinsamen Kindes zu
stabilisieren. Im Laufe der Zeit wurden diese Tendenzen jedoch geringer. Man
könnte sagen, daß sich eine eigene Identität der Stiefvaterfamilie bildete, auf deren
Grundlage es besser gelang, die besondere Situation zu erkennen und einen eigenen
Lebensstil zu entwickeln. Der Druck, den Loyalitätskonflikte auf die Kinder
ausübten, ließ nach, je klarer die Grenzen der familialen Subsysteme nach außen
und innen wurden.

Voraussetzung für einen Konsolidierungsprozeß in den Stiefvaterfamilien war, daß
sich die Ehe einigermaßen harmonisch gestaltete. Obwohl die Voraussetzungen
alles andere als günstig waren, zumal die Bekanntschaft mit dem Zweitpartner die
Scheidung der Erstehe wesentlich mitbeeinflußt hatte und zunächst manches dafür
sprach, daß die alten Beziehungskonflikte reaktualisiert würden, nahmen diese
Zweitehen ausnahmslos einen besseren Verlauf. Die befragten Frauen führten dies
darauf zurück, inzwischen reifer, ausgeglichener und realistischer geworden zu sein.
Sie machten sich weniger Illusionen über Ehe und Partnerschaft. Nur Frau M war
zum Zeitpunkt der Nachuntersuchung der Auffassung, daß sie in ihrem zweiten
Mann auch einen besseren Partner gefunden hätte. Die übrigen Frauen dieser
Gruppe beurteilten rückblickend ihren Entschluß zur Scheidung zwar als richtig,
räumten jedoch ein, daß sie nicht sicher wären, ob es dazu hätte kommen müssen.
Den wesentlichen Unterschied zu ihrer ersten Ehe sahen sie in der Tatsache, nicht
mehr so ängstlich im Umgang mit Konflikten zu sein und schon mal früher den

Mund aufzumachen, wenn sie etwas störte. Dabei erwies sich die Erfahrung als wichtig, daß Auseinandersetzungen nicht nur im Streit endeten, sondern auch zu etwas Brauchbarem führten. Bewährte und bestätigte sich die Zweitehe, dann schlug die Skepsis, die ihr ursprünglich von der Umgebung entgegengebracht wurde, in Akzeptanz und Anerkennung um.

5. Auswirkungen auf die Kinder

In den Stiefvaterfamilien lebten insgesamt zwölf Kinder (fünf Jungen und sieben Mädchen). Davon waren acht Stiefkinder und vier Kinder aus der neuen Partnerschaft. Von den Stiefkindern waren drei Söhne und fünf Töchter. Zum Zeitpunkt der Begutachtung waren die drei Jungen und drei der Mädchen bereits Symptomträger. Gemeint sind Symptome (Einnässen, Einkoten, aggressives Verhalten, Lern- und Konzentrationsstörungen), die nicht als Reaktion auf die Trennung bzw. Scheidung der Eltern zu verstehen waren. Die beiden jüngsten Mädchen (M1 und J3) hatten alterstypische Reaktionsweisen im Zusammenhang mit der Trennung ihrer Eltern gezeigt.

Bei der Nachuntersuchung wurden folgende Symptome genannt bzw. eruiert[18].

Konflikte mit einem Elternteil	viermal
Leistungsverweigerung	zweimal
Schulschwierigkeiten	fünfmal
aggressives Verhalten	zweimal
Weglaufen	einmal
ängstlich zurückgezogenes Verhalten	einmal
sexuell auffälliges Verhalten	zweimal

Die Aufstellung zeigt, daß die Schwerpunkte im Bereich der Konflikte mit einem Elternteil (dem Stiefvater) und den Schulschwierigkeiten lagen. Es waren die älteren Stiefkinder (D1, J1 und J2 sowie O1) – und hier vor allem die beiden Jungen (D1 und O1) –, die offenbar die größten Schwierigkeiten hatten, sich in der neuen Familienkonstellation zurechtzufinden.

Um die konfliktuöse Auseinandersetzung der älteren Söhne mit dem Stiefvater zu verdeutlichen, ein Beispiel:

---

18 Mehrfachnennungen möglich.

Als das Sorgerechtsgutachten erstellt wurde, war Herbert 14 1/2 Jahre alt. Zwei Jahre zuvor hatten er und sein erwachsener Bruder einen Stiefvater bekommen. Gemeinsam war man in eine neue Wohnung gezogen. »Mein Vater hat mir gesagt, daß ich mit 14 entscheiden kann, zu wem ich möchte.« Er begründete seinen Wunsch, in den Haushalt des Vaters zu wechseln, wie folgt: »Es drängt mich zu ihm. Die ganze Umgebung und so. Die Wohnung ist größer. Ich habe da ein größeres Zimmer. Nicht so eng dort. Bei meiner Mutter werde ich als Sündenbock gebraucht. Wenn etwas ist, soll immer ich es gewesen sein. Meine Mutter ist streng, Gerhard (der Stiefvater) noch strenger. Als Gerhard mal weg war, hat mein Bruder zu mir gesagt, daß er jetzt das Sagen habe. Heute will er immer noch über mich bestimmen. Er fühlt sich schon erwachsen. Ich laß mich doch nicht von dem rumkommandieren. Meine Mutter hat gesagt, daß es ihr langsam zu viel wird, wenn ich so oft beim Vater bin. Ich hab ihn gern. Er behandelt mich gleich.«

Herbert befand sich in der Anfangsphase der Pubertät. Versteht man darunter die Gesamtsumme aller Anpassungsversuche an die neuen inneren und äußeren Zustände, war er mit der Notwendigkeit konfrontiert, mit einer neuen Situation fertig zu werden. Reste ungelöster Konflikte waren aus früheren Entwicklungsabschnitten stehengeblieben, so daß die Latenz für ihn zu einer Zeit größerer Triebunruhe mit einer Beeinträchtigung der Ich-Entwicklung (Schulversagen, mangelhafte Anpassung, aggressive Durchbrüche) wurde. Sein Vater war Alkoholiker. In der Zeit bis zur Einschulung wurde er immer wieder Zeuge tätlicher Auseinandersetzungen zwischen dem betrunkenen Vater und der Mutter. Er war ängstlich verschüchtert und hatte Anpassungsprobleme sowohl im Kindergarten als auch in der Schule. Während der ersten Schuljahre war die Mutter mit ihren beiden Söhnen des öfteren auf der Flucht vor ihrem Mann und lebte jeweils für einige Wochen bis Monate bei Freunden oder Verwandten, um dann doch wieder in den ehelichen Haushalt zurückzukehren, weil ihr Mann gelobte, sich zu bessern. So entwickelte sich eine enge Beziehung zwischen der Mutter und ihren Söhnen. Die Jungen standen der Mutter ritterlich bei und teilten ihre Sorgen und Nöte. Sie bestärkten sogar die Mutter in ihrer Absicht, sich von ihrem Mann scheiden zu lassen. Als sie ihnen jedoch plötzlich Gerhard als Stiefvater präsentierte, mit dem sie bald zusammenleben würden, kam es von Anfang an zu Spannungen. Insbesondere Herbert ging sofort auf Distanz zu ihm. Für ihn mischte sich Gerhard zu sehr in die Erziehung ein. Dieser wiederum warf der Mutter vor, mit ihren Söhnen zu nachlässig zu sein. Er pochte auf die Einhaltung seiner Regeln und Prinzipien und wollte wieder gut machen, was bisher versäumt worden war. Der ältere der beiden Söhne unterwarf sich dem Stiefvater, der jüngere rebellierte. Er nannte ihn von Anfang an nicht Vater, sondern Gerhard. Durch den Kontrast mit dem Stiefvater wurde seine Anhänglichkeit an den eigenen Vater, der seinem Sohn ein guter Kumpel sein wollte, gesteigert. Hatte er seinen Vater ursprünglich gehaßt, so litt er jetzt mit ihm und ließ kein schlechtes Wort auf ihn kommen. Den Stiefvater dagegen begann er immer mehr zu hassen. Die Mutter versuchte zu vermitteln. Kam es zwischen Gerhard und Herbert zu Wortwechseln, warf sie sich dazwischen und versuchte den Sohn vom Stiefvater fernzuhalten. Geriet sie wegen Herbert mit Gerhard in Streit, stellte sie sich auf dessen Seite und rief den Sohn zur Ordnung.

Mit Beginn der Pubertät lebten bei Herbert die ödipalen Probleme wieder auf. Seine Beziehung zur Mutter war zwar ambivalent, dennoch rivalisierte er mit dem Stiefvater um die Gunst der Mutter. Gefordert war jedoch Unterwerfung. Der bedrohliche Stiefvater weckte Kastrationsängste. In Herberts Fall drückten sie sich in dem für ihn unerträglichen Gedanken aus, vom Stiefvater klein gemacht zu werden.[19] Seine Ungezogenheit war nicht Ausdruck eines Einübens gekonnter Aggression, sondern eher der mißlungene Versuch, den Stiefvater, gegen den sich sein Haß und seine Todeswünsche richteten, kalt zu stellen. Indem er ihn provozierte, zog er gleichzeitig dessen Strafe und Interesse auf sich.

In dieser bedrängenden Situation hatte der leibliche Vater ein verführerisches Angebot parat: Sobald Herbert 14 Jahre alt war, sollte er entscheiden können, bei wem er leben wollte. Der Vater, inzwischen »trocken«, war arbeitslos. Er hatte nicht nur ein größeres Zimmer für seinen Sohn, sondern auch ein reichliches Angebot an passiver Befriedigungsmöglichkeit. Er versorgte ihn wie ein kleines Kind und las ihm jeden Wunsch von den Augen ab: »Bei meinem Vater darf ich so viel fernsehen, wie ich will«, hob Herbert anerkennend hervor. Bei näherer Betrachtung entpuppte sich das Angebot des Vaters als regressive (süchtige) Zuflucht, das Herbert in den Dienst der ödipalen Konfliktabwehr stellte. Der Vater vermittelte ihm nicht nur, etwas wert zu sein, sondern bestärkte ihn vielmehr in seinen Größenvorstellungen. Dadurch wurde die Realitätsbewältigung erheblich beeinträchtigt. Er lehnte sich in der Folge gegen alles auf, was sich seinem übertriebenen Bedürfnis nach Unabhängigkeit und Freiheit in den Weg stellte.

Primär ging es also um einen innerpsychischen Konflikt. Die angemessene Lösung eines innerpsychischen Konflikts wäre eine (psychische) Kompromißbildung und gerade nicht die Veränderung und Anpassung der äußeren Verhältnisse an die jeweilige innere (psychische) Befindlichkeit gewesen. Weil der innerpsychische Konflikt nicht angemessen gelöst wurde, mußte im Sozialverhalten eine Lösung gesucht werden. D.h. der Konflikt wurde ausagiert. Obwohl durchschnittlich

---

19 Herbert war mit 14½ Jahren 138 cm groß. Seine Eltern waren ebenfalls kleinwüchsig. Es lag eine anlagebedingte Anomalie des Längenwachstums vor. Anhand von Röntgenbefunden wurde prognostiziert, daß er im günstigsten Fall als Erwachsener eine Körpergröße von 155 cm erreichen würde.

intelligent, schaffte er den Realschulabschluß nicht. Eine Handwerkerlehre brach er nach drei Wochen wegen Konflikten mit dem Lehrherrn ab. Nach Vollendung seines 18. Lebensjahres zog er zum Vater.

Die beiden älteren Mädchen dieser Gruppe schienen es leichter zu haben, einen Vaterersatz zu akzeptieren. Marianne war dreizehn Jahre alt, als ihre Mutter wieder heiratete. Ihre beiden jüngeren Schwestern, Eva und Anja, waren elf bzw. sieben Jahre alt. Während der turbulenten Trennungs- und Scheidungsphase ihrer leiblichen Eltern hatte sich vor allem Marianne um die beiden jüngeren Geschwister gekümmert. Sie unterstützte die Absicht ihrer Mutter, sich von ihrem ersten Mann scheiden zu lassen, weil sie miterlebte, wie sehr sie unter ihm litt. Eva fand das auch besser. Anja konnte sich noch kein eigenes Bild machen. Die Mutter ging sofort nach der Trennung eine neue Ehe mit einem Ausländer ein, von dem sie ein Kind erwartete. Obwohl der Stiefvater wenig Interesse an den drei Stieftöchtern hatte, entwickelte sich ein neues Familienleben, das die Töchter besser fanden als das, was sie hinter sich hatten. Wenn auch nicht regelmäßig, hielten sie doch den Kontakt zu ihrem leiblichen Vater, dessen neuer Frau und deren Kindern aufrecht. Nach der Geburt des Halbbruders wuchs die Familie enger zusammen. Marianne, die zuvor große Schwierigkeiten in der Schule hatte, wurde besser und machte einen guten Hauptschulabschluß. Sie bekam eine Lehrstelle im Einzelhandel. Während dieser Zeit lernte sie einen wesentlich älteren Mann in der Disco kennen und stürzte sich in eine unglückliche Liebschaft. Eva machte ebenfalls eine stürmische Pubertät durch, blieb nächtelang weg und ging eine Reihe von Freundschaften mit jeweils wesentlich älteren Männern ein, die allesamt unglücklich endeten.

Die Mutter, Frau J, war eine einfache, wenig differenzierte Frau, die in ihrem Leben schon viel durchgemacht hatte. Sie hatte die Eltern früh verloren, war bei Verwandten aufgewachsen und mußte die Volksschule nach der siebten Klasse verlassen. Wirklich gut war es ihr danach in einer Familie gegangen, wo sie als Haushaltshilfe arbeitete. Im Alter von 17 Jahren war sie auf einen Heiratsschwindler hereingefallen, der sie um ihr Erspartes brachte. Ihren späteren Ehemann mußte sie heiraten. Er betrog sie bereits in der Anfangsphase der Ehe und ließ auch später keine Gelegenheit aus, fremdzugehen. Frau J nahm dies zunächst hin. Ihre Töchter wurden immer wieder Zeugen ehelicher Auseinandersetzungen, in denen die Mutter gedemütigt und auch geschlagen wurde. Sie stellten sich auf die Seite ihrer Mutter und verabscheuten den Vater. Vor der Trennung von ihrem ersten Ehemann ging Frau J eine neue Beziehung ein. Zumindest Marianne dämmerte es, daß die Konflikte in der Beziehung ihrer Eltern, für die sie zunächst nur den Vater verantwortlich gemacht hatte, auch etwas mit ihrer Mutter zu tun hatten. »Irgendwie sah ich meinen Vater plötzlich anders.«

Der Stiefvater hatte durchaus eine stabilisierende Funktion in der Teilfamilie von Frau J. Die Töchter hatten weder eine positive, noch eine negative Bindung an den Stiefvater. Sie akzeptierten ihn einfach. Auffällig waren dagegen ihre Schwierigkeiten bei der Wahl ihrer Partner. Sowohl Marianne als auch Eva suchten sich Partner aus, die in ihrem Verhalten dem Vater glichen. Sie waren nicht nur wesentlich älter, sondern auch ebenso unzuverlässig, impulsiv, jähzornig und verführerisch. Marianne und Eva äußerten zwar den Wunsch nach einer glücklichen Partnerschaft und einer eigenen Familie, zugleich hatten sie jedoch auch Angst davor, wieder an den Falschen geraten zu können.

IV. Kinder, die beim Vater leben

In acht Fällen übertrugen die Gerichte dem Vater das Sorgerecht (B, C, E, F, G, H, I und L). Damit lebten elf Kinder, fünf Mädchen und sechs Jungen, nach der Scheidung ihrer Eltern zusammen mit dem leiblichen Vater in einer Teilfamilie bzw. in einer Stiefmutterfamilie.

1   Das Kind lebt beim alleinstehenden Vater, der sich nicht wieder verheiratet

Drei dieser sorgeberechtigten Väter hatten bis zur Nachuntersuchung keine neue Partnerschaft aufgenommen. Es handelte sich um die Fälle B, C und F. Herr C versuchte es noch einmal mit einer neuen Partnerschaft: Eine geschiedene Frau zog mit ihren beiden Kindern für einige Monate zu ihm. Weil man sich überhaupt nicht verstand und ständig Streit untereinander hatte, lag es nahe, die Konsequenz zu ziehen und sich zu trennen.

Wirklich alleine mit den Kindern lebte nur Herr B. Das Sorgerecht über seine beiden Kinder hatte er sich im wahrsten Sinne des Wortes erkämpft. Wie bereits dargestellt, handelte es sich bei ihm um einen Mann, der durch Rechthaberei, Halsstarrigkeit, Fanatismus und Unbelehrbarkeit auffiel. Einerseits abweisend, kühl, schroff und mißtrauisch, reagierte er andererseits überempfindlich auf geringfügiges oder auch nur vermeintliches Unrecht. Wegen seiner Verwundbarkeit war er stets zum Kampf bereit und gut gerüstet. Er kämpfte nicht nur um jeden Preis um seine Kinder, sondern auch gegen gesellschaftliche Instanzen, um sein Recht zu bekommen und materielle Wiedergutmachung zu erfahren. Das Auffällige an seiner Persönlichkeit lag in der Maßlosigkeit des Kämpfens. Die Überwertigkeit seiner Ideen entzog sich dem kritischen Denken. Rücksichtslos kämpfte er für die Durchsetzung seiner Interessen. Die Gerichte hatten es aufgegeben, mit ihm zu kämpfen, und sich schließlich bei der Übertragung der elterlichen Sorge auf Dauer auf eine Bestätigung der von Herrn B geschaffenen Verhältnisse beschränkt.

Nachdem ein Wiederversöhnungsversuch im Jahre 1982 gescheitert war, gingen Herr und Frau B 1983 endgültig auseinander. Die beiden Kinder, Helmut und Sabine, waren zehn bzw. sechs Jahre alt. Frau B nahm sich eine Wohnung in der Stadt. Herr B lebte noch für kurze Zeit mit den Kindern im Rohbau. Nachdem er eine Räumungsklage erhielt, zog er auch in die Stadt. Er lebte in einer Sozialwohnung. Seinen Lebensunterhalt bestritt er von Sozialhilfe und dem Unterhalt seiner Ex-Frau. Weiterhin arbeitslos, wurde nun die Versorgung und Erziehung der Kinder zu seinem Lebenswerk. Weil seine Ex-Frau gegen das Interesse der Familie verstoßen hatte, wünschte er, daß keine Kontakte mehr zwischen der Mutter und den Kindern stattfinden sollten. In gemeinsamen Gesprächen beim Jugendamt entstand der Eindruck, daß Herr B sofort ablehnend und mißtrauisch reagierte, wenn er sich und seine Bemühungen in der Vergangenheit abgewertet sah. Die beiden Kinder schienen altersgemäß entwickelt und zeigten in der Schule keine besonderen Auffälligkeiten. Sie beobachteten die Auseinandersetzungen zwischen den Eltern sehr genau, hatten jedoch keine Möglichkeit, eigene Vorstellungen zu entwickeln.

Sabine freute sich nach wie vor, wenn sie die Mutter besuchen konnte. Helmut kam in unregelmäßigen Abständen. Die Mutter hatte nicht den Eindruck, daß ihr Sohn sie nicht mehr mochte, sondern daß er sich an den Vorstellungen des Vaters orientierte und sowohl zum Aufbrausen als auch zum Rückzug neigte, wenn ihm etwas nicht paßte.

Herr B war der Sonderling geblieben, als den ich ihn kennengelernt hatte. Er stand seiner Umwelt weiter in aggressiver Auflehnung gegenüber. In seiner Wohnung türmten sich Berge von Post. Er kämpfte mit Ämtern um Sozialhilfeleistungen und materielle Wiedergutmachung für den Schaden, der ihm zugefügt worden war. Er wollte den Staat verklagen, weil er sich als alleinerziehender Vater in seinem Grundrecht auf Arbeit beschnitten sah. Auf mich hatte er schon lange gewartet: »Sie, die Richter und noch einige andere von den Herren da oben sind als nächste dran! Wenn ich genug Kapital hätte, nähme ich sie mir vor. Sie entscheiden da einfach was und kümmern sich nicht mehr drum. Heute fragt keiner danach, wie es mir geht.« Seine Frau hätte ihn mit den Schulden für das Haus in der Luft hängen lassen. Sechzig Tausend Mark waren noch abzutragen. Von den DM 2200,-, die er monatlich bei der Post verdiente, blieben ihm und den Kinder noch DM 1700,-: »Alles, was darüber hinausgeht, wird mir weggepfändet. Hast du nichts, bist du nichts! Ich schmeiß bald alles hin. Kriege sowieso keine Rente. Dann lebe ich eben auf Staatskosten oder geh in den Knast. Ein Bruder ist schon da. Ist mir auch egal.«

Seine beiden Kinder, die inzwischen zwölf Jahre alte Simone und der 17-jährige Heinz, saßen währenddessen gelassen daneben. Ihnen schienen die Probleme ihres Vaters vertraut zu sein. Nachdem er sich in einen Erregungszustand hineinsteigerte und drohte, mich rauszuschmeißen, legte Simone den Arm um die Schultern des Vaters und Heinz holte ihm ein Bier. Beide Kinder waren freundlich und gelassen. Wie um Entschuldigung bittend, sagte Simone: »Wir kennen das schon. Er regt sich immer so schnell auf. Das gibt sich wieder, 'ne Papi.« Herr B beruhigte sich: »Das Problem mit der Scheidung ist immer gegenwärtig. Vor kurzem sah ich meine Frau in der Stadt. Sie fragte mich, wie es uns geht. Ich hätte ihr eine klatschen können.« Früher hätte seine Frau die Kinder wöchentlich einmal gesehen, heute vielleicht nur noch einmal im Monat. »Wenn ich den Kontakt nicht herstelle, geht nichts. Sie kümmert sich nicht drum.«

Frau B, die ihren Mädchennamen wieder angenommen hatte, ging inzwischen an Krücken. Ihr Hüftleiden hatte sich rapide verschlechtert. Sie hatte mehrere Operationen hinter sich. Die künstlichen Hüftgelenke brachten nur vorübergehend Linderung der Schmerzen. Sie arbeitete zwar noch halbtags in ihrem erlernten Beruf, die Hausarbeit verrichtete jedoch ihr Lebensgefährte: »Es stimmt. Ich habe wenig Kontakt zu den Kindern. Simone habe ich vor einigen Wochen mal gesehen, Heinz vor Weihnachten letzten Jahres. Ich habe mich auch zurückgezogen. Ich habe das Gefühl, sie kommen nur zu mir, wenn sie was brauchen. Heinz hat immer was mit seinem Moped. Bei Simone geht es meist um Kleidung. Ist ja ganz normal. Wenn ich sie mal sehe, kann ich aber nicht mehr mit ihnen sprechen. Ich habe das Gefühl, sie denken, ich wollte sie ausfragen. Da ist so ein Mißtrauen.«

Aus Simone, hübsch und geschmackvoll gekleidet, war inzwischen eine junge Frau geworden. Sowohl von ihrem Aussehen als auch in ihrem Verhalten wirkte sie älter und erwachsener. Sie sprach mit Stolz von der Schule. Im Gymnasium gehörte sie zu den Besten. Wenn der Haushalt ihr Zeit ließ, nahm sie zusätzlich an Kursen und anderen schulischen Aktivitäten teil. Sie hatte zahlreiche Schulfreundinnen, brachte jedoch keine mit nach Hause: »Wir wohnen so weit auseinander. Bei den langen Fahrten bleibt keine Zeit mehr ... « Sie kaufte ein, kochte, machte den Haushalt und half gelegentlich auch schon mal dem Bruder bei den Schularbeiten. Heinz, ein gut aussehender 17-Jähriger, war in der Realschule sitzengeblieben: »Ich gehe nicht gerne zur Schule. Am liebsten bin ich bei einem Bekannten in der Autowerkstatt. Wenn ich die Schule fertig habe, werde ich als Kfz-Mechaniker zur Post gehen. Mein Vater kann da was für mich machen.« Heinz hatte wenig Freunde: »Nur die, die in die Werkstatt kommen.« In seiner Freizeit fuhr er alleine mit dem Moped rum oder guckte Video. Er ähnelte in seinem Aussehen und in seinem Verhalten dem Vater, obwohl er nicht viel mit ihm zu tun hätte: »Der ist immer müde. Er schläft viel. Er sagt, daß er wegen der vielen Sorgen nachts nicht schlafen kann.«

Bei der Nachuntersuchung überraschte es zunächst einmal, daß die Kinder sich unter diesen ungünstigen Voraussetzungen und Bedingungen - so weit dies in

Erfahrung gebracht werden konnte - überhaupt so gut entwickelt hatten. Sie waren körperlich gesund. Sah man von Heinz' Sitzenbleiben ab, war ihre soziale Entwicklung ebenfalls ungestört verlaufen. Er kam in der Schule jedoch wieder besser mit, Simone gehörte gar zu den Besten. Äußerlich betrachtet schien also alles in Ordnung. Bei näherem Hinsehen fiel allerdings auf, daß weder Heinz noch Simone - über die schulischen Bezüge hinaus - Freunde hatten. Herr B war im Haus sowohl mit den Regeln und Gepflogenheiten als auch mit den anderen Bewohnern ebenso in Konflikt geraten, wie mit dem Gesetz. Sie wurden von den Nachbarn gemieden. Dies schien das einzige zu sein, was Simone bedrückte. Sie bemühte sich intensiv um einen ordentlichen Haushalt und ein gutes Verhältnis zu den Nachbarn. Heinz ließ das kalt. Er stand mehr auf der Seite des Vaters und klagte die anderen an. Am auffälligsten war jedoch das Binnenklima dieser Teilfamilie: Der Vater sorgte zwar inzwischen für den Lebensunterhalt der Familie, darüber hinaus war es jedoch zu einer Umkehr der Vater-Kind-Beziehungen gekommen. Gemeinsam kümmerten sich Heinz und Simone als Paar (Eltern) um den Vater (Sohn). In ihrem Verhalten war Simone dem Vater zugleich Mutter und Frau, während Heinz ihm gegenüber fast wie ein väterlicher Freund auftrat.

Es können nur Vermutungen darüber angestellt werden, welche Bedürfnisse, Wünsche und Sehnsüchte der Kinder sich hinter dieser Abwehr verbargen. Weder Simone noch Heinz gaben Einblick in ihr Inneres. Sie äußerten keine Gefühle bezüglich ihrer familiären Situation. Sie vermieden Aussagen über ihre Einstellung gegenüber dem Vater. Die Mutter wurde totgeschwiegen. Auf Befragen teilte Simone nach langem Zögern lediglich mit: »Was geht sie das an? (Nach einer weiteren Pause:) Sie wohnt mit ihrem Freund ganz in der Nähe meiner Schule. Wenn sie mit ihr sprechen möchten, brauchen sie aber nicht im Telefonbuch zu suchen. Sie steht da nicht mehr drin.« Simone zog einen kleinen Lederbeutel hervor, den sie an einem Halsband trug und entfaltete sorgsam ein kleines Zettelchen: »Hier ist ihre Adresse und die Telefonnummer.«

Bei den beiden anderen sorgeberechtigten Vätern spielten die Großeltern väterlicherseits bei der Versorgung und Erziehung der Kinder eine wichtige Rolle.

Herr C war mit seiner Familie und den Eltern 1979 in das neuerbaute Zweifamilienhaus gezogen. Lara war damals vier Jahre alt, Sven zwei Jahre. Im Haus betrieb Frau C ein kleines Geschäft. Sie verstand sich mit ihrer Schwiegermutter besonders gut und nahm deren Hilfe bei der Versorgung der Kinder dankbar an. Hinsichtlich der Kinder gab es keine Differenzen. Vor allem Sven hatte ein besonders inniges Verhältnis zu seinen Großeltern. Im Oktober 1981 verließ Frau C plötzlich ihren Mann und zog für kurze Zeit zu einem Freund, ehe sie sich eine eigene Wohnung nahm. Herr C, der seine Ehe

als relativ harmonisch bezeichnete, war über diesen Schritt bestürzt. Durch die Berufstätigkeit von Frau C gab es täglich Berührungspunkte, was sich für alle Beteiligten
ungünstig auswirkte. Die Schwiegermutter konnte das veränderte Verhalten ihrer
Schwiegertochter nicht einordnen und reagierte ebenfalls mit heftigen Vorwürfen. Die
Kinder hatten zwar die Möglichkeit, die Mutter nach Belieben im Geschäft zu sehen,
taten dies unter den gegebenen Umständen aber nicht ungezwungen und weinten ihr
beim Abschied jeweils nach. Von Wochenendbesuchen bei der Mutter kehrten sie
anfangs verstört zurück und reagierten mit psychosomatischen Beschwerden. Herr C
litt ebenfalls sehr unter der Trennung und zog sich zurück. In dieser schwierigen
Situation waren die Großeltern den Enkelkindern eine große Hilfe. Das gute Verhältnis
der Geschwister untereinander, Schule und Kindergarten sowie die engen sozialen
Bezüge zu Freunden und Bekannten wirkten sich zusätzlich stabilisierend auf die Kinder
aus.

Herr und Frau C waren auf dem besten Wege, die Trennung auch innerlich zu
verarbeiten. Sie trafen für die Dauer des Getrenntlebens eine gemeinsame Vereinbarung
über die Verteilung des Sorge- und Umgangsrechts, die reibungslos praktiziert wurde.
Da auch die weiteren Folgesachen geregelt waren, stand einer Scheidung nichts mehr
im Wege. So hilfreich die Großeltern einerseits waren, so belastend wirkte sich
andererseits ihr Eingebunden-Sein in dieser Situation aus. Sie waren der festen Überzeugung, die Schwiegertochter würde letztlich doch noch zurückkehren. Nachdem der
Scheidungstermin feststand, gaben sie ihre bis dahin loyale Haltung auf. Der gute Ruf
der Familie stand auf dem Spiel. Die Schwiegertochter wurde zur Täterin, die sowohl
den Mann als auch die Kinder auf dem Gewissen hatte. Zu der Unfähigkeit oder
Unwilligkeit, sich mit der Realität angemessen auseinanderzusetzen, kamen (reale)
Ängste um den Besitz des Hauses, das Frau C zur Hälfte gehörte. Jegliche Begegnung
zwischen Mutter und Kindern wurde auf einmal abgelehnt, die verbalen Kontakte der
Erwachsenen erschöpften sich in Beschimpfungen. Die Großmutter drohte, sich das
Leben zu nehmen, wenn man ihr die Kinder wegnähme. Lara bekam während der
Besuche bei der Mutter Bauchschmerzen und Ängste, wenn eine Überziehung der
Besuchszeit drohte. Sie befürchtete, die Polizei könnte kommen, um sie abzuholen.
Sven weigerte sich die Mutter zu besuchen, weil die Oma dadurch krank würde. Herr
C war völlig überfordert und suchte bei seinen Eltern Zuflucht.

Zum Zeitpunkt der Begutachtung (1982) waren die Kinder mehr als eineinhalb
Jahre von der Mutter getrennt. Lara, damals sieben Jahre alt, war ängstlich und
schreckhaft. Es fiel schwer, überhaupt mit ihr in Kontakt zu kommen. In den
Gesprächen zeigte sich, daß sie Angst davor hatte, von ihrem Bruder getrennt und
in ein Kinderheim gesteckt zu werden. Sven (damals fünf Jahre alt) war dagegen
unbefangener und sorgloser. Beide Kinder stellten spielend ihr starkes Bedürfnis

nach Sicherheit und Geborgenheit dar. Sie waren Ärzte, die zusammen wohnten, in zwei Etagen verbunden durch ein Telefon. Sie hatten zwei Kinder, die bei ihnen lebten und dort auch bleiben wollten. Lara, die Ärztin, hätte auch immer für sie gesorgt:»Mein Mann (Sven) ist nur immer so grob zu ihnen.« Ob denn eine Aussprache zwischen ihr und ihrem Mann möglich wäre?»Nein, das geht nicht mehr. Die Polizei war schon da. Sie wissen, was ich meine ...« Währenddessen füllte Sven ein Rezept aus und gab es dem Untersucher. Er fügte hinzu:»Absolute Schonung und ja keine Luftveränderung.«

Das Gericht schloß sich der Empfehlung des Gutachters an. Sie lautete, dem Vater das Sorgerecht auf Dauer zu übertragen und der Mutter ein Umgangsrecht einzuräumen. Trotz anders lautender Befürchtungen (insbesondere der Großeltern) wurde diese Regelung in den Jahren danach kontinuierlich praktiziert. So lange die Unsicherheit unter den Beteiligten noch groß war, hielt man sich strikt an die gesetzlich getroffenen Vereinbarungen. Seit 1988 wurden die Besuche lockerer gehandhabt. D.h. die Kinder besuchten die Mutter mit Wissen des Vaters auch spontan.

Lara und Sven befanden sich in der Latenzphase ihrer Entwicklung, als ihre Eltern geschieden wurden. Es war für die Weiterentwicklung beider Kinder günstig, daß sie im vertrauten sozialen Umfeld bleiben konnten. Bis zum Jahre 1987 wurden sie von den Großeltern väterlicherseits mitversorgt. 1987 zogen die Eltern von Herrn C aus und gingen in einen Nachbarort. Sie nahmen nicht nur Einfluß auf die Scheidung ihres einzigen Kindes, sondern versuchten auch, ihn schnell wiederzuverheiraten, damit alles seine Ordnung hatte. Herr C erkannte, in welch starkem Maße er weiterhin von seinen eigenen Eltern abhängig geblieben war. Er löste sich aus dieser Abhängigkeit, indem er seinen eigenen Haushalt führte, die Arbeit so einrichtete, daß ihm mehr Zeit für die Versorgung der Kinder übrig blieb und sich nicht mehr so viel von den Eltern reinreden ließ. Die Kinder betrieben aktiv Sport. Ihr Vater engagierte sich in der Jugendarbeit des Sportvereins.

Sowohl Herr C als auch Frau C lernten neue Partner kennen. Beide schlossen nicht aus, noch einmal eine feste Beziehung einzugehen, wollten sich jedoch damit Zeit lassen. Wegen der Kinder sahen sie sich recht oft und sprachen regelmäßig miteinander. Frau C zahlte ihrem Ex-Mann Unterhalt für die Kinder. Weitere Berührungspunkte gab es über die Finanzierung des Hauses, das ihnen weiterhin je zur Hälfte gehörte. Beide meinten, heute besser als früher mit dem anderen zurechtzukommen. Die Achtung voreinander wäre größer geworden. Nicht zuletzt wegen der Kinder hatten sie mit dem Gedanken gespielt, es noch einmal zusammen zu versuchen. Ihnen wäre jedoch recht bald klar geworden, daß es sich dabei um eine reine Vernunftehe gehandelt hätte. Lara und Sven wären zwar traurig gewesen, hätten es dann aber doch eingesehen.

Beide Kinder hatten sich sowohl physisch als auch psychisch in der Zwischenzeit gut entwickelt. Sie kamen in der Schule gut zurecht, teilten gemeinsame Interessen (u.a. Sport und eigenes Musizieren) und hatten viele Freunde. Selbst Sven konnte sich noch erstaunlich gut an früher erinnern. »Ich will nicht, daß das noch mal wiederkommt. Wenn es mal Streit gibt mit Mama oder Papa, hab ich gleich Angst.« Sie konnten offen darüber sprechen, daß sie traurig waren, keine richtige Familie mehr zu sein. Manchmal wäre es schon lästig, so rumfahren zu müssen, wenn sie die Mutter oder die Großeltern sehen wollten. Sie könnten bei den Großeltern auch nicht so richtig über Zuhause sprechen. Lara bereitete die Vorstellung Angst, ihre Mutter könnte einen anderen Mann kennenlernen und dann fortziehen. »So, wie es jetzt ist, finde ich es gut.«

Im Fall F hatte der Kindesvater nach langem Hin und Her das Sorgerecht über die damals fünf Jahre alte Tochter erhalten. Das OLG begründete seinen Beschluß mit »den ganz deutlich stärkeren gefühlsmäßigen Bindungen des Kindes zum Antragssteller ... . Nach der ... Überzeugung des Senats erscheint es ferner unsicher, ob die Antragsgegnerin ... das Kind weiterhin der Zeugin B in Pflege geben wird ... die ... in dem von vielen Unterbrechungen und Trennungen geprägten bisherigen Leben des Kindes einen wichtigen stabilisierenden Faktor darstellt, der bis zur Einschulung in jedem Fall aufrecht erhalten werden soll. Schließlich spricht zugunsten einer Übertragung des Sorgerechts auf den Antragssteller der Umstand, daß dieser zur Zeit aufgrund seiner bestehenden Arbeitslosigkeit besser in der Lage ist, die Betreuung und Versorgung des Kindes sicherzustellen als die überwiegend berufstätige Antragsgegnerin ... . Sollte sich allerdings die Beziehung des Kindes zur Antragsgegnerin im Rahmen eines dieser einzuräumenden großzügigen Besuchsrechts wieder günstiger gestalten sowie die Betreuungs- und Versorgungssituation durch den Antragssteller, insbesondere durch die beabsichtigte Aufnahme einer Berufstätigkeit, verändern, wird erneut zu prüfen sein, ob nicht zu einem späteren Zeitpunkt die elterliche Sorge doch noch der Antragsgegnerin zu übertragen sein wird, bei welcher Uta nach dem Ergebnis des Sachverständigengutachtens die vor dem Hintergrund der Nachwirkungen des Scheiterns der Ehe ihrer Eltern freiere und unbelastetere Erziehung erfahren und mit welcher sie sich geschlechtsspezifisch eher identifizieren kann.«

Das Gericht ging also bei seiner Entscheidung von der Annahme aus, daß das Kind zum Vater eine engere Bindung hatte. Im Gegensatz zur Mutter war er arbeitslos und sollte sich deswegen intensiver um seine Tochter kümmern können. Weiterhin sah das Gericht die Aufrechterhaltung der Mitbetreuung des Kindes durch eine Tagesmutter (»wichtiger stabilisierender Faktor«) beim Vater besser sichergestellt. Der Mutter wurde ein großzügiges Besuchsrecht eingeräumt und in Aussicht gestellt, daß ihr unter Umständen das Sorgerecht über die Tochter zu übertragen sein würde, falls sich die Beziehung des Kindes zu ihr günstiger gestalten und die Betreuungssituation beim Vater verändern würde.

Dieser Beschluß erging im Februar 1985. Im März 1985 gab Herr F seinen Wohnsitz auf und zog zu seiner Mutter und seinem Stiefvater, die in einer 300 Kilometer entfernt liegenden Großstadt leben. Uta war schon im Alter von sechs Monaten zu diesen Großeltern gebracht worden (s.o.). Als sie ein Jahr alt war, wurde sie ins Elternhaus zurückgeholt. Nach seinem Wechsel nach B. brach Herr F sowohl den Kontakt zu seiner Ex-Frau als auch zu Utas Tagesmutter völlig ab. Die Tagesmutter, Frau B:»Ich habe Uta seitdem nicht mehr gesehen und nichts mehr von ihr gehört. Am Anfang habe ich noch versucht, sie anzurufen. Sie kam aber nicht ans Telefon. Ich habe ihr zum Geburtstag und zu Weihnachten geschrieben und Geschenke geschickt. Es kam aber keine Reaktion.«

Frau F sah ihre Tochter im Zeitraum von 1984 bis 1990 ganze zweimal. Einmal anläßlich der Sitzung des OLG im Februar 1985, das andere Mal zwei Jahre später im Familiengericht in B. Sie hatte den Antrag gestellt, ihre Tochter wenigstens in den Ferien sehen zu können. Herr F gab zu Protokoll, daß Uta ihre Mutter nicht sehen wollte. Uta sprach kein Wort und vermied den Blickkontakt mit der Mutter.

Der Richter schaltete das Jugendamt ein und ließ die Eltern beraten, um eine praktikable Besuchsregelung zu erarbeiten. Während des ersten Beratungsgesprächs geriet Herr F in Erregung und verließ fluchtartig den Raum. Weitere Gespräche fanden nicht mehr statt. Die Anwältin von Frau F riet ihr im Interesse des Kindes davon ab, weitere Versuche zu starten, um den Kontakt mit der Tochter wieder aufnehmen zu können. Frau F resümierte:»Das einzige, was ich für meine Tochter noch tun kann, ist Unterhalt zu zahlen.«

Sie hatte den Eindruck gewonnen, daß sich der psychische Zustand ihres Mannes in der Zwischenzeit verschlechtert hatte. »Ich konnte kein Wort in Ruhe mit ihm wechseln. Er war ängstlich und verstört.« Aus Berichten des Jugendamtes war zu entnehmen, daß Herr F bei Hausbesuchen »ängstlich angespannt«, »mißtrauisch« und »auf der Flucht« war. Es wurde ihm geraten, sich in ärztliche Behandlung zu begeben.

Uta war eine gute Schülerin. Sie fiel jedoch durch ihr Verhalten auf. Ängstlich und zurückgezogen, meldete sie sich nicht zu Wort. In der Klassengemeinschaft fand sie keinen Anschluß. Ihre Lehrer meinten, sie wäre mit ihren Gedanken immer woanders. Grundlos zuckte sie plötzlich zusammen. Ein Schulpsychologe diagnostizierte einen Tic. Ihr Vater lehnte jedoch eine Behandlung ab.

Die Verlaufsgeschichte des Falles F wirft eine Reihe ungeklärter Fragen auf. Inwieweit ist der Gutachter z.b. aufgerufen, dem Gericht gegenüber das Vorliegen einer psychischen Erkrankung eines Elternteils mitzuteilen, wenn nicht eindeutig abzuschätzen ist, wie sich dies auf die weitere Entwicklung des Kindes auswirken könnte. Erschwerend kommt hinzu, daß die Mitteilung einer Diagnose bzw. einer Klassifizierung in Krankheitskategorien diesen Elternteil schwer belasten muß, zumal dann, wenn die Krankheitseinsicht fehlt. Im genannten Fall waren im Gutachten des Sachverständigen zwar eine Reihe von Beispielen angeführt, die demonstrieren sollten, daß der Kindesvater sowohl in der Vergangenheit als auch zum Zeitpunkt der Gutachtenerstattung, infolge eigener Bedürftigkeit, in auffälliger, besser gesagt in krankhafter Weise, versuchte, auf seine Tochter Einfluß zu nehmen. Die Mitteilung eines psychopathologischen Befundes wurde jedoch bewußt vermieden.

So lange sich die Gerichte den Plazierungsvorschlag des Gutachters zu eigen machten, wurde die Problematik nicht evident. Nicht vorsehbare Umstände (die körperliche Erkrankung der Kindesmutter) schufen indessen erneut eine Entscheidungssituation. Das OLG rekurrierte ohne erneute Anhörung des Sachverständigen auf »bewährte« Entscheidungskriterien. Bei seiner Entscheidung stützte sich das Gericht auf eine situative Beobachtung (»während der ca. 40-minütigen Anhörung der Parteien vor dem Senat klammerte sich Uta unablässig an den Antragsteller«), problematisierte jedoch nicht, wie es zu dieser Anklammerung kam. Es ist zu vermuten, daß das Gericht anders entschieden hätte, wenn der Sachverständige für die Beschreibung des Verhaltens des Vaters die zutreffende Vokabel paranoid benutzt hätte.

2. Das Kind lebt in einer Stiefmutterfamilie

In den Fällen E, G, H und L waren die sorgeberechtigten Väter zum Zeitpunkt der Nachbefragung wiederverheiratet. Hier waren zwischen der Begutachtung und der Nachbefragung im Schnitt sechs Jahre vergangen. Die Stiefmutterfamilien existierten seit durchschnittlich drei Jahren. Herr H lernte seine zweite Ehefrau bereits während der Trennungsphase von seiner Ex-Gattin kennen und heiratete 1985 zum zweiten Mal. Herr G dagegen war gerade frisch wiedervermählt. Aus

Tabelle 15 geht hervor, wie alt die Kinder bei der Scheidung ihrer Eltern bzw. der Wiederverheiratung ihres Vaters waren.

Fall	Kind(er)	Alter bei der Scheidung	Alter bei der Wieder-heirat des Vaters
E	Junge	5	8
G	Junge	4	9
H	Mädchen	8	9
I	Mädchen	11	12
L	Junge	10	13
	Junge	8	11

Tabelle 15: Kinder, die nach der Scheidung ihrer Eltern in einer Stiefmutterfamilie lebten.

Herr E und Herr G bildeten nach der Scheidunng mit ihren Söhnen jeweils eine Teilfamilie. Beide Väter waren berufstätig und deswegen bei der Betreuung und Versorgung der Kinder auf Hilfe angewiesen: Familie E hatte im Hause der Eltern von Herrn E gelebt. Die Eheleute waren berufstätig. Ihr Sohn Frank wurde von Geburt an von den Großeltern väterlicherseits, insbesondere der Großmutter, mitversorgt. Im November 1980 zog Frau E aus der ehelichen Wohnung aus. Frank, zweieinhalb Jahre alt, nahm sie mit. Der Junge war stark erkältet. Frau E führte es auf die Feuchtigkeit ihrer neuen Wohnung zurück. Ein Kinderarzt bestätigte dies. Aus diesem Grund übergab sie Frank im September 1981 der Obhut des Vaters und der Großeltern.

Herr G lebte mit seinem Sohn alleine. Die Versorgung und Betreuung des Kindes lag jedoch zu großen Teilen in den Händen seiner Schwester und seiner Eltern, die in der Nachbarschaft wohnten.

Herr E lernte seine neue Partnerin nach drei Jahren des Alleinlebens kennen, bei Herrn G waren es vier Jahre: Die neuen Partnerinnen waren erheblich jünger. Im Fall E betrug der Altersunterschied zwischen den neuen Partnern zehn Jahre, im Fall G neun Jahre. Die jungen Stiefmütter (20 bzw. 21 Jahre alt) zogen jeweils zu ihrem Mann und dem Stiefsohn.

Herr H und Herr I lernten unmittelbar nach der Trennung von ihren Ehefrauen neue Partnerinnen kennen. Die neue Frau von Herrn H hatte sich selbst wenige Wochen zuvor von ihrem Mann getrennt. Zusammen mit ihrer fünfjährigen

Tochter zog sie bei Herrn H ein. Die neue Partnerin von Herrn I war zwar ledig, hatte aber eine sechs Monate alte Tochter bei sich, als sie zu ihm und seiner damals zehnjährigen Tochter kam.

Herr L lebte nach der Scheidung einige Monate mit seinen Kindern im eigenen Haus. 1988 heiratete er eine geschiedene Frau, die vier Kinder, im Alter von sechs bis vierzehn Jahren in die Stieffamilie mitbrachte. Drei der neu entstandenen Familienverbände waren demnach zusammengesetzte Stiefmutterfamilien.

3. Merkmale der Stiefmutterfamilie

Von einer Stiefmutterfamilie spricht man, wenn eine Frau zu einem Mann mit seinem(seinen) leiblichen Kind(ern) kommt. Das Kind gehört zum neuen Familienverband. Es ist aber auch mit der leiblichen Mutter verbunden und stellt somit das Bindeglied zwischen Familie und Stieffamilie dar. Die außerhalb lebende Mutter spielt über die Beziehung zu ihrem Kind in der Stiefmutterfamilie eine wichtige Rolle. Die Stiefmutter nimmt nicht automatisch den frei gewordenen Platz der leiblichen Mutter ein. Ihre Position muß vielmehr entsprechend den besonderen Gegebenheiten erst noch definiert werden. Dabei kommt dem leiblichen Vater eine Schlüsselrolle zu. Je nach Art und Dauer der Entwicklung im früheren (Teil)-Familienverband und der gemeinsamen Geschichte der Teilfamilie muß die Stiefmutter einen Zugang zur Vater-Kind-Gemeinschaft finden. Der Vater ist Teil der neuen Paarbeziehung und der leibliche Elternteil des Kindes, dessen anderer Elternteil außerhalb der neuen Familie lebt. Wie die leibliche Mutter in der Stiefvaterfamilie steht der leibliche Vater in der Stiefmutterfamilie vor der Aufgabe, sich über die Scheidung hinaus mit seiner früheren Partnerin in bezug auf die Erziehung des gemeinsamen Kindes auseinanderzusetzen.

4. Entwicklungsphasen der Stiefmutterfamilien

Zunächst gilt das, was ganz allgemein über die Entwicklung von Stieffamilien gesagt wurde. Bei den Männern, die eine Stiefmutterfamilie gründeten, fiel jedoch ein spezielles Problem auf, das die Entwicklung des neuen Familienverbandes wesentlich beeinflußte. Bei sämtlichen Männern dieser Gruppe lag eine konkrete Elternabhängigkeit vor. D.h. diese Männer hatten es schwer, sich von ihren eigenen Eltern zu lösen. Als Verheiratete übertrugen sie diesen Ablösungskampf auf ihre Frauen, die an ihrer Stelle gegen die (Schwieger-) Eltern kämpften. So entstand jeweils ein Kampf der Eltern mit der Schwiegertochter um den Sohn (Mann). Die Eltern warfen den Schwiegertöchtern vor, sie wollten ihnen den Sohn entziehen, die Frauen warfen den Schwiegereltern vor, sie wollten den Sohn nicht hergeben.

Die Männer larvierten hin und her und versuchten, zwischen beiden Seiten zu vermitteln. Daß sie ihre Position nicht eindeutig definierten, war zugleich ihre Stärke: Sie übten sowohl auf ihre Eltern als auch auf ihre Frauen Macht aus.

Das Thema Macht war auch in den Ehen das zentrale Thema. Die Partner stritten darum, wer der Stärkere war. Die Streitthemen lauteten: Ordnung-Unordnung, Sauberkeit-Schmutz, Sparsamkeit-Geldausgeben; Unabhängigkeit-Abhängigkeit, Untreue-Eifersucht usw. Im ehelichen Machtkampf waren die Partner einander eng verbunden. Zugleich grenzten sie sich argumentativ rigoros voneinander ab. Die Kämpfe wurden oft bis zum äußersten getrieben. Drohte die Beziehung jedoch wirklich zu zerbrechen, arrangierte man sich wieder, um bald danach den Streit von neuem aufzunehmen. So überraschte es kaum, wenn die Männer bezweifelten, daß die Frauen es mit ihrer Absicht, sich zu trennen, ernst meinten.

Es handelte sich um symmetrische Beziehungen, bei der die Partner sich jeweils aus der gleichen Grundphantasie heraus bekämpften. Sie lautete:»Ich muß den anderen von mir abhängig machen und ihn beherrschen, um nicht von ihm abhängig und beherrscht zu werden.« Anders formuliert: Macht wurde angestrebt, um das Gefühl eigener Ohnmacht zu überwinden. Im Grunde sehnten sie sich nach Passivität, zärtlicher Liebe, Geborgenheit und Versorgung. Sie wünschten sich insgeheim, daß der andere alles für sie täte. Infolge ihrer mangelnden Selbständigkeit und ihrer Bedürftigkeit mußten sie jedoch alles unternehmen, um zu vermeiden, daß es dazu kam. Passivität hatte für diese Partner Züge des Bedrohlichen. Ihre verborgenen Wünsche und Bedürfnisse durften sie sich nicht eingestehen und zeigen, weil das einem Eingeständnis der eigenen Wünsche nach Abhängigkeit gleichgekommen wäre.

In der Trennungsphase agierten die Partner Autonomie. Der Schritt zur Trennung ging jeweils von den Frauen aus. Sie verdrängten ihre Trennungsängste und Abhängigkeitswünsche. Die Männer wurden in die Defensive gedrängt. Sie fühlten sich allein verantwortlich für die Aufrechterhaltung der Beziehung, willigten zunächst in die Scheidung nicht ein und verfolgten die Ehefrauen in ihrer Untreue. Sie versuchten die Frauen zur Rückkehr zu zwingen. Je eifersüchtiger und verständnisloser die Männer sie verfolgten, um so mehr fühlten sich die Frauen gedrängt, ihre Unabhängigkeit zu beweisen. Damit verstärkten die Ex-Partner gegenseitig ihre Verhaltensweisen und trugen zu einer Verschärfung der Trennungskonflikte bei.

Ähnlich wie bei den Stiefvaterfamilien, die sofort nach der Trennung der Ex-Partner gegründet worden waren, machte sich insbesondere bei den Stiefmutterfamilien H und I das Fehlen der Abschiedsphase von der bisherigen Partnerschaft störend bemerkbar. Weder hatten die neuen Partner einander richtig kennengelernt, noch hatten die Kinder Zeit, mit der neuen Partnerin des Vaters bekannt zu werden und sich an die veränderte Familiensituation zu gewöhnen. Die Mädchen, acht (Fall H) bzw. zehn Jahre alt (Fall I), lehnten die neue Partnerin des Vaters in der Mutterrolle ab. Mia fand es zwar ganz lustig auf einmal wieder ein Baby in der Wohnung zu haben, sie machte jedoch der Neuen schnell klar, wer von den beiden Frauen Zuhause das Sagen hatte.

Die neue Partnerin von Herrn I fühlte sich auf Eis gelegt, ständig provoziert, daran gehindert, ihr Baby in Ruhe versorgen zu können und reagierte auf das Geturtel ihrer Stieftochter mit dem Vater eifersüchtig:»Mia hat mich nicht akzeptiert. Sie war wie seine Ersatzfrau. Wenn wir abends ein bißchen Zeit füreinander haben wollten, kam sie prompt dazwischen. Sagte ich was, forderte mein Mann Verständnis für ihre schwierige Situation. Außerdem sollte ich aufpassen, es mit ihr nicht zu verderben, weil er doch wollte, daß sie bei ihm blieb und nicht zur Mutter zurückging.« Steffi war mit allem nicht einverstanden. Sie wollte zwar beim Vater bleiben, nicht jedoch eine neue Familie haben, schon gar nicht eine, zu der auch Daniela, die Tochter der Stiefmutter, gehörte. Steffi, die schon eingenäßt hatte, als ihre Eltern in ihrer Gegenwart miteinander stritten, reagierte auf die Veränderung der Lebenssituation mit einer massiven Verschlechterung der Symptomatik. Sie wurde deswegen stationär behandelt und erlebte die Einweisung in die Klinik wie eine Abschiebung. Nach ihrer Entlassung aus der Klinik wandte sie sich stärker den Großeltern väterlicherseits zu, die mit im Haus lebten. Darüber kam es zu Streitigkeiten zwischen den Großeltern und der neuen Schwiegertochter. Als diese ihr vorwarfen, Steffi eine Stiefmutter zu sein, war das Maß voll. Herr H zog mit seiner neuen Familie bald darauf in einen Nachbarort.

Beide Stiefmütter hatten es mit ihren Stieftöchtern und umgekehrt die Stieftöchter mit den Stiefmüttern sehr schwer. Beide Mädchen hielten engen Kontakt zur leiblichen Mutter. Infolge der besonderen Paarkonflikte der Ex-Partner, die über die Streitigkeiten bei der Regelung der Scheidungsfolgen unvermindert heftig fortgesetzt wurden, gerieten die leiblichen Mütter in die Rolle eines Projektionsschirms, auf den alles, was in der Stiefmutterfamilie störte, abgeladen wurde. Mia charakterisierte ihre Rolle zutreffend wie folgt:»Ich habe einen Agentenfilm im Fernsehen gesehen. Ich fühle mich zwischen meiner Mutter und meinem Vater wie eine Doppelagentin.«

Einen wichtigen Schritt in der Entwicklung der Stiefmutterfamilie I stellte die Aufnahme des Kontaktes zwischen Stiefmutter und leiblicher Mutter dar. Die leibliche Mutter lebte inzwischen in einer Stiefvaterfamilie. In Übergabesituationen hatten Stiefmutter und Stiefvater einander ihre Probleme geklagt. Auf ihre Initiative hin, kamen gemeinsame Gespräche zustande, die sowohl dazu beitrugen, Probleme in beiden Stieffamilien konstruktiver zu lösen, als auch das Verhältnis der Ex-Partner zueinander klarer zu gestalten.

Wie reagierten Söhne auf die Stiefmutter? Herr L hatte nach der Trennung von seiner Frau eine Reihe von Partnerinnen mit eigenen Kindern. Bedingung für eine Wiederheirat war, daß die neue Partnerin möglichst viele Kinder hatte und zu ihm und seinen Söhnen ins Haus ziehen würde. Er selbst war in einer kinderreichen Familie aufgewachsen und wollte auch so eine Familie haben. Im Jahre 1988 heiratete er zum zweiten Mal. Die neue Frau brachte vier Kinder aus erster Ehe mit. Ihre Scheidung lag vier Jahre zurück. Ihre Kinder, zwei Mädchen und zwei Jungen, waren im Alter zwischen sechs und vierzehn Jahren. Seine eigenen Söhne waren inzwischen zehn und vierzehn Jahre alt. Nachdem ihr Vater sie 1986 zu sich geholt hatte, war der Kontakt zur Mutter völlig abgebrochen. Herr und Frau L stritten immer noch wegen Unterhalt für die Kinder. Frau L weigerte sich, Unterhaltszahlungen zu leisten. Sie hatte ihren Mädchennamen wieder angenommen. Ihren beiden Söhnen war sie seit der Begutachtung im Jahre 1985 lediglich einmal anläßlich einer Verhandlung des Familiengerichts begegnet. »Sie haben mich ignoriert. Ich konnte ihnen nicht einmal in die Augen sehen. Sie trugen spiegelnde Sonnenbrillen.« In diesem Fall gestaltete sich die Beziehung zwischen der Stiefmutter und den beiden Söhnen von Herrn L sowie die Beziehungen der Mitglieder dieser zusammengesetzten Stiefmutterfamilie sehr harmonisch. Lasse und Nils hatten den Eindruck, erst jetzt überhaupt eine richtige Familie zu haben. Angesprochen auf ihre leibliche Mutter, schwiegen sie. Mit ihren Geschwistern verstanden sie sich gut. Die beiden neuen Partner waren erleichtert: »Wir hatten uns das alles viel schwerer vorgestellt. Es klappt hervorragend. Allerdings redet uns auch niemand rein, weder meine Ex-Frau, noch ihr Ex-Mann. Er zahlt bloß Unterhalt. Nein, gemeinsame Kinder können wir keine mehr kriegen. Sechs Kinder reichen schließlich.«

Der Sohn von Herrn E war bei der Trennung seiner Eltern (1980) zweieinhalb Jahre alt. Er lebte danach überwiegend bei seinem Vater und den Großeltern väterlicherseits. Bis zur Scheidung der Eltern im Juni 1983 hatte er seine Mutter regelmäßig besucht. Nachdem der Vater das Sorgerecht erhielt, zog sich die Mutter von Denis zurück. Er litt sehr unter dieser Trennung, so daß der Vater von sich aus den Sohn zu Besuchen zur Mutter brachte: »Drei oder viermal klappte das. Dann heiratete sie wieder und es war vorbei. Sie soll noch mehrfach geschieden und wiederverheiratet sein. Ich habe seit 1985 nichts mehr von ihr gehört und gesehen.« Herr E hatte bald nach der Trennung eine neue Partnerin gefunden, die sich jedoch Zeit lassen und erst einmal abwarten wollte, wie sich alles so entwickeln würde. 1985 heirateten sie. Die neue Frau E zog zu ihrem Mann und ihrem Stiefkind. Eineinhalb Jahre später bekamen sie eine kleine Tochter.

Denis konnte sich bei der Nachuntersuchung kaum mehr an seine leibliche Mutter erinnern. Für ihn war die Stiefmutter seine Mutter. Seine Eltern hätten ihn immer wieder darauf aufmerksam gemacht, daß die leibliche Mutter woanders lebt (»Damit er es nicht mal von anderen erfährt.«), dabei jedoch die Beobachtung gemacht, daß Denis immer weniger davon wissen wollte: »Im Laufe der Zeit haben wir den Eindruck bekommen, daß das mehr unser Problem ist, als das von Denis.« Obwohl die neue Ehe von Herrn E einen harmonischeren Verlauf nahm, Denis seine Stiefmutter und seine Halbschwester sehr gerne hatte und somit alles problemlos hätte sein können, erlebten es die neuen Partner als sehr schwierig, Kinder aus zwei Familien zu haben. Vor allem Herr E registrierte bei sich die Tendenz, seiner Tochter gegenüber Schuldgefühle zu bekommen, weil er mit Denis einfach mehr machte und sie bei ihm zu kurz käme. »Er ist mit mir im Sportverein und bei der Feuerwehr. Von daher machen wir automatisch mehr zusammen. Aber auch sonst. Wenn ich nicht aufpasse, bin ich nur mit ihm zusammen. Irgendwie steckt da was tief in mir, wo ich denke, ich müßte an ihm was wiedergutmachen.«

Herr G lebte nach der Scheidung vier Jahre alleine mit seinem Sohn Kai. Kais Mutter hatte in der Zwischenzeit ihre Berufsausbildung abgeschlossen. 1987 heiratete sie einen Arzt und zog in eine benachbarte Stadt. Kai besuchte seine Mutter regelmäßig und verbrachte die Schulferien bei ihr. Im gleichen Jahr lernte sein Vater eine wesentlich jüngere Frau kennen, die Kai in ihr Herz schloß. Ihr mißfiel es, daß sein Vater - auch in Gegenwart des Jungen - nach so vielen Jahren immer noch über seine Ex-Frau schimpfte und wegen Kontroversen bei der Erziehung weiter mit ihr stritt. Sie fuhr von sich aus zur leiblichen Mutter, um sie kennenzulernen und um sich mit ihr über Kai auszutauschen. Die beiden Frauen freundeten sich an. »Wir entdeckten viel Gemeinsames, vor allem die selben Konflikte im Umgang mit Klaus. Wir mußten darüber richtig lachen.« Kais leibliche Mutter verfolgte mit Interesse, wie Barbara sich vor allem der Schwester von Herrn G und dessen Eltern gegenüber behauptete, wenn es um Kai ging. »Ich hab ihr ganz offen gesagt, daß ich sie bewunderte. Die wußte genau, was sie wollte und setzte sich auch durch, nicht so wie ich damals.« Herr G heiratete 1989 zum zweiten Mal. Ein Jahr später wurde der gemeinsame Sohn geboren. Kai hatte bis dahin ein sehr gutes Verhältnis zu seiner Stiefmutter. Er fühlte sich jedoch plötzlich zurückgesetzt und wurde schwierig. D.h. er wollte nicht mehr zur Schule gehen, bekam Wutanfälle, in denen er seine Spielsachen zerschlug und näßte wieder ein. Von Barbara wollte er sich schon gar nichts mehr sagen lassen. In der ihm vertrauten Art reagierte der Vater vor allem mit Strenge und Strafe. Barbara fühlte sich mit dem Baby und mit Kai überlastet. In dieser Situation kam ihr Rosemaries Hilfe sehr gelegen, die Kai öfter holte. Beide Familien kamen sich dadurch näher: »Keine richtige Freundschaft. Aber alle paar Wochen treffen wir uns schon mal, gehen Essen und sprechen uns aus. Die Männer haben viel miteinander zu sprechen und wir wegen der Kinder sowieso.«

Bei der Nachuntersuchung führte mich Kai zu seinem kleinen Bruder und zeigte mir stolz, daß er schon laufen könne. »Zu meiner Mama gehe ich gerade nicht. Sie bekommt bald ein Baby. Ich weiß schon, daß es eine Schwester wird.« Rosemarie berichtete, daß sie ihn wegen der Erfahrungen im Zusammenhang mit der Geburt seines kleinen Bruders gleich mit ihrer Schwangerschaft vertraut machen wollte. Seitdem blockte Kai bei ihr ziemlich ab und verhielt sich abwertend: »Er zieht sich zurück, kommt nur, wenn er was haben will. Geld spielt eine wichtige Rolle für ihn.« Gemeinsam hatten sie die Vereinbarung getroffen, Kai nicht zu Besuchen bei der Mutter zu zwingen, sondern erst einmal abzuwarten, bis er von sich aus käme. Barbara: »Jetzt sind Klaus und ich mehr gefragt. Ganz klar: Rosemarie ist die Mutter. Er braucht sie. Er hat Angst, sie zu verlieren. Er holt sich von mir, was ich ihm geben kann. Das ist aber doch eben etwas anderes als die eigene Mutter. Klaus will das manchmal nicht einsehen.«

Im Überblick zeigt sich, daß die Stiefmütter dieser Untersuchungsgruppe, die zu Männern mit Töchtern kamen, einen schwereren Stand hatten als diejenigen, die zu Männern mit Söhnen kamen. Grund dafür dürfte zum einen gewesen sein, daß die Töchter älter waren und auf eine längere Geschichte mit ihren leiblichen Müttern zurückblickten und zum anderen die libidinöse Bindung an den eigenen Vater, derzufolge sie mit der Stiefmutter konkurrierten. Von entscheidender Bedeutung ist sicherlich die Frage, in welchem Alter das Kind eine Stiefmutter bekommt. Das Verhältnis Kind-Stiefmutter entwickelte sich bei jüngeren Kindern besser. Der Verlauf im Fall L scheint diese Aussage zu widerlegen. Herr L hatte sich im Laufe der Zeit jedoch seiner Ex-Frau gegenüber in eine Abwehrposition hineingesteigert, die überwertigen Charakter hatte und als paranoid zu bezeichnen war. Alles, was auch nur im geringsten mit ihr in Verbindung gebracht werden konnte, war böse und schlecht. Alles andere war dagegen gut. Dazu gehörte auch die Vorstellung, daß jede neue Partnerschaft und Familie, die nichts mit seiner Ex-Frau zu tun hatte, zwangsläufig gut sein mußte. Auf der anderen Seite handelte es sich bei der Stiefmutter um eine Frau, die sehr herzlich, liebenswürdig und

aufgeschlossen, mit besonderem Fingerspitzengefühl die neue Familie zusammen-
führte.

5. Das Umgangsrecht der nichtsorgeberechtigten Mutter

In acht Fällen hatten die Gerichte das Sorgerecht den Vätern übertragen. Viermal
bedeutete das faktisch zugleich einen Abbruch der Beziehungen zwischen den
Kindern und den von ihnen getrennt lebenden Müttern (B, E, F und L). Herr F
und Herr L unternahmen ihrerseits alles, um einen geregelten Umgang der Mutter
mit dem Kind bzw. den Kindern (Fall L) zu verhindern. Herr B gab zwar vor,
Besuche der Kinder bei der Mutter zu wünschen, verhielt sich jedoch sowohl den
Kindern als auch seiner Ex-Frau gegenüber so, daß regelmäßige Besuche der
Kinder unmöglich wurden. In Übergabesituationen bedrängte er seine Frau zu
ihm zurückzukehren oder holte die Kinder vor Ablauf der Besuchsfrist aus der
Wohnung der Mutter. Nachdem es mehrfach zu Tätlichkeiten gekommen war,
stellte die Mutter von sich aus die Besuche ein.

Lediglich im Fall E ließ sich der Abbruch der Mutter-Kind-Beziehung eindeutig
auf das Desinteresse der umgangsberechtigten Mutter zurückführen. Herr E
brachte den Sohn sogar zur Mutter, die nach der Scheidung jedoch nichts mehr
von ihm wissen wollte.

In den restlichen vier Fällen wurde das Umgangsrecht kontinuierlich praktiziert
(C, G, H und I). Unabhängig davon, ob die sorgeberechtigten Väter wieder
heirateten (G, H und I) oder nicht (Fall C), stellte die Möglichkeit, den Kontakt
zu beiden Eltern aufrechtzuerhalten, einen wichtigen stabilisierenden Faktor für
die weitere Entwicklung der Kinder dar. Sie hatten nicht nur ein besseres
Selbstwertgefühl, sondern auch ein höheres Maß an Sicherheit. Im Fall I zeigte
sich, wie wichtig es war, daß die Tochter, die bis dahin beim Vater gelebt hatte,
ohne große Schwierigkeiten in die neue Familie der Mutter wechseln konnte, als
die zweite Ehe des Vaters scheiterte. Es war im übrigen der einzige Fall, wo
Geschwister anläßlich der Scheidung ihrer Eltern zwischen diesen aufgeteilt
worden waren. Rückblickend betrachtet, hat sich diese Regelung nicht bewährt,
weil sie die starke Bindung der Geschwister aneinander unberücksichtigt ließ.

Während nur zwei der Kinder, die nach der Scheidung bei der Mutter lebten,
keinen Kontakt zum Vater hatten, brach für sechs der Kinder, deren Väter
sorgeberechtigt waren, die Beziehung zur Mutter ab. Dies lag sowohl an den
Vätern, die, aus völlig unterschiedlichen Motiven von ihren Kindern Besitz
ergriffen, als auch an den Müttern, die es nicht verstanden, auf sich alleine gestellt,

eine kontinuierliche Beziehung zu ihren Kindern aufrechtzuerhalten bzw. wiederherzustellen. Bei der Begutachtung war abzusehen, daß die Entwicklungsbedingungen für die Kinder bei den Vätern nicht günstig sein würden. Dennoch wollten die Kinder lieber beim Vater bleiben, weil die Mutter sie verlassen hatte. Die Gerichte übertrugen das Sorgerecht zwar jeweils auf die Mutter, doch konnten diese Regelungen - wie bereits ausführlich dargestellt - nicht realisiert werden.

6. Auswirkungen auf die Kinder

Von den sechs Scheidungskindern, die in Stiefmutterfamilien lebten, waren drei Kinder schon vor der Trennung und Scheidung ihrer Eltern zu Symptomträgern geworden. Im Fall H war das Mädchen seit seinem zweiten Lebensjahr erheblich übergewichtig und seit dem dritten Lebensjahr Bettnässerin. Wegen beider Symptome war sie in psychologischer Behandlung gewesen. Die beiden Jungen im Fall L hatten seit frühester Kindheit psychosomatische Beschwerden. Bei dem jüngeren der Brüder waren nach einem Krankenhausaufenthalt im ersten Lebensjahr (Leistenbruch-Operation) vorübergehend phobische Ängste vor gekachelten Räumen aufgetreten. Seit seinem achten Lebensjahr neigte er zu autodestruktivem Verhalten.

Alle Kinder zeigten altersspezifische Reaktionen auf die Trennung ihrer Eltern. Bei den beiden jüngeren Kindern (Fall E und G) waren die Verhaltensauffälligkeiten weniger ausgeprägt und hielten auch nicht so lange an, wie bei den Schulkindern (H, I und L).

Bei der Nachuntersuchung wurde lediglich in zwei Fällen (H und I) von Konflikten der Stiefmutter mit der Stieftochter berichtet. Während der ältere Junge im Fall L für sein Alter (16 Jahre) einen ausgesprochen ängstlichen und gehemmten Eindruck auf den Untersucher machte, fiel der Jüngere seiner Umgebung durch aggressives Verhalten auf.

Die größten Schwierigkeiten hatte die Tochter der Familie H. 14 Jahre alt und mitten in der Pubertät, litt sie unter ihrem Aussehen. Sie war noch dicker geworden, konnte ihrer Naschsucht nicht widerstehen und schämte sich. Hinzu kam, daß sie immer noch einnäßte. Sie war einmal sitzengeblieben und fühlte, daß sie den Erwartungen, die in sie gesetzt wurden, nicht gerecht werden konnte. Sie war todunglücklich, fand aber weder bei der Stiefmutter noch bei der leiblichen Mutter ein offenes Ohr. Von Gleichaltrigen fühlte sie sich abgelehnt. In Kenntnis der Vorgeschichte war diese Pubertätskrise jedoch weniger als Auswirkung der Trennung der Eltern bzw. ihrer aktuellen Lebenssituation zu sehen, sondern vielmehr Folge traumatisierender Erlebnisse in der frühen Kindheit. Der neurotische Entwicklungsverlauf wurde allerdings durch die ungünstigen familiären Verhältnisse nach der Scheidung zusätzlich belastet.

V. Das Kind lebt bei den Großeltern

Die vier Kinder Maria, Anna, Mirko und Fritz stammten aus der ersten Ehe der Mutter. Bei der Begutachtung waren sie 18, 17, 15 und 14 Jahre alt. Der Tod ihres leiblichen Vaters lag 13 Jahre zurück. Lediglich Maria konnte sich noch schwach an den Vater erinnern. Ein Jahr nach dem Tod des Ehemannes hatte Frau N zum zweiten Mal geheiratet. Aus dieser Ehe ging die gemeinsame Tochter Nadja hervor. Seit 1976 wohnte die Stieffamilie N in einer Hälfte eines Doppelhauses, das sie zusammen mit den Eltern von Frau N gekauft hatte. Anfang September 1985 zog Frau N allein aus und ging zu einem Freund. Herr N blieb mit den Kindern zurück. Im Juni 1986 zog er mit Nadja zu einer Freundin. Maria, Anna und Mirko hatten keinen Kontakt mehr zu ihrer Mutter; Fritz besuchte sie in unregelmäßigen Abständen mal nach der Schule. Keines der Kinder hatte den Stiefvater und die Halbschwester noch einmal gesehen. Im November 1985 beantragte die Kindesmutter, ihr auf dem Wege der einstweiligen Anordnung, die vier Kinder aus erster Ehe herauszugeben.

Maria, inzwischen volljährig, hatte Rückenbeschwerden und litt seit ihrer Kindheit unter nächtlichem Einnässen. Sie machte eine Einzelhandelslehre. Anna war gerade sitzengeblieben und hoffte, die Realschule zu schaffen. Sie wollte bei den Großeltern bleiben: »Zu meiner Mutter, das verkrafte ich nicht. Ich kann doch die Oma nicht alleine lassen, die braucht meine Hilfe. Ich habe Angst, daß ihr mal was mit dem Herzen passieren könnte. Von meiner Mutter kriege ich nichts. Wir haben eine Klassenfahrt gemacht, da haben andere Eltern für mich gespendet. Meine Mutter versäuft alles. So lange sie hier war, gab's nur Krach. Krach kann bei uns keiner mehr vertragen. Seit meine Mutter weg ist, pinkel ich auch nicht mehr ins Bett.«

Mirko hatte es in der Schule schwer, glaubte jedoch, die zehnte Klasse zu packen. Er machte Sport (Fußball, Tennis, Skifahren) und hatte viele Freunde und Bekannte im Ort: »Ich will hier bleiben. Es wäre schlecht, wenn wir auseinandergerissen würden.«

Fritz besuchte die achte Klasse einer Sonderschule für Lernbehinderte. Er konnte sich nicht an früher erinnern, war kaum in der Lage, aktuelle Zusammenhänge seines Lebens zu erfassen und leicht irritierbar. Verlegen zog er sich in hilfloses

Schweigen zurück. Dem Bericht seines Lehrers zufolge, hatte sich sein Verhalten in den letzten eineinhalb Jahren jedoch positiv verändert. Er meinte dazu: »Jetzt geht's nach oben.« Er wollte ebenfalls bei seinen Großeltern bleiben. Er besuchte die Mutter gelegentlich: »Warum? Kann ich ihnen nicht weiterhelfen. Mutter lebt da mit einem Mann. Ich hab nichts mit dem.«

Die Großmutter war zu diesem Zeitpunkt fast 60 Jahre alt. Ihr eigenes Schicksal war vom frühen Tod der Mutter und der Wiederverheiratung des Vaters geprägt. Schon vor dem Auszug ihrer Tochter hatte sie gemeinsam mit ihrem zehn Jahre jüngeren Mann stellvertretend Aufgaben der Pflege, Versorgung und Erziehung der Kinder übernommen. Die Großeltern machten sich über die Enkelkinder Gedanken, waren gut informiert über deren Nöte und Sorgen und nahmen regen Anteil an deren Freizeitaktivitäten. Ihre Einstellung den Enkelkindern gegenüber war von gesundem Menschenverstand geprägt.

Aus der Sicht des psychologischen Sachverständigen gab es keinen ersichtlichen Grund, die Kinder aus dem Haushalt der Großeltern herauszunehmen. In der Stieffamilie war das Zusammenleben von der Alkoholkrankheit beider Elternteile, Streitigkeiten, Verwahrlosungstendenzen und Gewalttätigkeit gekennzeichnet. Seit dem Auszug der Mutter, die weiter trank, war es zu einer psychischen Entlastung für die Kinder gekommen.

Die Nachuntersuchung fand dreieinhalb Jahre später statt. Maria hatte ihre Lehre abgeschlossen und lebte in einer anderen Stadt. Sie hatte einen Verlobten, wollte sich mit dem Heiraten jedoch Zeit lassen. Die Rückenschmerzen waren von alleine abgeklungen. Wegen des Einnässens hatte sie eine Psychotherapie gemacht. Seitdem war auch dieses Symptom verschwunden. Sie fuhr regelmäßig zu ihren Großeltern und den Geschwistern.

Anna hatte den Realschulabschluß geschafft und machte eine Hauswirtschaftslehre. Sie lebte noch im Haushalt der Großeltern. Nach einigen Bekanntschaften hatte sie jetzt einen festen Freund. »Mir geht's jetzt gut. Wenn ich an früher zurückdenke, kriege ich Gänsehaut.«

Mirko hatte die Realschule besser abgeschlossen als erwartet. Er und sein jüngerer Bruder lebten ebenfalls noch im Haushalt der Großeltern. Mirko war Tischlerlehrling und baute gerade mit dem Großvater das Haus um. Den Rest seiner Freizeit verbrachte er auf dem Sportplatz oder in der Turnhalle. Über den Sport kam er viel herum. Für Mädchen hätte er keine Zeit.

Fritz, das »Sorgenkind der Familie« (Großeltern), hatte die erstaunlichste Entwicklung durchgemacht. Nach der Sonderschule hatte er keine Probleme, eine Lehrstelle als Maurer zu finden. Er war im Spielmannszug und trommelte. Aus dem ängstlichen und verlegenen Jungen, der seine innerliche Unruhe damals durch motorische Hyperaktivität abzureagieren versuchte, war ein aufgeschlossener junger Mann geworden, der sich über seine Mutter Gedanken machte. Im Gegensatz zu seinen Geschwistern hatte er die Beziehung zur Mutter nicht abgebrochen. Er fragte mich, wie man seiner Mutter helfen könnte.

Die Großeltern berichteten, daß die Kinder im Laufe der Zeit »viel ruhiger und ausgeglichener« geworden wären. Besonders die beiden Mädchen kümmerten sich mit um den Haushalt und entlasteten die Großeltern. Aus verständlichen Gründen würden jetzt vor allem die Größeren mehr ihre eigenen Wege gehen. Wenn es nötig wäre, wie im Falle des Umbaus, könnte man sich auf sie verlassen. Von den Kindern ließe keiner was auf den anderen kommen. Das traurige Schicksal ihrer Tochter, die langsam aber sicher vor die Hunde gehe, belastete sie: »Wir haben die Hoffnung inzwischen aufgegeben.«

Aus der weiteren Entwicklung nach Auflösung der Stieffamilie und den Angaben der Kinder sowie der Großeltern kann der Schluß gezogen werden, daß die Regelung, die Betreuung und Erziehung den Großeltern zu überlassen, die beste Lösung war. Die Kinder fanden bei ihnen nicht nur ein günstigeres Erziehungsmilieu, sondern fühlten sich auch heimisch und angenommen. Die gerichtliche Übertragung des Sorgerechts auf die Großeltern beendete den Streit zwischen Eltern und Tochter. Günstig wirkte sich darüber hinaus der Erhalt der Geschwistergemeinschaft auf die weitere Entwicklung jedes einzelnen Kindes aus.

G. Zusammenfassung

Das zuletzt angeführte Fallbeispiel macht besonders deutlich, wie schwer es ist, zu einer zusammenfassenden Beurteilung der Scheidungsfolgen zu kommen. Angesichts der ungünstigen Milieueinwirkungen, denen die Kinder schon vor der Trennung ihrer leiblichen Mutter vom Stiefvater ausgesetzt waren, traten die Belastungen, die mit der Scheidung selbst in Zusammenhang standen, in den Hintergrund.

Von weitaus größerer Bedeutung waren dagegen in der Mehrzahl der Fälle die Milieueinflüsse vor und nach der Scheidung. Für die Kinder war - wenn überhaupt - nicht die Scheidung der entscheidende Zeitpunkt, sondern die Trennung der Eltern, d.h. die Phase in ihrer Entwicklung, in der sich die Familienstruktur, die Versorgungssituation und damit das Milieu veränderten. Häufig war damit ein Wechsel der Wohnverhältnisse verbunden. Vertraute Personen verschwanden, neue kamen hinzu. Trennten sich die leiblichen Eltern noch vor der Geburt des Kindes, wie es z.b. bei der Familie M der Fall war, sind beim Kind im Grunde genommen gar keine Scheidungsfolgen zu beobachten.

Dagegen zeigten die Kinder, die drei bzw. vier Jahre alt waren, als ihre Eltern sich trennten, schon altersspezifisch Verhaltensauffälligkeiten, die sich z.T. auf frühkindliche Störungen der Entwicklung aufpfropften. Je älter die Kinder waren, um so auffälliger wurden diese Verhaltensstörungen. Fiel die Trennung der Eltern ins Schulalter, war eine konfliktarme Verarbeitung der Scheidung nicht mehr möglich und Entwicklungsstörungen der Kinder am häufigsten (z.B. Fall A).

Sucht man nach Bedingungen, die über einen günstigen bzw. ungünstigen Entwicklungsverlauf entscheiden, stößt man zunächst einmal auf den Einfluß chronischer Familienkonflikte, denen die Kinder vor allem vor der Scheidung ausgesetzt waren.

Die Bedeutung des Alters und die Dauer des Einflusses chronischer ungelöster Elternkonflikte ließen sich vor allem dort nachweisen, wo Vergleiche zwischen Geschwistern verschiedener Altersstufen, die die Scheidung gemeinsam erlebten, möglich waren. Je älter die Kinder waren, um so ungünstiger verlief die weitere Entwicklung. Die Auflösung bzw. Umstrukturierung der Familie wirkte sich auf Kinder im Alter zwischen acht und fünfzehn Jahren am schwersten aus. Z.T. schwere Störungen der Entwicklung wiesen ferner jene Kinder auf, bei denen sich bereits im frühen Kindesalter Anhaltspunkte für das Vorliegen einer neurotischen Entwicklungsstörung fanden. Ausschlaggebend waren hier vor allem psychische

Anomalien eines Elternteils und/oder pathogene Paarkonflikte der Eltern, in die die Kinder miteinbezogen wurden. Die psychisch auffälligen Väter und Mütter konnten jedoch nur deswegen so starken Einfluß auf das (die) Kind(er) nehmen, weil der jeweils gegengeschlechtliche Elternteil nicht ausreichend zur Verfügung stand bzw. in seiner Funktion versagte.

Das Milieu, in dem diese Scheidungskinder aufwuchsen, war wegen schwerer Zerrüttung der Ehe in zwei Drittel der Fälle schon mehrere Jahre ausgesprochen ungünstig, in einem Viertel sogar seit Bestehen der Ehe der Eltern. Zwei Drittel der Kinder zeigten schon vor der Auflösung der Ehe ihrer Eltern psychische bzw. psychosomatische Symptombildungen. Sofern sie dazu in der Lage waren, begrüßte die Mehrzahl der Kinder im nachhinein die Scheidung der Eltern. Dies sollte freilich nicht darüber hinwegtäuschen, daß sie bereits Opfer ihrer sozialen Entwicklung geworden waren.

Die Untersuchung ergab, daß sowohl Mütter als auch Väter in der Lage sind, die Kontinuität des Familienlebens zu wahren und stabile Milieuverhältnisse zu garantieren. Nur in einem Fall änderte sich die Unterbringung des Kindes nachträglich (I).

Fünf sorgeberechtigte Mütter und fünf sorgeberechtigte Väter gingen eine zweite Ehe ein. Es wurden keine gravierenden Unterschiede in der Sozialisationsfunktion der Stiefmutter- bzw. Stiefvaterfamilien beobachtet. Neben den grundsätzlichen Problemen, die sich in Stieffamilien stellen, resultierten die meisten Schwierigkeiten aus dem überstürzten Eingehen einer neuen Beziehung, ohne vorher die Trennung bzw. Scheidung vom Ex-Partner innerlich verarbeitet zu haben.

Unabhängig davon, ob die sorgeberechtigten Elternteile alleine blieben oder wieder heirateten, wie von grundlegender Bedeutung für die eigene Entwicklung und damit die des Kindes war die Frage, ob es gelang, die Trennung psychisch zu verarbeiten, d.h. den eigenen Anteil am Scheitern der Beziehung zu erkennen, mehr Selbstverständnis zu entwickeln, über eine ausgewogenere Sicht des Ex-Partners zu verfügen und auf dieser Basis zum »Wohle des Kindes« koopieren zu können. Mehr Geschiedene als ursprünglich erwartet schienen auf diesem Weg ein gutes Stück vorangekommen zu sein. Ihre Kinder litten deswegen nicht weniger unter der Trennung ihrer Eltern. Es bedeutete lediglich, daß zusätzlicher Schaden von ihnen abgewendet wurde.

Angeblich wird die seelische Verarbeitung der Scheidung wesentlich von der sozialen und ökonomischen Situation Geschiedener und ihrer Kinder beeinflußt.

In der vorliegenden Untersuchung ging es jedoch nur einem alleinerziehenden Vater nach der Scheidung wirtschaftlich schlechter als vorher (B). Der Richtigkeit halber muß hinzugefügt werden, daß seine Mißwirtschaft vor der Scheidung zwar auch schon bekannt, nicht jedoch offenkundig war. In allen anderen Fällen spielten die ökonomischen Bedingungen keine ausschlaggebende Rolle. Unter sozialer Diskriminierung hatten weder die Erwachsenen noch die Kinder zu leiden. Manche beklagten jedoch den Verlust von Verwandten, Freunden und Bekannten. Wo soziale Kontakte vor der Trennung vom Ehepartner eine wichtige Rolle gespielt hatten, wurden sie danach auch gesucht und gefunden, und umgekehrt: Wer während der Ehe sozial isoliert lebte, blieb auch als Geschiedene(r) allein.

Die Studie hat gezeigt, daß man sich dem »Kindeswohl« nur annähern kann, wenn man sich weder auf die elterliche Entscheidungsautonomie verläßt noch auf deren Substitution. Sicher, wo es um affektiv hochbesetzte zwischenmenschliche und individuelle Konflikte sowie um kindliche Entwicklung geht, stößt das Recht mit seinen Mitteln rasch an prinzipielle Grenzen. Deswegen gilt es zunächst einmal, sämtliche Hilfsmittel auszumachen, die dazu beitragen können, die Entscheidung bei den Betroffenen zu belassen. Erst dann, wenn Eltern und Kinder sich nicht einigen wollen oder auch nach Beratung und Therapie nicht einigen können, legitimiert das Wohl des Kindes das Eingriffsrecht in die »Autonomie der Familie«.

Der Beratungs- und Therapieaspekt gewinnt in der Trennungs- und Scheidungs-krise zunehmend an Bedeutung.[20] Manches deutet darauf hin, daß diesem Ge-sichtspunkt bei den hier nachuntersuchten Fällen ursprünglich zu wenig Beachtung beigemessen wurde. Andererseits muß vor unrealistischen Anforderungen an die Selbstregulierungsfähigkeit und Therapierbarkeit familialer Systeme gewarnt wer-den. D.h. die Grenzen solcher Hilfsangebote muß man immer im Auge behalten, um nicht in selbstverschuldete Handlungsunfähigkeit zu verfallen. Bei den nach-untersuchten Fällen lag die Zuständigkeit für die Konkretisierung und Gewährlei-stung des »Kindeswohls« zumindest vorübergehend bei Experten des Rechts, der Sozialarbeit, der Psychologie, der Medizin und anderer Professionen. Das Kern-stück des »Kindeswohl-Auftrags« im Sorgerechtsstreit war die Aufgabe, einen Beitrag zu liefern, damit die Kontinuität der Beziehung des Kindes zu einer erwachsenen Betreuungsperson gewahrt wurde.

Wie wirkte sich die Mitbeteiligung des psychologischen Sachverständigen aus? Die Gerichte machten die gutachterliche Empfehlung in sämtlichen Fällen zur Grund-

---

20 *Koechel, R.* (Hg): Wege aus der Krise: Beratung und Behandlung von Trennungs- und Scheidungskonflikten. Stuttgart (im Druck).

lage ihrer Beschlüsse. Zwölfmal wurde empfohlen, die Regelung, die bereits von den Eltern praktiziert worden war, beizubehalten. Dreimal wich der Gutachter davon ab und sprach sich für eine Änderung der bestehenden Verhältnisse aus. Während elf der zwölf gerichtlich vereinbarten Sorgerechtsregelungen, die eine Bestätigung der bestehenden Verhältnisse bedeuteten, in der Folge auch praktiziert wurden, war nur in einem der Fälle die Änderung der Betreuungs- und Versorgungssituation des Kindes per Gerichtsbeschluß auf Dauer durchsetzbar. Vom Grundsatz her erwies es sich als richtig und tragfähig, die Bindungen des Kindes an seine Eltern und Geschwister als zentrales sorgerechtsrelevantes Kriterium heranzuziehen. In 80 Prozent der Fälle war es möglich, dem Kind im Streit zwischen den Erwachsenen die Beziehung zu wenigstens einem Elternteil (bzw. zu den Großeltern) zu erhalten und vor Übergriffen von außen zu schützen. Vom Ergebnis her mag dies die rechtliche Intervention rechtfertigen. Es zeigt aber auch, daß sie nur dort zur Befriedung des Sorgerechtsstreits beitragen kann, wo sie auf einen Fundus elterlicher Akzeptanz trifft. Fehlt auf seiten der Eltern diese Bereitschaft, geht, wie ausführlich dargestellt wurde, auch die gerichtliche Entscheidung buchstäblich ins Leere.

Dies gilt auch für die Umgangsregelung des nichtsorgeberechtigten Elternteils. In einem Fall sprach sich der Gutachter ausdrücklich gegen eine Durchsetzung des Umgangsrechts des Vaters gegen den Willen des Jungen aus (A), in einem anderen Fall stellte er es ins Ermessen des Kindes, ob es seine Mutter besuchen wollte oder nicht (N). In den übrigen Fällen dagegen lautete die Empfehlung, dem abwesenden Elternteil ein großzügiges Besuchsrecht einzuräumen. Der weitere Verlauf nach der Begutachtung zeigt jedoch, daß geschiedene Eltern auf diesem Wege nicht dazu verpflichtet werden können, ein Beziehungsgefüge im Interesse ihres Kindes aufrechtzuerhalten, wenn sie dazu nicht in der Lage sind.

Die vorliegende Untersuchung bestätigt, daß es unmöglich ist, etwas Verbindliches über die zukünftige Entwicklung von Kindern und familiale Beziehungen vorauszusagen. Wie Kinder sich entwickeln, hängt vor allem und zunächst einmal von ihren Eltern und deren Entwicklung miteinander ab. Deswegen hat das Interesse in erster Linie der Wiederherstellung der elterlichen Entscheidungsautonomie zu gelten. Erst wenn diese Möglichkeit ausgeschöpft ist, sind die Experten aufgerufen, ihr Spezialwissen im Sorgerechtsverfahren zur Verfügung zu stellen, um die Chance jedes einzelnen Kindes zu erhöhen, daß es in einer dauerhaften Beziehung mit wenigstens einem Erwachsenen leben kann, der seine psychologische Elternperson ist oder werden kann.

Der Studie lag ursprünglich die Idealvorstellung zugrunde, es könnte gelingen, interdisziplinäre Verstehensgrundlagen zu erarbeiten, die es ermöglichen, Fragen und Antworten im Kontext jeweils verschiedener Prämissen, Methoden und Zielvorstellungen zu entwickeln. Dies Ziel konnte nicht erreicht werden. Es ist unmöglich, das Grundlagenwissen und die Methoden aller in Frage kommenden Wissenschaften und Institutionen integrieren zu wollen.

Nach den vorliegenden Ergebnissen sollte man die Möglichkeiten der Sorgerechtsregelung in der Praxis von Gerichten nicht zu hoch einstufen. Magische Wirkung ist ihr schon gar nicht zuzuschreiben. Mag das »Kindeswohl« auch zum Einfallstor einer immer offenkundigeren Außensteuerung werden, über die Köpfe der beteiligten Erwachsenen hinweg ist eine Intervention nicht plazierbar. Allenfalls vermag sie bei einer schon vorhandenen Bereitschaft zur Verarbeitung der grundlegenden Konflikte behilflich sein.

Es läßt sich lediglich die am wenigsten schädliche Alternative wählen. In Extremfällen mißlingt selbst dies. Um so nachdrücklicher ist die Auslotung sämtlicher Möglichkeiten zu fordern, den gerichtlichen Interventionraum einzudämmen. Versuche, die Chancen der Familienmitglieder zu verbessern, selbst Auswege zu finden, stellen richtungsweisende Ansätze dar. Allerdings dürfen sie nicht dazu führen, die Anerkennung eigener Kindesinteressen und damit der Verpflichtung, das Kind als selbständige Person zu respektieren, in Frage zu stellen.

Ist die Intervention unumgänglich, erhöht eine dezidiert interdisziplinär ausgerichtete Reflexion zwar das Verständnis für die Situation des Kindes, zugleich trägt sie jedoch zu einer immer deutlicheren Vermischung der Aufgaben bei. Jugendämter laufen Gefahr, ihre Verfahrensbeteiligung zu nutzen, um die Entscheidung vorwegzunehmen, die aus ihrer Sicht die angebrachte Konfliktlösung darstellt, indem sie die dem Gericht zu vermittelnde Information darauf zuschneiden. Die Expertisen von Sachverständigen verwandeln sich in die eigentlichen Entscheidungsgrundlagen. Auf der anderen Seite wird vom Gericht erwartet, das Gesräch mit dem Kind zu suchen, um nicht an ihm vorbei zu entscheiden. In Psychologie und Pädagogik aus- und fortgebildet, mögen die Chancen der Richterinnen und Richter steigen, sich in die kindliche Gefühlswelt zu versetzen. Gleichzeitig droht jedoch die Versuchung, die Grenzen der jeweils eigenen Disziplin um der Kindesinteressen willen zu überschreiten und die spezifische Kompetenz zu verwischen. So wichtig die Zusammenarbeit zwischen den verschiedenen Disziplinen ist, wenn es um das »Wohl des Kindes« geht, so fragwürdig wird sie, wenn sich die Beteiligten ihrer besonderen Aufgabe nicht mehr bewußt sind und fremde Kompetenzen zur Objektivierung und Verwissenschaftlichung des Entscheidungsprozesses mißbraucht werden. Zwischen dem notwendigen interdisziplinären Diskurs auf der einen Seite und der den Entscheidungsprozeß verfälschenden Rollenanmaßung auf der anderen Seite, muß deutlich unterschieden werden. Um eine Entscheidung zu erreichen, die alle für das Verständnis der Kindesinteressen und der familialen Interaktion maßgeblichen Elemente berücksichtigt, bedarf es dagegen der Konzentration der Wahrnehmung auf den eigenen Verantwortungsbereich und des Gesprächs zwischen den Verfahrensbeteiligten. Die Einsicht in diese Notwendigkeit bildet sich erst allmählich.

Die Hoffnung, das »Wohl des Kindes« nach Wegfall allgemein verbindlicher Kriterien wieder zweifelsfrei definieren zu können, erfüllt der interdisziplinäre Diskurs nicht. Unter Einbeziehung der Nachbardisziplinen kann sich das Gericht nicht in die Sicherheit scheinbar eindeutiger Prognosen über die weitere Entwicklung des Kindes flüchten. Es muß sich vielmehr mit der Ungewißheit der eigenen Entscheidung abfinden. Das »Wohl des Kindes« ist keine feste Kategorie. Abgesehen von dem Unbehagen, das der rechtlichen Intervention immanent ist, geht die Einbeziehung der Erkenntnisse der Nachbardisziplinen dort, wo das Bedürfnis nach Sicherheit und Gewißheit besonders groß ist, mit Verunsicherung und Ungewißheit einher.

Bemühungen um das »Kindeswohl« sehen sich in besonderem Maße der Gefahr ausgesetzt, im Spannungsfeld zwischen Ansprüchen im Idealen und der Tendenz zur Entwertung im Realen unterzugehen. Angesichts der ungelösten Konflikte von Eltern und der Nöte und Sorgen von Kindern ist es nur schwer erträglich, wie wenig man im Grunde im familiengerichtlichen Kontext tun kann. Aber gerade das Wenige gilt es herauszufinden, um es tun zu können. Die Studie möchte einen Beitrag zu einer angemesseneren Wahrnehmung einer zugegebenermaßen komplexen Realität liefern.

Bibliographie

Coester, M: Das Kindeswohl als Rechtsbegriff. Frankfurt/M. 1982.

Devereux, G.: Angst und Methode in den Verhaltenswissenschaften. München 1967.

Dicks, V.H.: Marital Tensions. London 1967.

Fragmente16 »Beiträge zur Scheidungsforschung (I)«. Kassel 1985.

Freud, S.: Über einen besonderen Typus der Objektwahl beim Manne. G.W., Bd. VIII, S. 65-77.

Fthenakis, W.E., Niesel, R., Kunze, H.-R.: Ehescheidung. Konsequenzen für Eltern und Kinder. München, Wien, Baltimore 1982.

Gernhuber, J.: Neues Familienrecht. Tübingen 1977.

Goldstein, J., Freud, A., Solnit, A.J.: Jenseits des Kindeswohls. Frankfurt/M. 1974.

Hinz, M.: Elternverantwortung und Kindeswohl - Neue Chancen zu ihrer Verwirklichung durch die Rechtsprechung? In: Elterliche Verantwortung und Kindeswohl. Protokolldienst 28/84. Evangelische Akademie Bad Baoll. Bad Boll 1984. S. 6-21/7.

Kemper, R.: Konsequenzen aus der Reform des Ehe- und Familienrechts für die Jugendämter. ZBlJR 11, 1976, S. 478-487/480f.

Krasney, O.F.: Verfahrensrechtliche Erwägungen. In: Neurologische Begutachtung. Stuttgart, New York 1987, S. 3-37.

Krause-Wendelschmidt, I.: Die Rolle der Rechtsanwälte in Familiensachen. In: Wohl des Kindes. Systemische Konfliktlösungen im Scheidungsverfahren. Berichte und Materialien aus der sozialen und kulturellen Arbeit, Bd. 2. Nürnberg 1990, S. 54-57.

Laplanche, J., Pontalis, J.-B.: Das Vokabular der Psychoanalyse. Bd. II. Frankfurt/M. 1972.

Lederer, W.J., Jackson, D.D.: The Mirages of Marriage. New York 1968.

Lemaire, J.G.: Leben als Paar. Olten 1980

Lempp, R., Wagner, E.-M.: Untersuchungen über den weiteren Verlauf von Sorgerechts- und Verkehrsregelungsverfahren nach der Begutachtung. FamRZ 2, 1975, S. 70-72.

Lempp, R., von Braunbehrens, V., Eichner, E., Röcker, D.: Die Anhörung des Kindes gemäß § 50b FGG. In: Rechtstatsachenforschung Herausgegeben vom Bundesministerium der Justiz. Köln 1987.

Lorenzer, A.: Zur Begründung einer materialistischen Sozialisationstheorie. Frankfurt/M. 1972.

Matthey, H.: Die Rolle der Familiengerichts - und Jugendhilfe. In: Wohl des Kindes. Systemische Konfliktlösungen im Scheidungsverfahren. Berichte und Materialien aus der sozialen und der kulturellen Arbeit. Bd. 2. Nürnberg 1990, S. 58-66.

Müller, K.: Der Sachverständige im gerichtlichen Verfahren. 2. Aufl. Frankfurt/M. 1978.

Paul, N.L.: Scheidung als innerer und äußerer Prozeß. Familiendynamik 4, 1980, S. 229-241.

Puls, J.: Das Recht zur Neuregelung der elterlichen Sorge in der Rechtsanwendung. In: Kinderpsychiatrie und Familienrecht. Stuttgart 1984, S. 18-27.

Rassek, E.J.: Begriff und Bestimmung des Kindeswohls als Maßstab bei der Sorgerechtsregelung nach §§ 1671, 1672 BGB: Probleme und Lösungsmöglichkeiten. Diss. Frankfurt/M., Bern, New York 1983, S. 27ff.

Reich, G.: Warum ist die Schuldfrage aus Scheidungskonflikten so schwer herauszuhalten? Familiendynamische Aspekte von Scheidungsauseinandersetzungen. Fragmente 22. 1986, S. 73-97.

Salgo, L.: Soll die Zuständigkeit des Familiengerichts erweitert werden? FamRZ 3,

Schwenzer, I.: »Der Anwalt des Kindes«. Bericht über die Tagung der Evangelischen Akademie Bad Boll vom 15.-17.4.1983. In: FamRZ 10, 1983, S. 974.

Simitis, S.: Zur Situation des Familienrechts - Über einige Prämissen. In: Seminar: Familie und Familienrecht. Bd. 1. Frankfurt/M. 1975, S. 15-61.

Simitis, S., Rosenkötter, L., Vogel, R. et al: Kindeswohl - eine interdisziplinäre Untersuchung über seine Verwirklichung in der vormundschaftsgerichtlichen Praxis. Frankfurt/M. 1979.

Wallerstein, J.S., Kelly, J.B.: The Effects of Parental Divorce: Experiences of the Preschool Child. Journal of the American Academy of Child Psychiatry 14, 1975, S. 600-616.

Zenz, G.: Kindesmißhandlung und Kindesrechte: Erfahrungswissen, Normstruktur und Entscheidungsrationalität. Frankfurt/M. 1979.

Jdr. & W.   32. 80 DM   27.12.95